― 誰も書かなかった真実 ―

日本人と英語

Hiroshi Mayahara
馬屋原 宏 著

薬事日報社

はじめに

　日本人のほとんどが，「自分は英語が苦手」と考えている。英語教育大手のロゼッタストーン・ジャパンが，2012年秋，海外旅行経験がある20代〜40代のビジネスパーソン約500人に「英会話に自信があるか」と聞いた調査では，「ほとんどない」，「全くない」と答えた者が73％を占めたという（日本経済新聞，2013年1月5日朝刊）。上記の数字は海外旅行の経験者が対象なので，「海外旅行なんぞ行ったことがない」という人まで含めて調査すれば，「英会話に自信がない」日本人の割合はさらに高くなるであろう。
　「日本人は英語が苦手」と考えているのは，一般庶民だけではない。日本の教育を管轄する文部科学省のお役人たちも，そのように考えている。このことは，文部科学省が2003年3月に発表した「英語が使える日本人」の養成のための行動計画の，以下の文章から明らかである：

　「（前略）子供たちが21世紀を生き抜くためには，国際的共通語としての英語のコミュニケーション能力を身に付けることが不可欠です。また，このことは，我が国が世界とつながり，世界から理解，信頼され，国際的なプレゼンスを高め，一層発展していくためにも極めて重要な課題です。その一方で，現状では，日本人の多くが，英語力が十分でないために，外国人との交流において制限を受けたり，適切な評価が得られないといった事態も生じています。（後略）」（下線は筆者による。）

　この19頁もある「行動計画」には，中学校・高等学校・大学それぞれにおける英語教育の到達目標を，具体的に定めている。例えば，中学卒業段階では卒業者の平均が実用英語技能検定（英検）3級程度，高校卒業段階で平均が英検準2級〜2級程度，大学卒業段階で「仕事で英語

が使える程度」とされている（詳細は第2章1-3）項参照）。

　この「行動計画」に基づき，2008年に新学習指導要領が告示され，2011年度から，小学校5年生からの英語教育が義務化された。最近では小学校低学年にも英語教育を広げる動きが強まっており，自治体によっては小学校1年生から試験的に英語教育を開始しているところもある。このような流れを見ていると，長年指摘されてきた「日本人の英語下手」も，学校教育の改革で解決すると思う人がいるかもしれない。

　しかしそれは早計である。上記の英語学習指導要領には，そのような高い英語力を獲得するために必要な教育時間数が客観的に示されていない。そこで本書では，国内外の情報を総動員して，上記中・高・大学の各目標を達成するために必要な英語の学習時間数を割り出した。その結果得られた数字は，真に信じがたいものであった（詳細は第2章4-3）項参照）。

　「日本人はなぜ英語ができないか」に関しては，種々の類書で議論されている。しかし，それらはいずれも，この問題を一面的にしか論じていない。本書の特色は，「日本人はなぜ英語ができないか」を，可能な限り多角的かつ科学的に論じたことにある。例えば本書は，最初に「日本人は英語が苦手」ということ自体が本当かどうかを確認することから始めている。次いで本書は，日本人が英語を苦手とする理由を，ほとんどの人が指摘する，過去の日本の英語教育（第2章），日本語と英語の言語系統学的距離（第3章），日本語と英語の文法学的距離（第4章），および日本語と英語の社会学的・文化的距離（第5章）等の観点から論じている。また本書は，日本人と非日本人の大脳半球の機能の差に注目し，最新の脳科学的成果を応用して「日本語脳」と「英語脳」の差を徹底的に論じたが，これは本書のもう1つの特色となっている。以上の徹底的な検討によって，本書は，「日本人はなぜ英語が苦手なのか」という問いに対するこれまで誰も書いたことがない最も科学的で正確な理解に到達することができた（第6・7章）。そして，以上を踏まえた上で，

はじめに

本書は経験に裏付けられた真に実践的な脳科学的英語学習法を提案している（第8・9章）。

本書を読んでいただきたいのは，まず，努力しても期待するレベルの英語力が身に付かないことに悩んでいるすべての人たちである。英語力を確実に身に付けるためには，日本人が英語を苦手とする真の原因を科学的に理解する必要があり，それができれば，何をすべきかは自ずと明らかになるからである。次いで読んでいただきたいのは，わが子たちは確実に英語を身に付けて欲しいと願う若い両親たちである。英語教育の開始は早ければ早いほどよいか，など，英語教育に関する切実な問題に関して科学的に論じているからである。

筆者は英語教師でも英語学者でもない。しかし，大学院卒業以後，大学で生命科学研究者として，英語で論文を書き，国際学会に出席して英語で発表し，時には英語で議論する必要が生じた。また，米国に妻子と共に留学した際には，2年間異国で生きていく必要もあった。

さらに，勤務先が製薬企業に移ってからは，企業の全面的海外進出と業界活動に参加し，日・米・欧の新薬承認審査基準の共通化（ハーモナイゼーション）のための国際会議の作業部会の活動に8年間参加し，うち3年間は作業部会の議長を務めた。また，60歳での最初の定年退職後も，再就職先の海外進出のために尽くした。こうして，50年の職業人生の全期間を通じて英語と付き合わざるを得なかったため，12歳のときから76歳の現在まで，英語という手ごわい相手と格闘し続けてきた。本書に書いたことは，空理空論ではなく，すべて実体験に裏付けられており，提唱する英語学習法はすべて実践的なものである。生きていくために英語を使わざるを得ないすべての社会人，これから世界の荒波に乗り出そうとしているすべての前途ある若い人たちとその両親たちに，本書が少しでも役立てば幸いである。

目　　次

はじめに　1

第1章　「日本人は英語が苦手」は本当か？　　　11
1．「日本人は英語が苦手」の根拠　11
　　1）ノーベル賞学者も東大の先生も英語が苦手　11
　　2）国際社会も認めた日本人の英語下手　13
　　3）「日本人は英語が苦手」の個人的体験　14
2．英語力の国際比較　17
　　1）日本のTOEFL国別平均点はアジアで最低レベル　17
　　2）TOEFLスコアの国別平均点は無意味な数字か？　21
　　3）なぜシンガポールが最高で日本が最低なのか？　24
3．日本人はなぜ英語が苦手なのか？　28
　　1）「日本人の英語下手」の理由に関する諸説　28
　　2）「日本人の英語下手」は単なる言い訳か？　30
　　3）日本人にとって英語は最も習得困難な外国語か？　35
　　コラム1　ご主人様の国？　37

第2章　日本の英語教育は間違っていたか？　　　38
1．日本の英語教育の歴史　38
　　1）日本の公的英語教育の歴史概観　38
　　2）改訂された英語の「学習指導要領」　43
　　3）「英語が使える日本人」育成のための行動計画　45
2．小学校からの英語必修化は有害か？　47
　　1）小学校からの英語教育開始　47
　　2）「小学校からの英語必修化」反対論　48
　　3）誰が教えるのか？　50
3．小学校からの英語教育必修化の効果　52
　　1）アジア各国の小学校英語教育の実態　52
　　2）小学校からの英語教育の効果：韓国との比較　53

目　　次

　　3）公的英語教育年数とTOEFLの成績　54
　4．「学校の英語教育が悪い」は本当か？　57
　　1）英語教育制度改訂の成果　57
　　2）外国語を習得するために必要な学習時間　60
　　3）文科省の「行動計画」の設定目標は達成可能か？　61
　　コラム2　「アイ・アム・アップル！」？　66

第3章　日本語と英語の異質性①：起源と進化　67

1．日本語のルーツ　67
　1）日本語のルーツはウラル・アルタイ語？　68
　2）日本語のルーツはタミル語？　69
　3）日本語のルーツはポリネシア語？　72
2．日本語の変遷　76
　1）漢字仮名交じり文の成立　77
　2）和製漢語と漢語動詞　78
　3）カタカナ英語と和製英語　80
3．英語のルーツと変遷　84
　1）古英語時代：昔は英語でも述語は最後に置かれた　84
　2）中英語時代：中世に英語は大きく変化した　86
　3）近代英語時代：帝国主義が英文法を簡素化させた　87
4．反対方向に進化した日本語と英語　89
　1）東回り文明の日本語・西回り文明の英語　89
　2）あいまい化した日本語・明晰化した英語　90
　3）英語が明晰化した理由　91
　コラム3　日本語は悪魔の言葉？　95

第4章　日本語と英語の異質性②：日本語のあいまいさ　97

1．日本語のあいまいさの構造的原因　97
　1）「あいまいな日本の私」は，典型的「あいまいな日本語」　97
　2）日本語の語彙は少ない？　100
　3）日本語は結論を最後に言う　102
　4）日本語には一定の語順がない　104
2．日本語には省略が多い　106

1）日本語の名文には主語がない　106
　　2）日本語にはもともと主語がない？　107
　　3）省略されるのは主語だけではない　109
　3．日本語は厳密性にこだわらない　111
　　1）日本語には冠詞がない　111
　　2）日本語には一般的複数形がない　114
　　3）日本語は論理的厳密性にこだわらない　116
　　コラム4　芭蕉の「古池や…」の「かわず」は単数？複数？　118

第5章　日本語と英語の異質性③：日本文化の異質性　120

　1．日本語は「タテ社会」の言語　120
　　1）敬語・謙譲語・丁寧語　120
　　2）使用方向制限名詞・使用方向制限動詞　123
　　3）形容詞にも使用方向制限　125
　2．日本語には人称代名詞がない？　128
　　1）日本語の第1人称には"I（アイ）"がない？　128
　　2）日本語の第2人称には"you"がない？　131
　　3）現代日本語に"I"と"you"がない理由　133
　3．日本文化は自己主張を嫌う　135
　　1）「しゃべるな！」　135
　　2）日本人は論理的な主張を嫌う　137
　　3）日本人は話の内容をわざとあいまいにする　139
　4．欧米文化は自己主張を歓迎する　142
　　1）「意見がないのは無能の証」と考える米国人　142
　　2）欧州でも「意見を言わないのはバカ」　143
　　3）日本語的人格と英語的人格　144
　　コラム5　英語の"I"と"you"は特別な言葉？　146

第6章　日本語脳と英語脳　148

　1．日本人と西洋人の大脳の機能は異なる　148
　　1）右脳・左脳の機能差の研究方法　148
　　2）日本人と西洋人の大脳半球の機能の差　149
　　3）角田理論は「日本人の英語下手」を説明する　151

2．理化学研究所も裏付けた「日本人の英語下手」 153
　1）日本語耳は生後14ヵ月でできている 153
　2）「日本語耳」の正体は何か 154
　3）「母音修復」は「日本語脳の形成」である 155
3．日本語脳・英語脳の形成 156
　1）日本語脳と英語脳の違い 156
　2）日本語の母音優位が日本語脳を作る？ 159
　3）子音優位の英語が英語脳を作る？ 164
　4）日本語脳・英語脳が形成される理由：音節数の差 164
4．「日本人の脳に主語はいらない」？ 169
　1）月本理論における角田理論の引用について 169
　2）角田理論における「母音」の定義について 175
　3）主語以外の要素の省略 177
　コラム6　日本文化は右脳型文化？ 178

第7章　日本語脳を持つことの意味　179

1．日本人のロゴスとパトス 179
　1）日本人のロゴスとパトスは分離されていない？ 179
　2）日本人はディベートができない 180
　3）「情理を尽くす」という表現 182
2．日本人と「花鳥風月」 183
　1）鳥の聞き做し 183
　2）ラジオ・テレビドラマの中の自然音 184
　3）日本庭園と西洋庭園 185
3．英語に訳せない日本語 187
　1）日本語とオノマトペ 187
　2）日本語特有のオノマトペ：擬態語 187
　3）英語に訳せない日本語 189
　コラム7　「女房に逃げられる」のは日本だけ？ 193

第8章　英語学習に関する4つの幻想　194

1．「バイリンガル」幻想 194
　1）「バイリンガル」の定義 194

2）子供をバイリンガルに育てる方法？　196
　　3）バイリンガルは幸せか？　198
　2．「早期英語教育」幻想　201
　　1）赤ん坊の時から英語漬け　201
　　2）6歳からの語学留学　204
　　3）14歳からの語学留学　205
　3．「9歳の壁」幻想　207
　　1）言語習得に「臨界期」はあるか？　207
　　2）言語習得に「9歳の壁」はあるか？　209
　　3）「9歳の壁」の虚構　211
　4．「本物の英語」幻想　215
　　1）「本物の英語」と「ニセモノの英語」　215
　　2）ニホン英語は世界に通じるか？　217
　　3）「グロービッシュ」の意義と将来　223
　　コラム8　いい加減な人ほど英語ができる？　226

第9章　脳科学的英語学習法　227

　1．英語学習法と脳科学　227
　　1）子供より大人のほうが英語の習得が早い？　227
　　2）「日常会話英語」と「読み書き英語」　229
　　3）「母語の獲得」と「第2言語の学習」　230
　　4）日本人に一番合った英語学習法？　232
　2．英語会話上達法　236
　　1）留学のすすめ　236
　　2）留学の時期について　238
　　3）留学できない場合の英会話上達法　239
　　4）インターネットの活用　243
　3．英語の読み書き上達法　245
　　1）教材に何を選ぶか　245
　　2）英文法を知っていますか？　246
　　3）英文法の確認はGoogle USAで　247
　　コラム9　英語力と経済力の関係　250

目　次

附　論　「日本人の脳」と「日本文明」 ……………………… 251
1．なぜ日本文明だけが1国1文明なのか？　252
　　1）文明の定義　252
　　2）ハンチントンの文明論　252
2．すべてを相対化する日本文明　254
　　1）すべてを相対化するとはどういうことか　254
　　2）動物慰霊祭と針供養　257
　　3）八百万（やおよろず）の神　258
3．日本文明の世界貢献　263
　　1）日本文明は古代文明のタイムカプセル　263
　　2）日本文明の世界貢献　270
　　3）日本文明はすでに人類に大きく貢献している　281
4．文明の受容から発信へ　286
　　1）日本からの情報発信はなぜ少ないか？　286
　　2）発信すべきは日本文明　288

おわりに　290
索　引　292

第1章
「日本人は英語が苦手」は本当か？

1．「日本人は英語が苦手」の根拠
1）ノーベル賞学者も東大の先生も英語が苦手

　2008年にノーベル賞を受賞された益川敏英教授は，英語嫌いで有名である。ノーベル賞受賞講演のとき，「アイ・キャン・ノット・スピーク・イングリッシュ」と，カタカナ英語で満場を湧かせた後，日本語で講演された。ノーベル賞を受賞されるぐらいだから，益川教授も常日頃は英語論文を読み，ご自分の論文を英語で書かれていることはもちろんである。しかし，先生には留学経験がなく，海外旅行もされたことがなくて，受賞が決まったときはパスポートすら持っておられなかったという。取材に詰めかけた記者が「英語による講演を求められたらどうしますか？」と質問すると，「ノーベル賞を返上します。」と答えられたという徹底した英語嫌いぶりである。

　英語が苦手な学者は，益川先生だけではない。昔，東大の総長に浜尾新（あらた）という先生がおられた。浜尾先生は，人望はあったが，演説が下手で有名であったという。あるとき外国からの来客たちと会合した後，隣室に食事の用意があることを客に伝えようとして，英語で次のように言われたと，今に伝わっている：

　　"There is nothing to eat, but please eat next room."
　　（直訳：「食べるものはなにもございませんが，どうぞ隣室を食べてください。」）

現代の東大の先生の中にも「英語が苦手」を売り物（？）にしているような先生がおられる。「進化しすぎた脳」（講談社，2004）などの著作で有名な新進気鋭の脳科学者，池谷裕二先生である。池谷先生はホームページで，初めてニューヨークのコロンビア大学に留学したときの経験を，次のように語っておられる：

　「（前略）　研究室に到着したのはよいものの，相手の言っていることがまったく理解できないのだ。それどころか，自分の話している英語も相手に通じないのに驚いた。正しい文法で文章を組み立て，場面に応じた適切な英単語を使っているにもかかわらず，アメリカ人には聞き取ってもらえないのだ。これは受験英語しか勉強してこなかった私には大きなショックであった。（後略）」

　読者の中には，「英語の苦手な日本人の例をいくら挙げようと，日本人が一般に英語が苦手とは言えないではないか。日本人でも国際舞台で，英米人に負けず堂々と活躍している人はいくらでもいる。」と反論したい人もあろう。まさにそのような人たち向けに書かれた本がある。古屋裕子著「英語のバカヤロー」（泰文堂，2009）である。この本は，「国際的に大活躍している」人たちばかりを集めて，彼らの英語力の実態をあからさまに書いたものである。これを読めば誰でもあっと驚くであろう。
　この本は，国連事務次長を勤めた明石康氏，宇宙飛行士の古川聡氏，青色発光ダイオードの発明者でカリフォルニア大学教授の中村修二氏など，日本を代表する国際人12名にインタビューして，彼らと英語との関わりを記録したものであるが，12人のほとんどすべてが，初めて外国に渡ったとき，相手の英語がほとんど分からず，また自分の言うこともほとんど通じなかった経験を持ち，今なお毎日のように英語の壁を感じている，と述べているのである。

2）国際社会も認めた日本人の英語下手

前述の池谷裕二先生は，さらに，次のような注目すべきことを書いておられる：

> 『（英語で論文を書かないと国外の学者は誰も読んでくれない。）そういったわけで私も英語で論文を書くことを余儀なくされている。英語圏の研究者に後れをとるハンディキャップだ。しかし，これは日本人だけの問題ではない。なぜなら，フランス人でもドイツ人でも中国人でも皆，英語で論文を書かねばならないからである。しかし，面白い事実がある。英語の論文を雑誌に載せるときには，その雑誌ごとに規定がある。つまり，総文字数の制限や，どんなスタイルで書かなければいけないかなどといった制約である。規定を読むと，多くの雑誌で次のようなことが書かれている。
>   「日本人の著者の方へ
>   英語のネイティブな人に文章をチェックしてもらってから
>   論文を投稿してください。」
> もちろんこれは日本人だけが読む規定ではない。世界中の研究者に向けて書かれたページだ。にもかかわらず，日本人向けにこうした一文がわざわざ付け加えられている。そのくらい日本人の英語下手は世界中で有名なのだ。』（http://gaya.jp/english/katakana.htm）

「日本人は英語の読み書きはできるが，英語会話が苦手なだけだ」と思っている人も多い。しかし，世界中の学者を相手にしている学術雑誌に，日本人だけを対象に上記のような注意書きがあるということは，「日本人の英語下手」が，「しゃべること」だけでなく，「書くこと」に関しても世界公認の事実であることを示す客観的証拠と言えるであろう。

3）「日本人は英語が苦手」の個人的体験

　筆者が「日本人は英語が苦手」という印象を強く持つことになった個人的体験を，時間を追って 4 つ紹介しよう。

(1) 留学時の体験

　筆者は 30 代の半ばに，米国に留学する機会を得て，テキサス州 Galveston（現地ではギャルベストンと発音）のテキサス州立大学医学部の細胞生物学研究室で 2 年間を過ごした。

　このテキサス州最南部の，メキシコ湾に面した人口 10 万にも満たない小さな港町の住民は，約半数が白人，残りはメキシコ系と黒人の住民がほぼ同数を占めていた。この小さな町に，テキサス大学医学部 Galveston 校と，この小さな町には不似合なほど巨大なテキサス大学付属病院があった。テキサスは海岸から開けたので，この大学病院は，当時でも 100 年以上の歴史を誇り，赤レンガの校舎も残っていた。テキサス州は石油の産地で経済的に豊かなため，大学図書館は深夜 12 時まで開いており，学会発表のためのカラースライドラボがあり，論文や専門書に掲載する学術的な挿絵を描いてくれる挿絵画家まで雇われていた。細胞生物学研究室は新設されたばかりで，最新の研究設備を備えていた。

　大学には日本人のほかにもインド人，中国人（台湾系および本土系），韓国人，フィリピン人，欧州系など，多くの国から留学生が来ていて，国際色豊かな大学であった。毎週のようにノーベル賞受賞者レベルの各国の研究者の講演もあった。日本人留学生は 6 家族が公立や私立の大学から来ていたが，半数は医者で，残りは理学部や農学部の生物系の研究者であった。日本人留学生の年齢はほとんどが 30 代で，全員が家族連れで，20 代の若い大学院の学生夫妻も 1 組いた。

　さて，肝心の「日本人の英語下手」についてであるが，大学内のセミナーや各種のパーティーで同席したとき，日本人の英会話能力は，例外なく他の国からの留学生と比べて格段に劣っていた。他の地域からの留

学生たちが活発に声高に会話を楽しんでいる間，日本人留学生は，例外なくひっそりとしており，ほとんど会話に加わらず，たまに会話をしても話が続かない。日本人同士が日本語で会話していることも多い。残念ながら，これは日本人だけに見られる著しい特徴であった。

(2) 国際学会での経験

筆者は職業人生の前半の16年を大学の理学部と医学部で過ごし，企業に移ってからの20年も研究所で過ごしたので，国内外の国際学会に出席する機会が十数回ほどあった。その際，講演や質疑応答のとき，日本人の英語力が諸外国の研究者よりも著しく劣るという印象を受けた。はなはだしい場合，英語で講演（といっても原稿を読むのが普通）した後で，会場から質問を受けて，質問の内容が理解できず，全く的はずれな返答をしたり，立ち往生して議長に助けてもらう講演者を何度も見かけた。これも日本人だけに見られる現象であった。

(3) 製薬企業での経験

職業人生の後半の20年は，製薬企業に身を置きながら，毒性の研究を続け，後輩の英文報告書の作成や，英文の学位論文の指導をした。また，業界団体（日本製薬工業協会）活動に8年間参加し，その活動の一環として，ICH（日・米・欧の医薬品規制の調和のための国際会議）に参加し，専門家作業部会（EWG：Expert Working Group）という名の通常5日間の国際会議に約20回出席した。この国際会議では，日・米・欧3極の産・官（学を含む）計6団体の代表がそれぞれ3〜4人ずつと，数人のオブザーバーからなる，総勢20数人ほどの専門家で構成される会議で，動物を用いた毒性試験の方法に関するガイドラインを次々に作成し，あるいは改訂した。使用言語は英語だけで，同時通訳はなかった。

筆者は「臨床試験を実施するために必要な非臨床試験」という名の作業部会で，3年間議長を担当したが，その作業部会では，各地域の代表

が発言する時間が歴然と異なっていた。米国食品医薬品局（FDA）の代表が発言する時間が圧倒的に長く，約9割を占め，次いで欧州代表が約1割，最後が日本代表で，発言時間は限りなくゼロに近かった。つまり，発言時間の比率は実に約90対10対ほぼゼロであった。日本代表が当然発言すべきときに発言しないので，議長である筆者から，ときには「日本の規制当局（あるいは産業側）は，どのようなご意見ですか？」と，発言を促す形で，日本の代表が日本の国益にかなう発言をするように促さねばならない場面もあった。こうして，産・官・学を問わず，日本人代表は際立って英会話ができないことを痛感した。ただし，この発言時間の比率の差は，単に英会話能力の差だけでない。米国人の自己主張の強さや，何でも主導権を取りたがる国民性，あるいは文化の差の表れでもあった。

(4) 英文学会誌のレフリーとしての体験

　筆者は日本電子顕微鏡学会，日本組織細胞化学会，日本トキシコロジー学会（現在の毒性学会）という3つの学会の英文学会誌のレフリー（論文審査員）や編集委員をしていた。またICHでは多くのガイドライン（英文）の作成に関与したこともあって，多数の英語論文，英文報告書，英文の規制文書などの作成，評価，校閲に携わってきた。これらの経験を通じて，日本人が書く英語には，際立った特徴が2つあることに気づいていた。その第1の特徴は，日本人が書いた英文には誤りが多いこと，第2の特徴は，日本人が書いた英文は，例え文法的には間違っていなくても，複雑な構文や不自然な表現が多く，概して難解であること，の2つである。

　以上のように，筆者は，過去半世紀近く，「日本人は，英語会話ができないだけでなく，英語を書くこともうまくできない」と感じ続けてきた。そして，職業人生を通じて，「日本人はなぜこんなに英語が下手なのか」を考え続け，気になる情報や思いついたことを折に触れて書き溜

めてきた。筆者が68歳のとき，これら書き溜めてきたものをまとめて，「誰でも書ける英文報告書・英語論文―わかりやすい医薬英語を書くための秘訣」(薬事日報社)と題する本を2008年に出版した。この本で筆者は，日本人特有の英語の「誤り」，「難解さ」，および「論理のあいまいさ」を含んだ英文を「日本人の英語」と呼び，たくさんの例を挙げて「日本人の英語」になってしまう原因を明らかにし，欧米人が書く英文のような簡明で論理的な英文の書き方を解説した。この前著は，第1部から第3部の全3部から構成されていたが，第1部で「日本人はなぜ英語が苦手なのか」について少しだけ論じたものの，ページ数の都合で十分に論じることができなかった。この本は「英文最終報告書を書くための日本で最初の教科書」として書いたため，日本人が犯す典型的な誤りの例を多く収録する必要があり，第1部に割くスペースが限られていたからである。そこで新たに本書で，日本人が，英語が苦手な理由を，考え得るあらゆる側面から論じることにした。すなわち，日本の英語教育，日本語と英語の言語系統的，言語構造学的，歴史的・文化的距離，および最新の脳科学的観点から検討した。

2．英語力の国際比較
1）日本のTOEFL国別平均点はアジアで最低レベル

「日本人は英語が苦手」が本当かを明確に論じるためには，まず「日本人」と「英語が苦手」を定義しておく必要がある。本書では「日本人」を「日本語を母語とする人」と定義する。すなわち本書における日本人とは，「生まれて初めて覚えた言語（第1言語）が日本語であり，少なくとも義務教育ぐらいは日本語環境で育った人」と定義する。従って，本書では，人種や国籍は「日本人であること」と直接関係がない。人種や国籍が日本人でも，外国語圏で生まれ育った人，あるいは幼少時に外国に移り住み，外国語で義務教育を受けて，外国語を第1言語とする，いわゆる帰国子女は，本書で言う「日本人」には含まない。逆に，日本

で生まれ育った，日本語を母国語とする外国人も，本書では「日本人」に含める。

一方，日本人はよく，漠然と「英語が苦手」とか「英語下手」と言うが，「得意」とか「苦手」は相対的な概念であり，「何と比較して下手なのか」を決めておく必要がある。日本人と英米人を比較して日本人の英語が下手なことは当たり前なので，本書では日本人の英語力の比較の相手を「アジアの他の国々の人々」と規定する。すなわち，「日本人は英語が苦手」の意味は，「日本人とアジアの他の国々の人々と比較して，日本人の英語力が劣る」という意味である。

「日本人は英語が苦手」を客観的に示す根拠として，TOEIC（トーイック）や，TOEFL（トーフル）のような，多くの国の人々が受験する英語学力検定試験における日本人の成績（平均点）がよく引き合いに出される。

TOEIC（Test of English for International Communication：国際コミュニケーション英語能力試験）は，1979年，日本経済団体連合会（経団連）と通商産業省（当時）の要請に応えて米国ETS（Educational Testing Service：教育試験サービス）が開発した検定試験である。つまり，日本オリジンの検定試験なので，当然日本からの受験者が最も多く，年間延べ178万人が受験する（2010年）。世界の約50ヵ国の，年間約700万人が受験する巨大英語検定試験である。

一方，TOEFL（Test of English as a Foreign Language：外国語としての英語の試験）は，TOEICと同じ米国の非営利団体ETSが主催する英語の実力判定試験で，年間受験者数は約70万人と，TOEICよりも一桁少なく，受験料も高い。TOEFLは，英語を母国語としない外国人が，北米やオーストラリアのような英語圏の大学・大学院をはじめ，各種の専門学校・教育機関へ入学を希望する場合，講義に付いていけるだけのアカデミックな英語力を有しているかを査定する英語力判定試験である。

異なる国々の英語力を比較する場合，TOEICとTOEFLのどちらの

成績を使うのがよいかと問えば，有識者の多くは TOEFL のほうがよいと考える。その理由は2つある。1つは，前述のように試験の目的が異なることであり，もう1つは，TOEIC の場合，日本と韓国の2ヵ国の受験者だけで全受験者の約半数を占めるため，世界的に見れば受験者数の偏りが大きいことである。以下，TOEFL の成績によって英語力の国際比較をしてみよう。

ETS によれば，現在 TOEFL テストのスコアは，約110ヵ国，9000以上の機関で英語運用能力の証明として使われている。TOEFL 試験は読解（Reading），聞き取り（Listening），会話（Speaking）および筆記（Writing）の4部門に分けて評価される。評価は相対評価方式で，満点は各30点，合計の満点は120点である。

TOEFL の成績は，主催者の ETS から毎年，国別，地域別の詳細な報告がネット上に公開されている。ETS による成績の報告は単純な国家別でなく，複数の民族や政治制度を持つ国家の場合には，言語や文化，政治制度が異なる地域別の成績を比較しやすいように，国籍に地域を加味した分類が採用されている。例えばインド亜大陸は，インド，アッサム，ベンガル，カシミール，タミルに分けられており，中国は，中国，チベット，香港，マカオ，台湾が区別されている。

ETS 発表のデータ（2009年）から，アジアの受験者の母国語別の TOEFL の成績を見てみよう（表1）。データがやや古いが，最近の各国別受験者数が公表されていないようなので，受験者数が入手できた最新の数字を用いた。各国別成績の最新（2013年）のデータは第2章の最後に紹介する。

アジア30ヵ国のトップは例年シンガポール（99点）であり，群を抜いている。これにインド（90），フィリピン（88），パキスタン（88），マレーシア（88）が続く。

日本はラオスやカンボジアと並んで，毎年最下位を争っている。その意味については後で論じるが，日本の TOEFL の成績が，アジアでは最

表1：TOEFLの成績

順位	国名	最新成績(2009)[注]	参考成績(2007-2008)	参考受験者数(2005-2006)	人口(百万人, 2005)
1	シンガポール	99	100	144	4.7
2	インド	90	84	23,750	1,134
3	フィリピン	88	88	5,882	85
3	パキスタン	88	87	2,307	158
3	マレーシア	88	87	920	27
6	ブータン	85	69	–	?
7	バングラデシュ	82	83	649	152
8	スリランカ	81	83	356	20
8	キルギスタン	81	81	118	5.1
8	香港	81	80	2,763	6.9
8	大韓民国	81	77	31,991	48
12	トルクメニスタン	80	75	70	4.9
13	インドネシア	79	78	1,875	226
14	ネパール	77	74	–	29
15	中国	76	78	20,450	1,313
15	カザフスタン	76	77	656	15
15	ウズベキスタン	76	75	320	27
18	朝鮮民主主義人民共和国	75	69	1,270	24
19	モンゴル	75	65	438	2.6
20	台湾	74	72	10,022	23
20	タイ	74	72	3,886	63
20	アゼルバイジャン	74	71	191	8.8
23	アフガニスタン	71	67	209	28
24	ミャンマー	70	75	98	48
24	ベトナム	70	70	2,320	85
24	マカオ	70	66	170	23
27	カンボジア	68	63	134	15
28	タジキスタン	67	72	35	6.9

| 28 | 日本 | 67 | 65 | 17,957 | 128 |
| 30 | ラオス | 60 | 65 | − | 5.6 |

＊注：各国別受験者数は 2007 年以後発表されていないようなので，2006 年の数字を使用した。各国別成績の最新（2013 年）のデータは，第 2 章の最後で扱う。受験者数が 30 人に満たない以下の 5 カ国は，統計上 n 数が少なすぎるという理由から，成績が掲載されていない：ブルネイ，クリスマス諸島，ココス諸島，モルジブ，ティモール・レステ。

下位クラスにあることは今に始まったことではない。例えば 1999 年 9 月 12 日付けの日本経済新聞には，その前年の日本人の TOEFL の平均点は 667 点中 498 点で（以前は現在と採点方式が異なり満点は 667 点），なんとアジア 25 ヵ国中で北朝鮮と並んで最下位であったと報道している。最近ではその北朝鮮にさえ，かなり差をつけられてしまった。

2）TOEIC スコアの国別平均点は無意味な数字か？

さて，マスコミなどは上記の成績でもって，日本国民の英語力がアジアで最低レベルであると報道する。これに対し，明治大学教授のマーク・ピーターセン氏は，日本人の英語力が低いことを報じた，2002 年 7 月 12 日付け毎日新聞夕刊の記事を批判して，次のように書いている：

「記事には，日本人が英語が苦手だという唯一の根拠として，次の統計が示されている。『日本人の英語力は米国大学留学のための英語能力試験（TOEFL）の平均で 667 点満点中 513 点で，156 ヵ国・地域中 144 位，アジア 23 ヵ国・地域中で 22 位と極めて低い』。」

筆者が引っかかるのはその次に書かれた言葉である：

「それはそのはずだろう。日本では軽い気持ちで受験する人がきわめて多く，試験場を覗いてみると，中学生から老人まで，受験者がバラエ

ティーに富んでいることに驚かされる。これに対して，他の国の多くでは受験料だけでも大変な金額になり，主として留学候補者として選ばれた『エリート』しか受験しないから，平均点は当然日本より高い。<u>TOEFLの国別平均点は無意味な統計なのだが</u>，人によってはなぜか，この統計を頻繁に引き合いに出すのだ。」(「英語の壁」，文春新書，2003)

　要するに，ピーターセン氏は「TOEFLの日本の成績が悪いのは，ネコもシャクシも受験するからであって，少数のエリートが受験する他国の成績に負けるのは当然だ」と言っているのである。果たしてこの主張は正しいであろうか。

　アジアで最も成績のよいシンガポールの受験者数は144人，日本の受験者数は約1万8000人であることから，日本ではネコもシャクシも受験するから平均点が低くなるとするピーターセン氏の説明は正しいように見える。しかし，「TOEFLの国別平均点は無意味な統計なのだ」とまで断定されてしまうと，へそ曲がりの筆者には，「本当にそのように言い切ってよいのか？」という疑問が湧いてくる。もしピーターセン氏の説明が正しいとすれば，以下の2つの傾向が見られるはずである：

①ピーターセン氏が言うように，「人口当たりの受験者が多い国ほど，『ネコ・シャクシ受験者』が多くなり，本当の留学希望者の割合が低くなって，TOEFLの平均点が低くなる」とすれば，人口当たりの受験者数が多い国ほど成績が低くなるはずである。

②逆に人口当たりの受験者が少ない国ほど，本当の留学希望者である「エリート受験者」の割合が高くなり，成績が高くなるはずである。

　この①と②が正しいか，早速表1を調べてみよう。驚いたことに，①も②も，成立していないのである！

例えば，①について言えば，人口当たりの受験者数が最も多いのは，実は日本ではなく韓国である。韓国の人口は約4800万人で，受験者数が約3万人，人口当たりの受験率は1600人に1人で，日本の受験率の約4倍も高い。従って，ピーターセン氏の解釈が正しければ，韓国の成績は日本より相当に低くなるはずである。ところが，その韓国の成績(81)は日本(67)よりもはるかに高い。しかも，年々韓国と日本の差が広がっている。ピーターセン氏の「ネコもシャクシも受験説」では，この現象は全く説明できない。

　また，②の，「人口当たりの受験者が少ない国ほどTOEFLの成績が高くなる」という傾向も全く見られない。TOEFLの2008年の平均点が最も低い70点未満の地域を世界からピックアップして，最下位から並べると，以下のようになる：

　　モシ（タンザニア）(58)，ウオロフ（セネガル）(59)，フラ（ペルー）(60)，クメール（カンボジア）(63)，ラオ（ラオス）(63)，日本(65)，モンゴル(65)，アラビア(66)，ウイグル(66)，マドゥラ（インドネシア）(66)，ベンバ（ザンビア）(67)，ソマリア(67)

　これら12地域のうち，日本を除く11地域の受験者はすべて受験者が極めて少ない地域である。ピーターセン氏の「ネコ・シャクシ受験説」に従えば，これら11地域の受験者は，真の留学希望者たちであり，選ばれたエリートたちだけなので，平均成績がよいはずであるが，実際の成績は最下位グループに甘んじている。

　このように，日本人のTOEFLの成績が悪いことを説明するためのピーターセン氏の「ネコもシャクシも受験説」は，簡単な検証にさえも耐えない，全く根拠がない俗説である。

3）なぜシンガポールが最高で日本が最低なのか？

　以上の議論によって，日本の TOEFL の成績が低い理由を日本の受験者が多いことで説明しようとするピーターセン氏の説は破たんした。従って，これを根拠にした「TOEFL の国別平均点は無意味な統計なのだ」とのピーターセン氏の主張も根拠がないことが分かった。そこで，先入観を持たずに，もう少し謙虚に TOEFL の国別平均点の意味を考えてみることにしよう。

　アジアで TOEFL の成績が最高なのはシンガポールであり，欧州各国の平均点よりも高い。シンガポールの成績はなぜアジアで最高なのか，なぜ欧州各国の平均点より高いのか，そして，なぜ日本がアジアで最低なのか，これは極めて興味深い問題である。

　この問題について考える前に，いわば頭の準備体操として，世界を大陸および主要な宗教によって，5つの大きな地域，すなわち，欧州，南北両アメリカ，アジア，サハラ以北のアフリカと中東およびサハラ以南のアフリカに分けて，これら各地域の TOEFL の平均点を比較してみると，以下の順序になる：

　　1位：欧州（88.4）＞2位：南北両アメリカ（84.1）＞3位：アジア（75.6），＞4位：サハラ以南のアフリカ（70.9）＞5位：サハラ以北のアフリカと中東（69.5）

　ピーターセン氏の言うように，「TOEFL の国別平均点は無意味な統計なのだ」とすれば，その無意味な数字を地域で平均して並べた上記の序列も全く無意味なことになる。しかし，上の序列を謙虚に見ていただきたい。この序列は全く無意味な序列だろうか。おそらく，そう思う人は少ないであろう。世界史や地理を少しでも知っている人なら，あるいは「地政学」を少しでもかじったことがある人なら，この序列の意味が分かるに違いない。上の序列は，英語，あるいは英米文化からの距離を

表しているのだ！

　TOEFLの成績は英語の試験成績なので，一般に英語に近縁な印欧語を母国語にしている地域が有利であることは当然であろう．従って，これら世界の5つの地域の中で，欧州語を母国語とする欧州と南北両アメリカが上位に来るのも当然である．そして欧州地域の平均が南北両アメリカの平均よりも高いのは，欧州が経済的に豊かであり，平均的な教育レベルが高いことが理由である，と説明することにも異議は少ないであろう．

　第3位のアジア地域の成績が，第4位のサハラ以南のアフリカ諸国や第5位の北アフリカ・中東諸国よりもよい理由も，説明は容易である．アジア地域にはインド，シンガポール，マレーシア，フィリピンなど，英米の植民地であった国が多く，そのような国では現在も高等教育が英語で行われていること，また近年の経済的発展の結果，他の2地域より経済的なレベルが高く，英語教育が普及していることが理由であると説明しても異議は少ないであろう．

　「北アフリカ＋中東諸国」の成績が最下位になるのも容易に説明できる．これらの地域はイスラム文化圏であり，伝統的に欧米のキリスト教文化や民主主義を敵視し，英米文化の流入を可能な限り排除していて，英語教育に熱心でないことの結果と考えられる．

　このように，「TOEFLの平均点は無意味な統計なのだ」とのピーターセン氏の見解に反して，少なくともTOEFLの地域別の平均点と，それらの地域の言語や歴史や文化との間に高い相関性があることは誰の目にも明らかである．一言でいうならば，「歴史的・文化的に英米文化に近い文化圏ほどTOEFLの成績が高く，その逆ほど成績が低い」と言ってよい．

　続いて，アジア地区のTOEFLの国別平均点の意味を比較・検討してみることにする．TOEFLの成績がアジアで最高なのは常にシンガポールであり，欧州の平均点よりも高い．日本は常にアジアで最下位を争っ

ている。これらはどのように説明できるであろうか。

シンガポールが最高である理由の1つは、ピーターセン氏が言うように、その受験者数の少なさと関係があるだろう。受験者数は144人で、受験率は国民約3万4000人に1人であり、韓国の約20分の1、日本の約5分の1である。しかし、以下のような、全く異なる観点からの説明も可能である。

アジアの国々のTOEFLの平均点を1位から8位まで並べてみると、次のようになる：

　　　シンガポール＞　インド＞　フィリピン＞　パキスタン＞　マレーシア＞　スリランカ＞　ブータン＞　バングラデシュ

これらの国々に何か共通点はないだろうか。歴史に明るい人ならすぐに気付くに違いない。これらの国々には明白な共通点がある。これらの国々はすべて、かつて英国または米国の植民地あるいは保護領であった。

かつて英米の植民地であった国々の英語の成績がよいことには明白な理由がある。植民地の宗主国が植民地に教育機関を作る場合、当然ながら宗主国の言語で教育を行い、現地語での教育は禁じるか、禁じないまでも積極的に現地語教育を推進することはない。植民地の被支配国民の間に現地語による教育が普及すれば、必ず民族独立意識が高まり、植民地支配に都合が悪いからである。現地語で教育が行わなければ、現地語の学術用語、例えば自然科学用語も社会科学用語も生まれない。上記の英米の旧植民地であった国々では、独立後も高等教育は英語によるしかなかった。現地語の学術用語がないからだ。

アジアで例外的に欧米列国の植民地にならなかった日本では、江戸時代の後半から明治の「文明開化」の時代にかけて、欧米から輸入された無数の書物が日本語に翻訳された。欧米から輸入した科学技術を自国語で教育・普及させる過程で、多数の日本語の科学技術用語が和製漢語で

創作され，また，漢語の製造が間に合わなくなると，カタカナ語で日本語化された。その結果，日本では基本的に，全科目の高等教育を日本語で行うことが可能になった。その反面，かつて英米の植民地であった他のアジア諸国と比較して，語学以外に英語による教育がない。前述の英米の植民地であった歴史を持つ8ヵ国のTOEFLの平均点よりも，日本の成績が悪いのは，その当然の結果である。

アジアの国々の中でシンガポールのTOEFLの成績が断然よい理由は他にもある。シンガポールは，もともとマレー人，中国人，タミル人（南インド系）などの住民からなる多民族国家であった。シンガポールが公用語として1つの言語を選ぶ場合，これら3つの現地語から1つを選べば民族対立の火種になる。従って，共通の公用語として選べる言語は英語しかなかった。

さて，シンガポール，インド，フィリピンなど，かつて英米の植民地であった国々のTOEFLの平均点が概して日本よりも高いことは上記で説明がつくとして，全土が英米の植民地になったことがない中国や，韓国や北朝鮮の成績が日本よりも高い理由は，どのように説明できるであろうか。

中国の受験率は約6万人に1人なので，ピーターセン氏が言う「エリート受験率」は，日本の約8倍，韓国の約35倍である。従って，中国のTOEFLの平均点が高い理由は，ピーターセン氏が言う「エリート受験説」で説明が可能である。また，北朝鮮のTOEFL受験者の選別には当然当局が関与しているはずで，彼らの成績が日本より高い理由こそ，「エリート受験説」で説明するのにぴったりのケースである。従って，最後に残る問題は，日本より約4倍も受験率が高い韓国の平均点がなぜ日本よりも高いのか，である。

韓国の成績がよいことは，受験者の中での，英語圏への真の留学希望者の比率が日本よりもはるかに高いと考えれば，一応は説明できる。日本では近年，欧米圏への留学希望者が減少し続けている。しかし韓国で

は，日本とは対照的に留学熱がますます高まっている。その理由は，韓国内の就職難が年々厳しくなっているからである。韓国では就職に有利なように，高校や大学在学中に英語学校に通ったり，留学して英語会話能力を身に付ける若者の数が多いと報道されている。これらの人たちは当然ながら，熱心な英語の学習者となるので，結果として TOEFL の平均点が日本よりも高くなる道理である。

　もう 1 つ考えられるのは，日本と韓国の公的英語教育年数の違いである。韓国は日本よりも十数年早く小学校からの英語教育を開始している。韓国の若い TOEFL 受験生は小学校から英語を勉強しているが，日本の受験生にはまだ，小学校から英語教育を受けた人たちは含まれていない。日本と韓国の受験生の成績の差が毎年開いていくのも，小学校からの英語教育の成果が表れているのかもしれない。アジア各国の英語教育に関しては，第 2 章で詳しく論じるが，実は TOEFL の成績と公的英語教育期間の長さとの間には，明確な相関が認められるのである。

3．日本人はなぜ英語が苦手なのか？
1）「日本人の英語下手」の理由に関する諸説

　以上の各項で述べたように，「日本人の英語下手」は，国際的にも認められた厳然たる事実である。そして，「日本人はなぜ英語が下手なのか」という問いに対しては，いろいろな人が様々な理由を述べている。それらを箇条書きにすると，以下のような説がある：

　　①日本人の英語下手は，日本が一度も英米の植民地になったことがないからだ。
　　②日本人の英語下手は，日本では高等教育まで日本語で受けられるので，大部分の日本人にとっては，英語の必要性がそれほど切実でないからだ。
　　③日本人の英語下手は，日本では全く英語を知らなくても生きていけるからだ。

④日本人の英語下手は，日本の英語教育に問題があるからだ。
⑤日本人の「英語苦手意識」は日本人が英語に上達するまで努力しないことの言い訳に過ぎない。
⑥その他

　①は，何の役にも立たない説明である。日本人の英語力を他のアジア諸国並みにするために，一度植民地になってみるといった実験ができない以上，このような説明が正しいかどうかは確認のしようがないからだ（コラム1参照）。
　②と③は，①の亜型であり，一度も植民地になったことがないことの当然の結果である。日本が高等教育まで日本語でできるのは，日本がアジアでいち早く文明開化し，植民地にならなかったことの結果である。鈴木孝夫氏によれば，日本人が英語下手な理由は極めて単純で，要するに「ほとんどの日本人は全く英語を使わなくても生きていけるから，である」という（「日本人はなぜ英語ができないか」，岩波新書，1999）。同様の主張は他の著者からもなされている。例えば，成毛眞氏は，「日本人の9割に英語はいらない」（詳伝社，2011）という刺激的なタイトルの本で，同様の主張を展開している。ただしこれらの説は，最近の急速な国際化の進展と，中小企業でさえも海外進出が普通になってきたこと，また海外からの観光客の激増で，国内でも英語の需要が増してきたことから，時代遅れになってきた。何よりも，小学校からの英語教育の義務化により，子供の英語力に格差が生じつつあり，「英語なんぞ勉強しなくても生きていける」などと子供に言う親は，自分はそれで済んでも，子供の進学問題で悩むようになることは確実である。
　④の英語教育欠陥論は，日本の教育制度を詳細に検討してからでないと簡単には論じられないので，第2章で詳細に論じることにする。また，⑥の「その他」の説は，筆者は本命と考えている説であるが，これも脳科学的観点や日本の歴史や文化など，種々の論点から論じる必要がある

ため，第3章以降の各章で詳細に論じる。
　残る⑤は，日本人の TOEFL の平均点がアジアの最下位であるというデータを，「無意味な統計なのだ」と切り捨てたピーターセン氏が「英語の壁」（文春新書，117-118頁，2003）に書いている説であるが，反論可能である。彼は日本人の「英語苦手意識」を次のように説明している：

> 『学校英語を6年もやって，そして受験勉強でもまた数年，大学の授業でも必修科目として単位もちゃんと取ったのに，依然としてろくに話せないといった不満を感じる日本人も確かに多い。が，そこで英語が話せない理由は単に，「話せるようになるまで毎日自分で反復練習したことがないから」という理由を認める人は少ないようだ。何よりも，「日本人だから」と思った方が気が楽で，自分の責任ではないような気に浸ることができるのである。』

　ピーターセン氏は，日本人の英語苦手意識は，「日本人が英語ができるようになるまで十分に努力していないからであり，努力不足の弁解に過ぎない」と断定しているのだ。
　「英語ができるようになるまで努力すれば英語ができるようになる」ことは論理的に100％正しい。従って，上記のピーターセン氏の説明は一見誰にも反論できないように見える。しかし，筆者はこのピーターセン氏の決めつけには反論が可能であり，彼の主張は一面的であり，重要なことをいくつも見落としていると考えている。その理由を次に述べる。

2）「日本人の英語下手」は単なる言い訳か？
　ピーターセン氏の見解が誤りと考える理由は，全部で4つある。
　第1の理由は，人間は誰でも，自分の経験や知識に基づいてものを考えるものであり，ピーターセン氏もその例外ではないことである。彼には「自分は米国人でありながら，努力して日本語を学び，使いこなせる

ようになった」という個人的な成功経験がある。その彼には,「日本人が英語に上達しないのは,その当人が上達するまで努力しないからである」としか考えられないのである。しかし,「自分にできたのだから,誰でもできる」との論理は正しいだろうか？

　このことは,例えば野球の王選手やイチロー選手が,「自分はこれだけ打てたのだから,誰でも努力さえすれば自分と同じように打てるはずだ」と言った場合を考えれば分かるであろう。話が野球なら,「そのとおりだ」と納得できる人は少ないであろう。ピーターセン氏は,語学分野での王選手やイチロー選手かもしれない。もしそうなら,「英語が上達しない日本人は全部怠け者」説は正しくないことになる。

　ピーターセン氏は米国ウィスコンシン州出身で,コロラド大学で英米文学を学び,ワシントン大学の大学院に進んでから初めて日本文学を専攻した。つまり,彼は20代半ばになってから日本語を学び始め,漢字交じりの本を次々に出版するほど日本語に上達した。同様の人物に,ドナルド・キーン氏やエドワード・サイデンステッカー氏がいるが,このような米国人は極めて稀である。

　例えば日本の怪談を世界に紹介したラフカディオ・ハーンは,日本人女性と結婚し,日本に帰化したが,妻に宛てた手紙が残っていて,まともな日本語が書けなかったことが分かっている。いずれにせよ,ピーターセン氏が極めて珍しい経歴の持ち主であることは間違いない。おそらく,彼は人並み外れた努力を重ねて日本語を習得したものと思われるが,そのこと自体,彼の持って生まれた語学的才能や,日本語を学びたいという強い情熱に裏付けられた努力の結果であり,そのような例外的な米国人の経験が,そのまま普通の日本人一般に当てはまるとはとても考えられない。

　「日本人の英語下手は努力不足の言い訳に過ぎない」とするピーターセン氏の説明が誤りと考える第2の理由は,外国語を習得する場合の,言語別の難易度の差をピーターセン氏が考慮していない点である。米国

表2 米国人にとっての外国語習得の難易度

難易度	言語	習得に必要な時間数
グループ1	オランダ語，フランス語，ドイツ語，イタリア語，ルーマニア語，スペイン語，スワヒリ語，スウェーデン語ほかの欧州言語	24週間（720時間）
グループ2	インドネシア語，マレー語，ブルガリア語，ギリシャ語ほか	
グループ3	ベンガル語，ビルマ語，ヘブライ語，ハンガリー語，ポーランド語，ネパール語，トルコ語，タミル語，フィンランド語，チェコ語ほか	44週間（1320時間）
グループ4	アラビア語，朝鮮語，中国語，日本語	80-92週間（2400〜2760時間）

では一般に何事もまず基準を定めて，合理的に実施する傾向があり，語学教育も例外ではない。米国において外交官や連邦職員に，任務地である外国の言語を集中研修させる場合，米国国務省の外郭組織である外務研修所（FSI）において行うが，このFSIから外国語の種類ごとに学習に必要な標準的時間数が発表されている。これを見れば米国人にとって，学習が容易な外国語と困難な外国語があることが分かる。FSIのリストでは，米国人にとっての外国語の学習難易度が表2のようにレベル1（相対的にやさしい）からレベル4（最も難しい）の4段階に分類されている。

　表2の右端には，それぞれのグループごとに習得に要する研修時間の目安が付けられている。外交官として最低限のレベルの水準に達するためには，グループ1の言語群なら，目安は24週間（720時間），グループ4なら80〜92週間（2400〜2760時間）必要となっている。つまり，

グループ1と4では習得に要する時間数には，実に約4倍もの開きがある。ピーターセン氏は，このような「容易に学習できる外国語」と「そうでない外国語」があること，およびその理由を全く考慮していない。

米国人にとって，外国語の種類によって言語習得時間数に4倍もの大きな差が生じる理由を考えてみよう。グループ1に属する言語はスワヒリ語を除き，すべて印欧語族である。米国人にとって言語系統学的に近縁な印欧語族は，基本的にローマ字のアルファベットで表記され，また，英語の単語の語源にはギリシャ語，ラテン語，フランス語由来のものが多数あり，他のヨーロッパ言語も同様なので，英米人にとってヨーロッパ諸国の言語の習得が容易なのは当然である。実際，欧州には数ヵ国語に堪能な人はいくらでもいる。

グループ1の例外のスワヒリ語は，東アフリカの言語であるが，この言語は16世紀にポルトガルがこの地域の覇権を握ったときから，アフリカ東部を代表する言語として，欧州には馴染みが深い言語であり，比較的習得が簡単な理由は，もともと商業用の言語として印欧語の影響を受けながら発達してきたためと考えられる。

グループ2と3の，習得の難易度中等度の言語群は，ユーラシア大陸中部の言語群であり，印欧語と共通の起源を持つか，あるいはある程度印欧語の影響を受けた言語と考えられる。

グループ4の言語は，すべて印欧語と関係が薄い言語であり，そのために英米人をはじめ，印欧語族の人たちにとって最も習得が困難な言語であると考えられる。

グループ4に属する4つの言語の中にも，英米人にとって，さらに習得の困難度に差があることが考えられる。アラビア語と朝鮮語で使用される文字（アラビア文字とハングル）は，日本のカナに当たる表音文字なので，少なくとも文字と発音の習得に関しては比較的やさしい言語であると考えられる。また，中国語は欧米人にとっては漢字の数が多いので，習得困難であるものの，語順や，同一の単語が名詞にも動詞にも使

用されるなどの基本的文法は英語とほとんど同じなので，後述の脳の機能の面からは，日本語よりも習得しやすいであろう。

　一方，日本語は，音節の種類が極端に少ないために，発音に関しては外国人にとって比較的学習しやすい言語であろう。モンゴル出身のお相撲さんの日本語の発音が例外なく全く違和感がないほど上手くなるのはその一例である。その一方で，日本語は表記が極端に難しい言語である。日本語に漢字が多い点は中国語に匹敵するが，漢字に加えて，ひらかなとカタカナとローマ字が混在するうえに，書き言葉と話し言葉，男性語と女性語，相手が目上か目下かで使い分ける敬語や謙譲語，英語にはない数千のオノマトペ（擬態語），さらには数万にも及ぶ諸外国からの外来語（カタカナ語）が混在し，しかもそれら外国語は元の発音を無視したカタカナ表記であるなど，他の言語にはない，複雑な要素を含んだ言語である。従って，グループ４の中から英米人にとって最も習得が困難な言語を１つ選ぶとすれば，文句なしに日本語が選ばれるであろう。このことはまた，「逆もまた真なり」で，日本人にとって英語は，最も習得が難しい言語の１つであることを意味するであろう。ピーターセン氏はこのような事情をすべて無視し，日本人にとっての外国語習得の困難さを過小評価している。

　日本人の英語下手を努力不足だけで説明するピーターセン氏の仮説が誤りである第３の理由は，彼が日本文化の影響の強さを考慮していないことである。第５章で詳しく論じるが，日本人は基本的に，子供の頃から「口は災いの元」，「出る杭は打たれる」と教えられて育つ。このような文化で育ってきた日本人は基本的に自己主張が苦手で，使用する言語が英語になったからといって，途端に欧米人と同じように自己主張や議論ができると期待するのは到底無理な話である。ピーターセン氏はこのような文化的要素も，日本人の英語下手に関係していることを無視する。

　「日本人の英語下手」の理由を，すべて「日本人の努力不足」に帰そうとするピーターセン氏の仮説が誤りと考える第４の理由は，彼が日本

語脳・英語脳の相違を全く無視していることである。この問題は，最新の脳科学的手法で裏付けられた事実であるが，簡単には説明できないので，本書の第6章・第7章で詳しく扱うことにする。

以上に挙げた4つの理由により，「日本人の英語苦手意識」の原因を，「単なる努力不足の問題」と，簡単に片づけるピーターセン氏の説明には説得力がない。

3）日本人にとって英語は最も習得困難な外国語か？

これまでの検討で以下の諸点が明らかになったと考える：

① 他のアジア諸国人と比較した場合，日本人の英語下手は歴然たる事実である。
② 米国人にとって習得が容易な外国語と習得が困難な外国語があり，習得に必要な時間数には4倍もの差がある。
③ 米国人にとって，習得が容易な外国語は英語に近縁な印欧語である。
④ 反対に，米国人にとって最も習得困難な言語は日本語である可能性が高い。
⑤ 「逆もまた真なり」で，日本人にとって，英語は最も習得が困難な言語である可能性が高い。

第1章のテーマは，「日本人の英語下手は本当か？」であった。結論は，「本当である」。ただし，その理由は，「日本の教育が悪いからだ」ではない。真の理由は「日本人にとって英語は，習得が極めて困難な言語だから」である。不思議なことに，これまでこのことを指摘した人はあまりいないようである。それどころか，ピーターセン氏のように，「努力さえすれば誰でも英語に上達する」という論者が多い。そして，書店には「英語は1週間で話せる」類の本が溢れている。

これまで見てきたように，ほとんどの論者は，「日本人の英語下手」

の理由を，大抵はただ1つの面から論じており，まさに「群盲象を撫で」ているに過ぎない。日本人の英語下手の原因は，決して単純ではない。以下本書では，第2章から第8章までの各章において，日本人が英語下手な理由を可能な限りのあらゆる側面から論じている。次の第2章では，まず「日本人の英語下手」の理由として，大抵の日本人が挙げる，「日本人の英語下手は日本の英語教育に問題があるからだ」という説の真偽を検討する。

コラム1　ご主人様の国？

　アジアでTOEFLの成績がよい国は例外なくかつて英米の植民地であった国である。植民地であったことの影響は独立後も，半永久的に残る。

　芸術家のデュラン・れい子氏がオランダで仕事をしていたときの話である。たまたま仕事の関係で車の運転をしてくれた女性が運転をしながら，「日本のマスター・カントリーはどこですか？」と彼女に尋ねた。「マスター・カントリー」の意味が分からなかったれい子氏がその意味を尋ねると，植民地だったときの宗主国，つまり「ご主人様の国」の意味であった。

　その女性は，アフリカ出身のゲストワーカー（旧オランダ植民地から正式な手続きでオランダに来ている出稼ぎ労働者）であった。アフリカ人の常識から，有色人種であれば必ず「ご主人様の国」があるはずだと思い込んでいて，実際に彼女は出身地のご主人様の国であるオランダに出稼ぎに来ている。だから彼女は有色人種のれい子氏も自分の同類と見て，日本にとっての「ご主人さまの国」を尋ねたのである。れい子氏は「日本は植民地になったことがないので，マスター・カントリーはない」と答えたが，相手は全く信じられない，という様子だったそうである。

　この経験から，れい子氏は日本が特殊な国だと初めて知り，その後いろいろな経験を綴り，ついに「一度も植民地になったことがない日本」というタイトルの本を書くに至った。

　日本が特殊な国であることは，日本を離れて生活してみないと気づかない。そしてこの日本が「一度も植民地になったことがない」ことが，「日本人の英語下手」と大いに関係があることも，海外生活を経験しない日本人が気づきにくいことの1つである。

　　　「一度も植民地になったことがない日本」，講談社＋α新書，2007より引用

第2章

日本の英語教育は間違っていたか？

　「日本人はなぜ英語が苦手なのか？」と問われた場合，多くの日本人は「日本の英語教育に問題があるからだ」と答えるであろう。何を隠そう，筆者も最近までそう思っていた。しかし本当にそうなのか。「日本の英語教育に問題があるから日本人は英語下手なのだ」ということは，換言すれば，「日本の公的英語教育を改善すれば，日本人は英語が使えるようになる」というに等しいが，本当にそうなのか。この問題を検討するために，まず日本は歴史的に，国民にどのような英語教育を実施してきたのか，現在はどうなのか，そして今後，どのような教育をしようとしているのかを概観してみよう。

１．日本の英語教育の歴史
１）日本の公的英語教育の歴史概観
　日本を開国させたのが米国であったこと，および明治維新を主導した薩摩・長州と英国との関係が深かったことから，明治維新後は英語教育が盛んになり，英語教師の必要性が高まった。明治初期の英語教育は，日本人教師がほとんどいなかったため，ほとんどネイティブの英米人のお雇い英語教師により行われた。高等教育を受ける学生数が少なかったこともあり，旧制中学では英語の授業は週に7時間も行われていた。外国語を学習するなら，毎日1時限以上学習することが当時は常識だったのである（ちなみに，現在の公立中学校の英語の授業時間数は週4時限，正味3時間程度で，アジア諸国では最低である）。

第 2 章　日本の英語教育は間違っていたか？

　当時，英語の教授法が 2 種類に区別され，外国人教師による発音，会話を重視した自然な学習法を「正則」と呼び，のちに始まった日本人教師による，講読から始めるものを「変則」と呼んでいた。その後，徐々に進学率が高まり，英語教育を受ける学生数が増えるにつれて，外人教師が不足し，また，夏目漱石のように英米に留学して帰国する日本人が増えるに従い，日本人教師が増えた。その結果，日本の英語教育は「正則」，すなわち「あるべき正しい形」から次第に遠ざかり，「変則」，すなわち日本人教師による「英文和訳・和文英訳偏重教育」が普通となっていった。

　1945 年の敗戦後，新制中学校からの英語の義務教育が開始された。全国の新制中学にネイティブの英語教師を雇う余裕はなく，英語教育は，留学経験がなく，経験も乏しく，発音も怪しい日本人の英語教師が担当することが普通となり，当然の結果として日本の英語教育の「英文和訳・和文英訳偏重」，「文法重視」，「発音・会話軽視」が定着した。発音・会話教育は，「軽視された」というよりも，日本人の教師では正確な発音も，自然な日常英会話教育も，やりたくともできなかったのである。

　戦後の日本の公的英語教育の実態は，敗戦の翌々年に小学校に入学した筆者自身が受けた英語教育を振り返れば十分であろう。筆者は 1953 年に中学校に入学して初めて英語の教育を受け，以来，中・高の 6 年間と大学の教養部 2 年間の計 8 年間，公立学校で英語の授業を受けた。教わったのはすべて日本人の英語教師であり，この間，英会話の授業を受けたことは全くない。8 年間に受けた英語教育のうち，最後に大学の教養部で受けた 2 年間の英語教育が最悪であった。教養部なので，教養としての英文学を学ぶのはよいとしても，理学部に入学したにもかかわらず，教養部の 2 年間はもちろんのこと，4 年間の大学生活を通じて，理科系の英語教育が全くなかった。教養部の英語教師を 3 人覚えているが，いずれも英文学者で，テキストは，シェークスピアの「ハムレット」，コンラッドの海洋小説，ディケンズの「二都物語」であった。いずれも

現代英語ではなく，特にシェークスピアの英語は"you"の代わりに"thou"を使う400年以上前の古典英語であった。講義は，いずれも学生に下調べをさせておき，ランダムに指名して1段落ずつ読ませ，日本語に翻訳させるという方式であった。英語教師の授業目的は，教師自らの英文学研究の成果についてウンチクを傾けることにあるらしく，その教師の興味のままに，1つの難解な単語の意味やその用例が，どの辞書や誰の研究書にどのように用例があるかにこだわるあまり，90分の講義で5，6行しか進まないこともあった。それでいて英語は必須科目であり，落第点を取ると留年となる恐怖の科目であった。ただし，これらのテキストには教師自身による翻訳本が市販されており，それを読んでおけば大抵何とかなった。

　大学の後半2年間は理学部に分属したが，英語の授業はなく，英文の論文や英語の推薦教科書を多少読んだぐらいで，自分の努力不足を棚に上げて言うのであるが，大学の4年間で英語力が増した実感は全くない。英語の実力はむしろ大学受験前のほうが高かったように思う。

　専門の英語論文を読む力が付いたのは，修士課程の2年間であった。志願して理学部から京都大学ウイルス研究所病理部に学内留学して，毎日昼休みのランチタイムセミナーに2年間参加したためであった。このセミナーは，図書館に到着したばかりの最新の免疫学分野の学術誌に掲載されている英語論文を読んで，その要約を30分ほどかけて教室員の前で報告する形式であった。報告の当番がほぼ毎週回ってくる状況が2年間続き，論文を探す能力と読む能力が付き，この2年間の多読の効果は実に大きかった。ただし，この2年間の英語会話の実力の進歩は全くゼロであった。

　英語の会話に関して，「リエゾン」という言葉の存在を筆者が初めて知ったのは，大学院を卒業して5年間医学部の助手を経験した後，出身の理学部の助手になり，理学博士の学位を取得した後の，30歳近くになってからであった。学位を取ると海外留学の話が舞い込み，初めて自

第 2 章　日本の英語教育は間違っていたか？

分の英会話能力がほとんどゼロに等しいことを意識して愕然とした。何とかしなくてはと焦り，YMCA の英会話教室に通ったり，その頃，発売されたばかりのカセットレコーダーを買って，NHK のラジオ英語会話講座を録音したものを聞いたり，リンガフォンのカセットテープを繰り返し聞いたが，ほとんど効果はなかった。そんなときに偶然，吉野義人著「科学的英会話独習法」（研究社，1955）を読んで大きな衝撃を受けた。その本には「リエゾン」について，以下のように書いてあった：

① 英語の 1 音節は，原則として＜子音＋母音＋子音＞（CVC）から成り立つ（例：cat, boy, book など）。
② しかし，単語の発音が｜CVC｜CVC｜CVC｜CVC｜……と続くとき，「子音止め・子音開始」では発音しにくい。このため，単語の終わりの子音と次の単語の始まりの子音が連結され，｜CV｜CCV｜CCV｜CCV｜……のように変化する傾向がある。
③ 従って，英語会話の発音では，発音の切れ目は単語と単語の間ではなく，意味的な切れ目，すなわち 1 つの文節の単語を全部つないで一続きにした「巨大単語」の中の意味的な切れ目となる適切な母音の後と，カンマやピリオドである。
④ このような「単語の発音的連結」を「リエゾン」と呼ぶ。リエゾンを理解し，リエゾンを聞き分け，リエゾンの発音に上達することこそが英語会話の科学的独習法であり，英語会話上達法である。

上記を読んで，目から分厚いウロコが落ちた。英語を習い始めて 20 年近くになって，上記の「リエゾンの法則」を初めて知ったのである。筆者が社会に出るまでに英語を教わった中・高・大学 12 年間に出会った十数人にのぼる英語教師の中に，会話では「単語の切れ目は発音の切れ目ではないのだ」という単純かつ重大な法則を教えてくれた教師は 1 人もいなかった。そのことに筆者は心底から驚いた。筆者の受けた英語教育が，英語を「聴くこと」も，「しゃべること」も全く想定外であっ

たことが，この一事で分かる。

　筆者の世代が受けた英語教育は，いわゆる「受験英語」であり，構文が複雑で，極端に難解な英文を，字引を引きまくって，クイズを解くように読む読解，日本語を英文に直す英作文，およびそれらのために必要な文語の英文法が中心であった。英会話教育は皆無であり，発音に関しては「リエゾンの法則」も知らない英語教師が，教科書の英文を1単語ずつ切ってカタカナ風発音で生徒に聞かせ，生徒はそれを手本に声をそろえて，「1単語ごとに切りながら」カタカナ風に読む，という公的教育しか受けられなかった。自然なアクセント，イントネーション，リエゾンをすべて無視したこのような授業で教えられるものは，今思えば「英語」ではなく，ニホン語化された「英語モドキ」であった。このような「ニホン英語」の教育を何年も受けると，日本人の脳の中には，本物の英語とは似ても似つかぬ，「ニホン英語」の世界が強固に形成されてしまう。そうなると，例え大学や大学院を出ていても，本物の英語に遭遇したとき，手も足も出ない。このことは，第1章で東大の脳科学者の池谷先生の留学時の手記にある通りで，筆者が留学したときも似たようなものであった。

　以上見てきたように，筆者の受けた公的英語教育には，実用という観点が全くなかった。しかし，筆者は大学を卒業して研究者になったために，英語で論文を書いたり，国際学会で発表する必要があり，またその際に英語で討論する必要が生じた。その後，製薬企業に移って，国際的な業界活動をするに及び，国際会議の作業部会で議長をせざるを得なくなったこともあった。こうして，日本の英語教育も，明治初年の頃のように，ネイティブの英語話者による英語教育が必要であると痛感するに至った。国際的に活躍するようになった中小企業関係者も同じ思いであろう。

　中学校から高等学校の英語教育は，後述のように20数年前からオーラルコミュニケーション重視の教育に切り替わっているが，大学の変化

は遅々としていた。本書の原稿を書き始めた数年前，筆者が50年以上前に受けたような大学の一般教養の英語教育事情が変化したかどうかを知るため，京都大学の現役の教員に確認したところ，近年教養部では，英会話やライティングコースも選択でき，CALL（コンピュータを用いた語学自習システム）も導入されたが，主要な英語教育が英文学である点は変わっていないとのことであった。

　ところが2013年，京都大学は教養過程2年間の英語教育の大改革に乗り出した。1・2年生向けの一般教養の教育制度を抜本的に改革し，今後5年間で一般教養の半分以上を英語による授業に切り替えるという。そして，そのために外国人教員を100人増やす計画という（日本経済新聞，2013年3月13日朝刊）。敗戦後70年経過してやっと，日本でも英語の「インマージョン教育」（英語漬け教育）が始まるのである。日本の公立大学における英語教育が，約150年前の明治初年の，「正則」の英語教育，すなわち「ネイティブの英語話者による英語教育」という本来の姿に立ち戻ることになったのは歓迎すべきニュースである。記事によれば今のところ他に追随する大学は少ないようであるが，いずれは日本全国の公立大学も，そのような本来の英語教育の姿に立ち戻るであろう。

2）改訂された英語の「学習指導要領」

　公的教育での極端な読み書きと文法中心の英語教育では，コミュニケーションの実力が全く付かず，国際化時代に対応できないとの国民の不満，あるいは産業界の要望に応えて，文部科学省は，1992年に英語学習指導要領を改訂し，高等学校における英語教育の内容をオーラルコミュニケーション重視の学習内容に変更した（1994年より実施）。また，同省は1998年にも学習指導要領を改訂し，中学校の英語教育にもオーラルコミュニケーション重視の学習内容を盛り込んだ。

　ところが不思議なことに，これら2度のオーラルコミュニケーション

重視教育への変更は，国民にはほとんど知られていない。例えば，朝日新聞の社説は，2006年から大学入試センター試験にヒアリングテストが導入されたことを取り上げ，「センター試験，新機軸はいいけれど」という見出しで，次のように書いている：

> 『英語教育が「読む」，「書く」に偏っている。「聞く」「話す」が軽視され，意志を伝え合うという語学教育の目的がなおざりにされてきた。そうした現状を変えるにはリスニングテストが必要だ。』（2006年1月23日付け朝刊）。

　この記事は明らかにおかしい。大学入試センター試験にヒアリングテストが導入されたということ自体，少なくともその数年前から全国の高校でオーラルコミュニケーション重視の教育が行き渡っていたことを意味する。そうでなければオーラル教育を受けたことのない生徒たちにいきなりヒアリングテストを導入することになり，「不意打ち」だとの強い非難を浴びるであろう。大学入試センター試験におけるヒアリングテストが可能になったのは，学習指導要領がすでに10数年も前からオーラルコミュニケーションに重点を置く内容に変更されていたからである。朝日新聞ともあろうものが，そのことを全く知らないかのような記事の書き方である。これは何を意味するのであろうか。以下の2つの可能性が考えられる：

①英語の学習指導要領が12年も前に改訂され，高等学校も中学校も英語教育の内容がオーラルコミュニケーション重視の学習内容になっているにもかかわらず，教育現場では相変わらず昔の「読み書きと文法中心」の英語教育が続いている。

②中学校や高校の英語教育は，すでにオーラルコミュニケーション重視の学習内容に変わっているが，さっぱり成果が上がっていない。

筆者は，英語学習指導要領の改訂にもかかわらず，日本人の英語会話能力が一向に向上しない理由として，②の可能性が高いと考えている。公立の中学校や高等学校の1週間の英語の授業時間が3〜5時間しかなく，英会話の時間も1時間あるかないかであり，しかも，英会話の時間を増やすと，読み書きや文法の時間を減らすことになり，かえって総合的な英語の学力が低下した可能性もある。

　もし前述の朝日新聞の記事にあるように，「日本の英語教育が読み書きや文法の教育に偏重している」ことが事実であれば，国際的な英語実力試験，例えばTOEFLの成績において，日本はヒアリングやスピーキングの成績では中国や韓国に負けても，読み書きや文法の成績では日本が勝つはずである。ところが鳥飼玖美子氏によれば，日本は，「文法・構文」，「長文読解」，「リスニング」の3分野のすべてにおいて中国や韓国にはるかに劣っている（「危うし！小学校英語」，文藝春秋新書，2006）。つまり，日本人の英語力が低いのは日本の英語教育が，読み書きや文法に偏重しているためである，という根拠は全くない。

3）「英語が使える日本人」育成のための行動計画

　1992年と1998年の「英語学習指導要領」の改訂によって，オーラルコミュニケーション重視の教育を導入した文部科学省は，続いて2002年7月，『「英語が使える日本人」育成のための戦略構想』を発表し，翌2003年には「英語が使える日本人」育成のための行動計画を公開した。この「行動計画」では，日本人の英語力を，「A．国民全体に求められる英語力」と「B．国際社会に活躍する人材等に求められる英語力」の2つに分け，それぞれ中学・高校および大学での英語学習の達成目標を設定した。A・Bの内容は以下の通りである：

　　A．国民全体に求められる英語力
　　　①中学校卒業段階：挨拶や応対等の平易な会話（同程度の読む・書く・

聞く）ができる（卒業者の平均が英検3級程度）。
　　②高等学校卒業段階：日常の話題に関する通常の会話（同程度の読む・書く・聞く）ができる(高校卒業者の平均が英検準2級～2級程度)。
　B．国際社会に活躍する人材等に求められる英語力
　　③大学における英語学習の達成目標：各大学が，仕事で英語が使える人材を育成する観点から，達成目標を設定。

　これらの目標を達成するために，以下のような様々な新制度の導入を図っている：
　①小学校の英会話活動（任意）の支援方策：英語活動の時間の3分の1程度は，外国人教員，英語に堪能な者又は中学校等の英語教員による指導等が行えるよう支援。
　②中学・高校の英語の授業では，週1回以上は外国人教師が参加することを目標。これに必要なALT（Assistant Language Teacher）等の配置を促進。
　③外国人（ネイティブ）の正規の教員への採用の促進。
　④高校生の留学機会の拡大（年間1万人の高校生（私費留学生を含む）が海外留学することを目標）。また，短期の国際交流事業等への参加も促進。
　⑤大学生が海外へ留学する場合の海外派遣奨学金の充実。
　⑥大学入試センター試験でのリスニングテストの導入（平成18年度実施）。
　⑦「英語教員の資質向上」：平成15年度から5ヵ年計画で中学・高校の全英語教員6万人に対し，集中的に研修（目標：英検準1級，TOEIC730点程度）。
　⑧「英語教員留学制度」：大学院修学休業制度を活用した1年以上の海外研修支援。

上記の「英語が使える日本人」育成のための行動計画は一見すると大変力の入った本格的政策であり，これでやっと「日本人の英語下手」が解決するかもしれないという希望を抱く人もあろう。しかし，この政策の実現はかなり困難である。その理由は本章の4項で述べる。

2．小学校からの英語必修化は有害か？
1）小学校からの英語教育開始
　2008年1月の中央教育審議会における英語学習指導要領の改訂の答申に基づき，2011年からの小学校英語必修化が正式に決定された。その内容は以下の通りであった：

- 実施学年：高学年（5年，6年生）
- 授業時数：週1コマ（年間35単位時間）
- 位置づけ：領域（「教科」ではない。検定教科書なし。数値による評価もなし。）
- 実施時期：2011年4月
- 指導者：学級担任（学校の実情によっては担当教員を中心に，ALT（語学補助教師）や英語が堪能な地域人材等とのティーム・ティーチングを基本とすべきと考えられる。これを踏まえ，国においては，今後，教員研修や指導者の確保に関して一層の充実を図ることが必要である。）

　日本でも小学校からの英語教育の必修化を要望する声が高まった理由は，1997年頃から，韓国，台湾，中国，マレーシアなど，近隣諸国が相次いで小学校での英語教育を義務化したことに刺激され，一部の自治体の小学校で任意で週1時間程度の英語活動が採用されていたが，韓国や中国に遅れるなという圧倒的な世論の支持を受けて，2011年からの小学校における英語必修化が始まったもので，韓国や中国に10数年出

遅れていた。出遅れた理由の1つとして，次に述べる，「小学校からの英語必修化反対論」があった。

2）「小学校からの英語必修化」反対論

　外国語の習得，特に発音の習得は学習開始の時期が早ければ早いほうが容易であることは明らかである。従って，小学校からの英語必修化に反対する理由はないように思われる。ところが，小学校からの英語教育の開始に強く反対する学者や文化人たちがいる。2006年1月，慶應義塾大学言語文化研究所の大津由紀雄教授を代表とする50名の大学教員たちが，小学校での英語の教科化，すなわち必修化に反対する要望書を当時の小坂憲次文部科学大臣宛に提出した。この要望書には，小学校からの英語の必修化に反対する理由が6項目挙げてある。これらのうち，3番目から6番目の反対理由は，新制度導入に付き物の過渡的な問題と思われるので省略し，本質的と考えられる第1と第2の反対理由を以下に引用する：

　　小学校での英語の教科化，すなわち必修化に反対する要望書（抜粋）
　1　小学校での英語教育の利点について，説得力のある理論やデータが提示されていない。
　　小学校での英語教育を支える議論として，「外国語学習は開始年齢が早ければ早いほどよい」という主張が頻繁に登場します。この主張は，一般に，「言語学習の臨界期」と呼ばれるところを基盤とするものです。しかし，（中略）日本における英語学習のような外国語環境における学習に関する確固たる理論やデータは存在しません。つまり，「外国語学習は開始年齢が早ければ早いほどよい」という主張の根拠は脆弱であるのです。他方，英語学習の開始時期が中学校以降であっても，動機づけがしっかりしていれば，高度な英語運用能力を身につけることが可能であることは多くの実例が示すとおりです。

2 十分な知識と指導技術を持った教員が絶対的に不足している。
(中略）仮に小学校での英語教育が児童や学校教育を何らかの形で利することがあるとしても，小学生に英語を教えるのに必要な知識と指導技術をもった教員の不足は決定的です。一部には英語力をもった民間活力の導入を提案するむきもありますが，もとより外国語運用能力と外国語指導能力は別箇のものであり，外国語指導能力は一朝一夕の訓練で身につくものではありません。（以下，3〜6は省略）

 上記1と2の反対理由について，その正当性を検討してみよう。
 1の「小学校での英語教育の利点について，説得力のある理論やデータが提示されていない」という言語学者集団からの指摘に関しては，そのとおりかもしれない。しかし，彼ら言語学者たちはそのことをまるで他人事のように言うが，「小学校からの英語教育が日本人の英語力の向上に寄与するかどうか」という問題は，まさに国民の興味の的である。そのような重大問題について論じる場合，必要なデータを用意するのは誰の仕事なのか。文部科学省のお役人の仕事なのか？冗談ではない。彼ら言語学者の仕事でなくていったい誰の仕事というのだろうか。政府に反対することしかしない日本の「進歩的文化人」や象牙の塔で「純粋な学問」にふける学者たちの姿勢がここに明白に現れている。賛成するにせよ反対するにせよ，その学問的根拠を明らかにすることが彼ら言語学者の仕事である。そのような根拠がないことの責任は，彼ら言語学者自身にあるのだ。
 小学校からの英語教育と国民の英語力との関係を知りたければ，アジア各国の小学校からの英語教育の実態を調査し，国際的学力試験の平均点と比較して，相関性があるかどうかを調べればよい。前述の「小学校からの英語教育に反対する要望書」に署名した学者が50人もいて，誰も説得力のある理論やデータが提示できないのであれば，仕方がない。筆者が自分で用意するしかない。

筆者は，各国の小学校における英語教育の実態を調査し，それら各国の英語力の実態と比較して，高い相関があることを示すデータを，わずかの努力で得ることができた。このデータを示す前に，アジア各国の小学校での英語教育の実態を述べる必要があり，調査結果は本章の「3．小学校からの英語教育必修化の効果」の項の「3）公的英語教育年数とTOEFLの成績」で述べる。

　要望書の1では，英語の早期教育の問題を，主として，いわゆる「外国語学習の臨界期問題」としてとらえている。この「臨界期問題」は，種々の理由から，本書では第8章で取り上げる。

　ただし，小学校からの英語教育問題を，「臨界期問題」としか捉えない，その問題意識にも問題があることをここで指摘しておきたい。なぜなら，英語教育が小学校で早くから開始されるほど，その国の国民の公的英語学習時間が増えるからである。例えば大学入学時点では，筆者の世代は中学と高校の6年間の英語学習体験しかなかったが，アジアの多くの国のように，小学校1年から英語学習を開始すれば，同じ大学入学時点で12年の英語学習経験を持つことになり，筆者の場合の2倍の経験となる。英語の学習経験が6年と12年のどちらが英語に上達しているかは議論の余地がない。小学校からの英語学習反対論者はおそらく意識的に，この当たり前の事実から目をそらし，問題を単なる「英語学習の臨界期問題」に矮小化している。

　そこで，残る上記要望書の2の「誰が教えるのか？」を次に取り上げる。

3）誰が教えるのか？

　「小学校からの英語教育に対する反対論」で指摘された重要な問題の1つは，小学校で「誰が教えるのか」という問題である。文部科学省の案では，担当者は次のようになっている：

指導者：学級担任（学校の実情によっては担当教員を中心に，ALT（語学補助教師）や英語が堪能な地域人材等とのティーム・ティーチングを基本とすべきと考えられる。）

　驚いたことに指導者は小学校の学級担任，すなわち英語に関してはズブの素人が中心である。
　子供が初めて英語の発音を学ぶ場合は，ネイティブの英語話者から学ぶことが特に重要である。日本人教師は，しばしばＲとＬが区別できなかったり，自然な発音の「リエゾン」ができない。また，小学校の教師は特に英語教育の専門家ではないため，英語のセンスが身に付いていない者が多いと思われる。例えばバトラー後藤氏は，小学校での実験的英語教育において，とんでもない英語の授業が行われているのを授業参観で目撃し，著書で報告している（コラム２参照）。これは単数・複数の概念なしで可算名詞が教えられていた実例である。このコラム２を読んで「アイ・アム・アップル！」の何が悪いのだ？と思う人は英語を教えてはいけない。この先生は可算名詞の前に"a"や"an"を付けるか，あるいは複数形にするかの，どちらかでなければならないという常識がないのか，あるいは小学生に文法を教えるのはまだ早いと思っているのかのいずれかであろうが，そのどちらにしても，英語でないものを，英語と称して頭の柔らかい子供に教えるのは犯罪的行為である。そのような誤った英語を教えて，子供たちの英語のセンスを狂わせるぐらいなら，何もしないほうがマシである。このことは，敗戦後，日本人教師から英語を学ばざるを得なかった我々中高年の日本人が痛感していることである。今回の小学校５年生からの英語教育の義務化に際して，敗戦直後よりもはるかに生活が豊かになっているにもかかわらず，予算面から，ネイティブの英語教師を十分に雇うことができず，英語のズブの素人である普通の担任教師が指導するのは，かつて我々が中学校から経験したことと同じ過ちを，もっと感受性が高い小学校にまで拡大して繰り返すこ

とであり，誠に残念なことである。上記「小学校からの英語必修化反対論」のうち，「誰が教えるのか」に関しては，彼らの主張は一理ある主張である。

3．小学校からの英語教育必修化の効果
1）アジア各国の小学校英語教育の実態

　2011年から日本においても小学校5年生からの英語教育が義務化されたが，その理由の1つは，日本人のTOEICやTOEFLの成績がアジアで最低であることと，アジア各国が日本よりも10年以上も前から小学校からの英語教育を進めており，しかもその開始学年も段階的に早くする傾向が見られることである。英語教育関係の著書とインターネット検索による筆者の調査によれば，小学校5年生からの英語教育開始の1年前の2010年時点において，東南アジアで小学校英語教育を義務化していない国は日本とインドネシアだけであった。

　インドネシアで小学校からの英語教育が遅れているのは特別の事情がある。インドネシアはもともとオランダの植民地であり，英語よりもオランダ語が普及していた。また，国土が東西5000キロメートルにまたがる1万8110もの大小の島々により構成される多民族・多国語国家であり，国策により，まず共通語として，インドネシア語を新国語として教育する必要があった。すなわち，インドネシアの多くの地域住民にとっては，地域語が母国語（第1言語）であり，第2言語は新国語のインドネシア語が最優先すべき「外国語」であった。すなわち，英語とオランダ語は第2外国語に相当するという特殊事情があった。また，国民の大多数がイスラム教徒であり，概して親英米的ではなかった。従って，このような特別の事情がない国としては，日本は東アジアでは小学校からの英語教育に最も出遅れた国であった。

　日本における小学校からの英語教育の開始がこれほど遅れた理由は，日本においては政治家のリーダーシップが弱いため，とかく改革に時間

がかかることと，前述の小学校からの英語必修化に反対する学者たちの存在があったことが考えられる．

2）小学校からの英語教育の効果：韓国との比較

　アジア各国では，小学校低学年からの英語教育の開始が1つのトレンドになっている．小学校からの英語教育が，国民の英語力の向上に本当に有効なのか見てみよう．

　注目されるのは韓国である．なぜなら，かつて韓国と日本は共にTOEIC（TOEFLのデータは入手できず）の成績ではアジアでは最低を争うほどの英語後進国であり，2000年頃までは両国の成績の差はほとんどなかった．しかし，1997年に韓国で小学校3年生からの英語教育が導入された後，韓国のTOEICの成績は徐々に日本を引き離し始め，2010年には日本が580点に対し韓国は620点と，大きな差がついている（「日韓を分けたもの」，日経ビジネス，2011.6.20号，pp.54-55）．

　日本の「ベネッセ教育研究開発センター」は，韓国・ソウル国立大学校・權五良教授の研究チームと共同で，韓国における小学校での英語教育の効果を調査している．小学校での英語教育を受けていないグループ（2003年調査）と，小学校3年生からの英語教育を受けたグループ（2006年調査）のGTEC for STUDENTS試験の成績データを分析したところ，2003年度に対して2006年度の高校生のほうが，高校1年生の平均が410.5点から453.5点と約40点も高くなり，同じく高校2年生で418.6点から465.8点へと，約50点も点数が高くなったことが分かった．GTEC for STUDENTSでは，トータルスコアが440点以上であれば，「短期の語学留学で英語圏に行き，授業についていくための最低限レベル」と見ており，韓国の高校生が平均でもこれをクリアするような，高い英語力を持っていることが分かった．

　このように，小学校での英語教育が韓国の青少年の英語の成績を高めている可能性が高い．同じ時期に韓国で行われたアンケート調査では，

小学校での英語教育によって，英語への興味や自信，コミュニケーション能力が高まったという回答が多く，ベネッセ教育研究開発センターの調査でも，韓国の高校生には日本の高校生と比べ，学校以外の日常生活でも進んで英語を使うという意欲的な傾向が見られた（http://benesse.jp/blog/20070710/p1.html）。

　以上のように，韓国の場合，国民の英語力の向上への，小学校からの英語教育の開始の貢献は歴然としている。

3）公的英語教育年数とTOEFLの成績

　他のアジアの国々でも小学校からの英語教育が開始されているので，その効果が表れているかどうかを調べてみた。表3は，各国の公立学校における英語教育の開始年齢，公的英語教育の合計年数，教育終了年齢をまとめたものの引用である（バトラー後藤裕子，「日本の小学校英語を考える」，三省堂，2005）。

　この表から，公立学校における英語教育の内容をアジア諸国と比較すると，日本の教育開始年齢が遅く，1週間あたりの授業時間数も少なく，合計英語教育時間数はほとんど最少であることが読み取れる。

　国際比較のため，表3の日本からタイまでを合計英語学習年数の長さの順に並べてみると，以下のようになる（カッコ内は義務教育における公的英語教育の年数。日本での小学校英語教育開始前なので，日本は6である。）：

● （序列A）：マレーシア（12）＞韓国・台湾（10）＞中国（9）＞タイ（8）＞日本（6）

　序列Aは，韓国の多くの小学校や中国の大都市で，小学校1年から英語教育が開始されていることを考慮していないので，表3の括弧内に追記した数字で順序を修正すると，中国と台湾が入れ替わり，結果と

表3　各国の公立学校における英語教育の開始年齢，合計教育年数，教育終了年齢

国名	開始年齢	学習年数	義務教育最終年齢		後期中等教育最終年齢	
			暦年齢	週授業時間	暦年齢	週授業時間
日本	13	6	15	3〜4	18	2〜3
韓国	9 (7)	10 (12)	15	3〜4	18	3〜4
中国	10 (7)	9 (12)	15	4〜5	18	4〜5
台湾	9	10	15	3〜4	18	5
マレーシア	7	11	15	5	17	5
タイ	10	8	13	3.3	17	6.6
フランス	10	9	16	3	19	3
ノルウェー	10	9	15	2.2	19	3.7
イスラエル	9	9	16	3	18	3
オーストリア	8	11	15	2.3	18	2
ロシア	10	7	15	2	17	2

注：表示は満年齢。韓国および中国の大都市では小学校1年から英語教育を開始しているので，その点を考慮するため，原資料にはないが，大都市での開始年齢と英語教育年数を，筆者が（　）内に追記した。

して次の序列Bとなる。

● (序列B)：マレーシア（12）＞韓国（12-10）＞中国（12-9）＞台湾（10）＞タイ（8）＞日本（6）

この順序を，第1章表1のこれら各国のTOEFLの成績（2009年）の順序と比較してみる。

● (序列C):マレーシア (88) ＞韓国 (81) ＞中国 (76) ＞台湾・タイ (74) ＞日本 (67)

　序列Bの「アジア各国の公的英語教育年数の順序」と，序列Cすなわち「TOEFLの成績の順序」とを比較してみて欲しい。完全に一致している！
　つまり公的教育年数が長いほど，TOEFLの成績がよい。言い換えれば，英語教育を小学校低学年から開始するほどTOEFLの成績がよい。もちろんこの一致を，偶然の一致で片付けることもできる。しかし，このような偶然の一致が起こる確率は，$6! = 6 \times 5 \times 4 \times 3 \times 2 = 720$，すなわち，720分の1である。従って，この一致は偶然とは考えにくい。
　上の結果は「英語の公的教育期間が長い国ほどその国のTOEFL受験者の平均点が高い」ことを示している。しかし考えてみれば，これは外国語を勉強する年数が長いほど成績がよくなるという実に当たり前のことを示しているに過ぎない。
　その後，韓国では，2006年1月に韓国政府から出された「第2次国家人的資源開発基本計画」（2006～2010年）で初等学校第1学年から試験的に英語教育を行う実験校が設けられ，その後，約30％の初等学校で第1，第2学年での英語教育が開始された。ここで大変興味あるデータを紹介しよう。表4は入手可能な最新（2013年）のアジア各国のTOEFLの国別平均点数（10位まで）を示している。
　上記の順位を第1章の表1（2009年）の成績と比較すると極めて興味深い事実が分かる。他の国の順位にほとんど変動がないのに，韓国の成績だけが2009年の8位（2008年の成績11位）から6位に躍進しているのである。この結果を小学校3年生（30％の学校では小学校1年生から）の英語必修化のせいだけに帰すことはできないかもしれないが，その可能性は十分にある。
　「アジアの主要国における公的教育期間の長さと，TOEFLの成績の

表4 アジア各国のTOEFLの国別平均点数（2013年）

順位	国名	Speaking	Writing	合計点
1	シンガポール	24	25	98
2	インド（各地域平均）	23	23	91
3	パキスタン	24	23	90
4	マレーシア	22	23	89
4	フィリピン	21	22	89
6	大韓民国	21	21	85
6	スリランカ	22	22	85
8	バングラデシュ	21	22	84
9	インドネシア	20	21	82
9	ネパール	21	21	82
...	...	...	...	...
26	日本	17	18	70

順位が完全に一致する」という事実を指摘した人は筆者の知る限りではいない。前述の「小学校からの英語教育義務化」に反対する声明を出した50人の英語学者たちは，「小学校からの英語教育の効果について根拠が示されていない」と他人事のようにその声明の中に書いているが，上記の結果を見て，どう評価するのであろうか。ピーターセン氏に倣って，「TOEFLの成績など，無意味な数字なのだ」といって，無視するのであろうか？

4．「学校の英語教育が悪い」は本当か？
1）英語教育制度改訂の成果

2016年2月3日の日経新聞の朝刊に，極めて興味ある記事が掲載された。1993年と1998年の「英語学習指導要領」の改訂によって，オー

ラルコミュニケーション重視の教育が高校と中学に導入されてから，今年（2016年）で23年あるいは18年が経過した。当時文科省の「行動計画」で決められた学習到達目標は，2017年度までに中学卒業時点の平均で英検3級程度，高校卒業時に英検2級もしくは準2級程度到達を目指す，というものである。この目標が達成されつつあるかどうかに関する，中間報告とも言うべき報道である。

　この記事によれば2015年7月現在の，英語を聴く，話す，読む，書く，の4種の能力を全国の中学3年生約6万人と高校3年生約9万人を無作為に選び調査したところ，学習目標達成率は1割から4割で，最も成績がよかったのが中学3年生の読む能力で，達成率約4割，最も悪かったのが高校3年生の話す能力で，達成率約1割であった。

　中学生の達成率が高校生よりもよかったのは，中学3年生は2011年からの小学校における英語必修化以後の学年であったのに対し，高校3年生は小学校での英語教育を経験していない学年であったことの現れかもしれない。いずれにせよ，2017年での目標達成は，特に高校生の話す能力に関してはほぼ絶望的という報道内容であった。

　上記報道は，文部科学省が2003年に設定した「英語が使える日本人」育成のための行動計画で定められた英語学習到達目標の達成が危ういとの内容である。日本の「英語学習指導要領」や英語教育制度は，数年から10数年間隔で何度も改訂されてきた。これはおそらく，「学校の教育が悪いから日本人は英語ができないのだ」という世論の批判が絶えないために，この世論の批判に押されて，文部科学省が審議会を立ち上げ，英語教育の改革が議論され，答申がまとまるとそれに従って制度を変更することが繰り返されてきた結果である。

　では，なぜ世論はいつも「日本の英語教育は間違っている」と批判するのであろうか。答えは単純である。この批判は，「自分は学校で○年間英語を勉強したにもかかわらず，一向に英語ができるようにならなかった」という大多数の日本人が持つ強い実感から生じており，「それ

でも英語ができないのは，自分の受けた教育が間違っていたに違いない」と思うしかないからである。何を隠そう，かくいう筆者も過去にはそのように信じていた。ところが今は違う。

　少し冷静に考えてみれば，「英語の教育制度や教育内容を何度変えても，一向に日本人が英語ができるようにならない」という事実こそ，「学校の教育が悪いから日本人は英語ができない」との説明が，実は間違いであることの何よりの証拠ではないか。

　確かに日本の公的英語教育には多くの問題があったし，今もある。このことは本章で，筆者自身が受けた英語教育を例に述べた。しかし，だからといって，「公的英語教育が悪いから日本人は英語が使えないのだ」と言ってよいのだろうか。これは言い直せば「教育を変えれば日本人は英語が使えるようになる」と言うのに等しいが，これには根拠があるのだろうか？

　結論から言えば，そのような根拠はない。むしろ反対の根拠，すなわち，学校の公的英語教育の内容をいくら変えても，「日本人の多くが英語を使えるようになる」ことは期待できないと言える根拠となる情報がある。その情報とは，「日本人が外国語を習得するには，いったいどのぐらいの学習時間数が必要か」という情報である。この種の情報は，第1章の3-2）項で紹介したように，米国では公開されている。また，後述のようにカナダでも周知の情報である。しかし，日本では，「日本人が英語を習得するのに必要な学習時間数」は公表されていない。公表されない理由は，文部科学省がそのような情報を把握していない可能性もある。しかし，2002年と2003年に「英語が使える日本人」育成のための戦略構想および「行動計画」を発表し，2017年までの目標達成という工程管理目標まで定めた文部科学省が，その目標達成に必要な英語教育時間数を全く把握していないとすれば，そのほうがよほど不思議である。おそらく，この情報は何らかの事情で公開されていないと考えられる。しかしこの情報は本気で検討すれば簡単に得られる。以下，「日本

人が英語を習得するのに必要な学習時間数」についての検討結果を述べる。

2）外国語を習得するために必要な学習時間

どの国の人にとっても，外国語を学ぶには，大変な努力と時間を必要とする。そこでまず，外国語を使えるようになるにはどれだけの学習時間が必要か調べてみよう。

「日本人が英語を使えるようになるために必要な学習時間」が不明ならば，海外のデータから類推するのが1つの方法である。例えば，米国人が日本語を学ぶのに必要な学習時間数が分かっておれば参考になる。このような情報としては，2種のデータが入手できる。

1つは第1章3項で紹介した，米国外務研修所（FSI）の外交官養成のための外国語教育の実績に基づく数字である。この研修所で，米国人が日本語を使えるようになるために必要な教育時間は，80～92週間（2400～2760時間）とされている（中間を取って約2600時間とする）。

米国人が日本語を学習するのに必要な学習時間数のもう1つの数字は，戦前の米国海軍日本語学校において行われた，日本語専門の情報将校を短期間（1年間）で養成するために集中的に行われた日本語教育の実績に基づくもので，4200時間という数字である。この集中教育は，できるだけ短期間で，日系でない米国人を日本語の専門家に仕立て上げるために，軍人を完全に拘束した状態で行われた。内容は，1日14時間，週6日，1年間（50週）の集中的教育で，必要時間数は $14 \times 6 \times 50 = 4200$ 時間というハードな集中教育であった。

米国の外交官と情報将校という，異なる集団に対する日本語の集中学習に要する時間が，約2600時間と約4400時間という，比較的近いオーダーの数字であることは，これらの数字が一定の信頼性と実用性に裏付けられた数字であることを示している。ただし，後者の数字は，戦時中という特殊な時期の，日本語の暗号解読ができる情報将校の養成という

特殊な目的のための教育であり、要求されるレベルはかなり高度なもので、そのために外交官に対する場合よりも多い学習時間が必要だったと考えられる。また、志願者たちは、最も高い知能指数と強い愛国心を持った、選び抜かれた秀才ばかりであった。受講生がいかに優秀であったかは、この集中教育の卒業生の中に、戦後に日本文学の研究者・翻訳者となったエドワード・サイデンステッカー氏や、ドナルド・キーン氏らがいたことでも分かる。

3）文科省の「行動計画」の設定目標は達成可能か？

　2003年に発表された「英語が使える日本人」養成のための行動計画では、中学校卒業段階で挨拶や応対等の平易な会話と、同程度の読む・書く・聞くができる（卒業者の平均が英検3級程度）、高校卒業段階で「日常の話題に関する通常の会話と同程度の読む・書く・聞くができる（高校卒業者の平均が英検準2級～2級程度）」に到達することを目指しており、大学卒業時には、「国際社会に活躍する人材等に求められる英語力」に到達することを目指している。本章4-1）項の冒頭で、2015年時点の調査では、目標達成がほぼ絶望的という中間データが報道されたことを紹介したが、本当にこのような高い目標が、2017年までに公的学校教育だけで達成できるのであろうか。

　前項で成人の米国人が日本語を習得するのに必要な学習時間数は、おおよそ2600時間または4200時間と分かったが、日本人が英語を習得するのに必要な学習時間はどのように考えればよいだろうか。上記数字は外交官や情報将校を養成するためのデータであり、要求されるレベルも子供とは異なる高度なレベルである。従って、この数字を直接日本の子供たちに当てはめるのは適切でない。ここでは学校教育を論じているので、普通の中学生や高校生のデータのほうが望ましい。

　中学生や高校生が外国語を学ぶのに必要な学習時間数は、幸いにもカナダで検討されている。その理由は、カナダは東部がフランス語地域で、

中部と西部は英語地域のため，伝統的に英語とフランス語を対等な公用語とし，いわゆるバイリンガル教育を取り入れているからである．そこで，カナダにおけるバイリンガル教育の実績に基づくデータを参考に考えてみよう．

フランス語が一般的なカナダ東部地域では，バイリンガル政策のもとに，英語の「インマージョン教育」が行われている．「インマージョン」とは，「ドップリ浸す」，すなわち「英語漬けにする」という意味である．フランス語を母国語（第1言語）とする地域の生徒たちに，語学以外の授業はすべて英語で行い，「英語漬けにする」教育である．このとき，フランス語を母国語とするカナダ人の子供たちが，英語を使えるようにするために必要な英語の教育時間は，経験的に中学のときに1200時間以上，高校ではさらに2100時間以上の，合計3300時間以上とされている．学校での学習時間が1日5時間，1週間で25時間，年間40週として，約1000時間であるから，3300時間とは，約3年間以上の「英語漬け教育」が必要なことになる．実際には，カナダのフランス語圏におけるバイリンガル教育は6年間かけて，中学では1200時間だから約3分の1，高校では2100時間だから約3分の2の割合で，全科目の「英語漬け教育」が行われていることになる．

さて，羽藤由美氏によれば，「英語が使える日本人育成のための戦略構想」に書かれた目標は，カナダの英語教育の中学および高校の目標レベルとほぼ同じであるという（「英語を学ぶ人・教える人のために」，世界思想社，2006）．従って，フランス語を話すカナダの子供が英語力を獲得する時間と，日本人の子供たちが同等の英語力を獲得するための教育時間数が同じだと仮定すれば，中学レベルで1200時間，高校レベルでさらに2100時間の，合計で3300時間となる．

ところで，読者の方々は，日本の中学や高校における英語の授業時間数をご存じだろうか．文科省の中学校学習指導要領によれば，英語の授業時間数は週4時限程度で，1時限は45分から60分であるが，1時間

と見なすと年間140時間程度で，3年間の合計は420時間程度，高校3年間では420〜630時間程度，6年間の合計は840〜1050時間程度である。この数字を上記の3300時間と比較すると，日本における実際の英語教育は，必要な時間数の3分の1から4分の1しか実施されていないことになる。

さて，上記の計算はカナダのフランス語圏の子供たちが英語を使えるようになるための必要時間数をそのまま借用して合計3300時間以上としているが，果たしてそれでよいのであろうか。

ここで考えるべきことは，カナダと日本の英語環境の差である。カナダは英語を話す国民のほうが圧倒的に多いので，ケベック州のようなフランス語が優勢な地域でさえも，子供たちの周囲にはテレビ放送や新聞や雑誌などのマスコミや，周囲の英語話者の英語が氾濫している。しかも英語はフランス語に最も近縁な言語であり，英語にはフランス語と共通の単語も多い。さらにフランス語の発音は英語よりも複雑なため，フランス語を話す子供たちは，日本人よりはるかに耳も口も訓練されている。しかも英語教師は日本では日本人が多く，カナダではネイティブの英語話者である。従って，カナダの子供たちが英語を習得するのに必要な時間数と，日本の子供たちが日本で英語を習得するのに必要な時間数が同じということはあり得ない。欧米語とは全く異質で，発音が単純な日本語を使用する日本人の子供たちが，日本という環境で英語を学習する場合，おそらく3300時間の何倍もの学習時間数を必要とするはずである。

それでは，この倍数を何倍と考えるのが適切であろうか。結論から言えば，約4倍と考えられる。この「4倍」の根拠は2つある。1つは，第1章3項で紹介した，米国FSIが公表している米国で外交官を養成するために必要な語学教育時間である。米国人が外国語を勉強する場合，対象言語によって難易度に大きな差があり，英語とは全く異質な日本語を学習するのに必要な学習時間は，英語と近縁のフランス語を学習する

場合の4倍かかる。従って，逆もまた真なりで，日本人が英語を学ぶのに必要な時間数は，フランス人が英語を学ぶのに必要な時間数の約4倍かかると考えるのが妥当である。

「4倍」の根拠はもう1つある。ドイツの語学学校で教えた経験がある羽藤由美氏の話である。ドイツの語学教師の間では一般的に，ドイツ人が英語を400時間学習して到達するレベルに日本人が到達するには，1500時間かかると言われているそうである（「英語を学ぶ人・教える人のために」，世界思想社，2006）。羽藤氏によれば，「英語が使える日本人育成のための戦略構想」に書かれた目標は，カナダの英語教育の中学および高校の目標レベルとほぼ同じである。従って，日本人の子供たちがフランス語を話すカナダの子供並みの英語力を獲得するには，中学レベルでは1200×4＝4800時間以上，高校レベルで2100×4＝8400時間以上，合計1万3200時間以上となる。

前述の日本での実際の英語の授業時間数の，中学420時間，高校約420〜630時間，合計840〜1050時間と比較すれば，実際の英語の授業時間数は必要な授業時間数の十数分の1に過ぎない。つまり，文部科学省の「英語が使える日本人」育成のための行動計画とは，中学や高校の授業をすべて英語だけにしても，まだまだ足りない高い目標だったのである。

第2章のテーマは，「日本の英語教育は間違っていたか？」であった。結論は以下のとおりである。

『日本の英語教育は間違っていなかった，とは言えない。しかし，多くの日本人が抱いている，「学校の英語教育が悪いから日本人は英語が使えないのだ」との思いは，完全な幻想である。公的英語教育をどのように変えようと，「公的学校教育だけで日本人が英語を使えるようになる」ことは所詮実現不可能な，高すぎる目標なのだ。』

第 2 章　日本の英語教育は間違っていたか？

　しかしものは考えようである。我々は，「日本人は（あるいは自分は）英語が苦手である」と感じながら，これまでその本当の原因を知らなかった。原因がわからないから，漠然と「自分が受けた英語教育が間違っていたんじゃないか？」などと，何の役にも立たないことを考えてきた。今やその原因の1つが明白になった。要するに公的英語教育だけでは，日本人が「英語を使える日本人」になることは無理なのだ。日本人にとって外国語学習はそんなに容易にできることではないのだ。不思議なことに，この当たり前の事実をいう日本人はこれまでほとんどいなかった。その理由は多分，この事実が明らかになると都合が悪い人たちがたくさんいるからであろう。そしてそのような人たちの立場をおもんばかって，物事をあいまいなままにしておくことが好きな日本人の国民性のゆえであろう。英語の公的教育だけでは不足であれば，本当に英語を身に付けたい日本人が何をすべきかは明白である。公的英語教育以外に，もっと英語を勉強する機会を増やせばよいだけのことである。英語上達の方法は学校以外にもいくらでもある。希望と時間はまだあるのだ。本書第9章では，脳科学的成果を活用した効率的な英語学習法について述べるが，その前に第3章から第8章までは，日本人にとって英語を学習することが，なぜそれほど手間のかかることなのかについて，これまでまだ誰も書かなかった本当の理由を，「英語と日本語のルーツの違い」，「英語と日本語の異質性」，「日本文化と英米文化の違い」，「日本語脳と英語脳の違い」など，多方面から明らかにする。これらの知識は，真の英語力を身に付けたいと考えている人々にとって，必ず役に立つであろう。「彼を知り己を知れば百戦殆（あやう）からず（孫子）」と言うではないか。

コラム2 「アイ・アム・アップル！」？

　バトラー後藤氏は，小学校での実験的英語教育において，以下のような「とんでもない英語教育」が実際に行われた事例を報告している：

　東京都内の，ある英語教育実験校の小学五年生の授業。担任の先生が，まずは英語の歌のテープを流します。それが終わると，次に「ゲームを始めよう」と言って，各班に野菜や果物の絵が描かれたカードを引いてもらいます。

　「みんなの前で言ってみよう」という先生の掛け声に応じて，リンゴのカードを引いた男の子が立ち上がって，こう言ったそうです。

　「アイ・アム・アップル！」

　先生もニコニコして，繰り返します。

　「アイ・アム・アップル！」

　それぞれの班の子どもたちも，それに続きます。

　「アイ・アム・ピーチ！」，「アイ・アム・バナナ！」，「アイ・アム・グレープ！」……（バトラー後藤，「日本の小学校英語を考える」，三省堂，2005）

　なぜ上記が「とんでもない英語教育」なのか，少しでも英語のセンスのある方なら，お分かりのはずである。

　問題は，上記の"英語"に，可算名詞の前の不定冠詞がないことよりも，それがない理由である。この教師に不定冠詞のセンスがなかったのか，「冠詞は難しいので英語に慣れてから教えればよい」と考えたのかは分からない。しかし，理由がそのいずれであっても，そのような教師に，英語を教える資格はない。

　ピーターセン氏は，「英語話者の数の概念は日本語話者には想像ができないほど強烈であり，時間的に名詞の概念に先行するほどである。」と書いている（「英語の壁」，岩波書店）。欧米人の彼等が冠詞や数詞なしで可算名詞を口にすることはあり得ない。それが英語のセンスというものであり，英語を学習するということは，そのようなセンスを身に付けることである。「アイ・アム・アップル！」のような，英語でないものを，英語と称して教えるのは犯罪的行為である。

第3章
日本語と英語の異質性①：起源と進化

　第1章で，米国人にとって，近縁の外国語と関係が薄い外国語とでは，習得に必要な時間数が4倍も異なること，そして日本語は最も習得困難な言語であること，そして「逆もまた真なり」で，おそらく日本人にとって英語は最も習得困難な言語であることを見てきた。

　日本人が英語を苦手とする理由の1つは，日本語と英語との関係が非常に遠いか，あるいは全く関係がないことにあると思われる。そこで本章では，日本語と英語の異質性を理解するために，まず日本語と英語それぞれの起源を探り，また日本語と英語の歴史的な変遷の過程をたどり，現代の両言語がいかにして成立したかを明らかにしていきたい。

1．日本語のルーツ

　世界の言語は，①インド・ヨーロッパ語族（印欧語族），②ウラル・アルタイ語族，③その他の語族，の3つに分類するのが長い間の通説となってきた。ただし，このような分類自体が印欧語学者によるものであり，欧州中心史観によるものである。この分類では，印欧語族の中では各言語間の系統関係が比較的明白であるが，印欧語族以外の言語の分類については全く不完全で，ほとんど役に立たない。このため，世界の言語の分類や日本語の起源については近年異論が続出している。以下，日本語のルーツに関する諸説を概観する。

1）日本語のルーツはウラル・アルタイ語？

　日本語はウラル・アルタイ語族の1つであるとする説は，長い間の定説であった。この説は100年以上も前の1908年に，東大の藤岡勝二教授による，「日本語の位置」と題する講演に始まるとされる。この説が定説となった理由は，①日本語の語順がウラル・アルタイ語族とされる朝鮮語やモンゴル語と似ていること，②日本語には膠着語（後述）の性質があることが，ウラル・アルタイ語に似ていること，および，③その後最近まで，有力な反論が現れなかったこと，の3つである。しかし，これらはいずれも強力な証拠とは言えない。

　最近の人類遺伝学的研究は，東北および九州南部以南を除く大部分の日本人の遺伝学的ルーツがシベリアのバイカル湖あたりの民族と最も近縁であることを明らかにした。このことは「日本語ウラル・アルタイ語起源説」に有利な状況証拠である。しかし，このことが「日本語ウラル・アルタイ語起源説」の決定的な証拠とは言えないことは，例えば，中南米で使用されている主要言語がスペイン語やポルトガル語であるからといって，中南米の土着の人々のルーツが西欧であるとは言えないのと同様である。これらの地域では西洋人との混血者を除いた国民のほとんどは遺伝学的にはモンゴロイドである。人類遺伝学的ルーツと言語のルーツとは必ずしも一致しないのである。

　さらに，「日本語ウラル・アルタイ語起源説」にとって決定的に不利な状況がある。ウラル・アルタイ語と日本語との間に「共通基本語」がほとんどないという事実である。しかも，ウラル・アルタイ語系の発音と日本語の発音が非常に異質である。最近ではインターネットの動画サイトで各国語の発音を，詩の朗読や歌で簡単に聞くことができるが，例えばモンゴル語の詩の朗読を聞くと，モンゴル語と日本語の発音が全く異質であることがよく分かる。モンゴル語には強烈に発音される子音が豊富に含まれており，子音で終わる単語が多い。その結果，モンゴル語の発音は，むしろロシア語に近く聞こえる。さらに，日本語の単語は

第3章　日本語と英語の異質性①：起源と進化

100％母音で終わるが，このような言語はユーラシア大陸には存在せず，むしろポリネシア系である。すなわち，日本語ウラル・アルタイ語起源説の最大の弱点は，発音の異質性を全く説明できないことにある。

　日本語アルタイ語起源説にとって不利な状況証拠はまだある。もしも日本語がアルタイ語起源であって，モンゴルから朝鮮半島を経て日本に伝わったとすれば，朝鮮語と日本語の発音はよく似ているはずである。ところが，日本語と朝鮮語の発音は基本的に全く異質である。朝鮮語は，母音で終わる単語の率が25％しかない（戸部，1992）。この「単語の母音終止率」という点では，日本語に近いのは地中海周辺のラテン系言語である。イタリア語の母音終止率は99％，ポルトガル語は91％，フランス語は88％と，発音に関しては，朝鮮語と日本語の距離よりも日本語とラテン系言語のほうがはるかに近い。朝鮮語と日本語とは，発音的には，全く異質な言語なのである。

　以上述べたように，モンゴル語や朝鮮語と日本語の発音の異質度の高さという点では，日本語はウラル・アルタイ語族ではない可能性が高い。

2）日本語のルーツはタミル語？

　学習院大学名誉教授の日本語学者，大野晋氏は，1990年代に，「日本語のルーツはタミル語である」という学説を発表している。タミル語とはインド亜大陸南東部の，ドラヴィダ語族に属する地方語の1つである。インドと聞いただけで，「そんな遠いところから日本に言語が伝わってくるはずがない」と反対する学者も多い。しかし，地球上では言語が伝わるのに距離の制限はない。このことは，南北両アメリカ大陸で使用されている英語，フランス語，スペイン語，ポルトガル語などは印欧語族言語であり，ルーツをたどればインド北部にたどりつくことを考えれば分かる。インドと南北アメリカ大陸は，ちょうど地球の裏側に位置し，距離は約2万キロも離れている。これは一周約4万キロの地球では，言語はどこにでも伝わることを意味する。アフリカに発祥した人類が地球

69

全体に広がったのと同じである。従って，2万キロの3分の1の7000キロしか離れていないインドと日本に関して，「距離が遠過ぎるから言語が伝わるはずがない」とは言えない。

　タミル語は，インド東南部のほか，スリランカ北部，シンガポール，マレーシアなどに分布し，これらの地域では公用語とされ，世界で18番目，7400万人の話者人口を持つ大言語である。大野氏が日本語のルーツはタミル語であると考えた理由は，たまたま入手した「英語－タミル語辞書」を読んでいて，日本語の古語とタミル語の間で，単語や文法の共通度が著しく高いことに気づいたからである。大野氏の著書「日本語の源流を求めて」（岩波新書，2007）の「まえがき」には，例として，「古事記」の冒頭の一節が引用されている：

　<u>あめ</u> <u>つち</u> <u>はじめ</u> <u>て</u> <u>ひらけ</u> <u>し</u> <u>とき</u> <u>に</u>, <u>たか</u> <u>あま</u> <u>の</u> <u>はら</u> <u>に</u> <u>なり</u> ませ<u>る</u> <u>かみ</u> <u>の</u> <u>み</u> <u>な</u> <u>は</u>, <u>あめ</u> <u>の</u> <u>み</u> <u>なか</u> <u>ぬし</u> <u>の</u> <u>かみ</u>。

　大野氏によれば，この文の28の単語のうち，下線を引いた20語，実に7割の単語がタミル語と日本語で共通であるという。大野氏によれば日本語とタミル語には，表5のように，基本語に共通単語が多いのが特徴であるという。

　このように，タミル語と日本語の共通用語は，基本語約500語に及んでいるという。大野氏が特に注目しているのは，表に明らかなように，米作，金属加工，織物等の技術用語の共通性である。このことから大野氏は，タミル語は，稲作，鉄器，織機と共に海路で日本に渡来したと考えた。そして，インド南部と九州に共通する考古学的出土物の比較から，これらの新技術の伝来時期を紀元前約1000年頃であったと考えている。

　ただし大野氏は，日本人に最も遺伝学的に近縁の民族は，モンゴルやシベリアの北方系であるとの人類遺伝学者たちからの批判を受け入れて，日本語はクレオール・タミル語であるとの修正を加えている。クレオー

表5　タミル語と日本語の共通語

分類	単語の例
人体の部分	テ，アシ，カシラ（頭），カホ（顔），クビ，ハ，ツバ，ワキ，ホゾ（臍），ソソ（陰部）など
動詞	カタル，ハナス，ノブ（述ぶ），オラブ（叫ぶ），イウ，キル，アウ，シル，スツ（捨てる）など
感情や感覚	ヤサシ，タノシ，カワイ，サビシ，カナシ，オソロシなどの形容詞
色の名	アカ，アヲ，アヰ，シロ（日本の古語にもこの4色しかなかった）
兄弟姉妹	アニ，アネ
心や宗教	ツミ（罪），トガ（咎），ハジ（恥），宗教用語のカミ，マツリ，ミ（御），モノ（モノノケ，怨霊）など
稲作関連用語	タ（田），タンボ（田圃），アゼ（畦），イネ（稲），ホ（穂），コメ（米），ヌカ（糠），モチ（餅），カユ（粥），ハタ（畑），ウネ（畝），スキ（鋤）など
技術用語	金属と金属製品を意味するカネ，織機および織られた物を意味するハタ（機，旗，凧）など
病名	ボケ，カッタイ（ハンセン病）など
その他	コトとモノの使い分け，助詞・助動詞の対応や係り結び，五七五七七の韻律

ル語とは，「圧倒的な文明が征服や通商を通じて強い影響を与えた結果，もともとその地域にはなかった新言語が民族の大移動なしに持ち込まれ，定着した」という意味である。クレオール語の典型は，欧州の白人種が中南米のモンゴロイド系原住民を征服して持ち込んだ，スペイン語やポルトガル語である。

　大野晋氏による「日本語タミル語起源説」は，紀元前約1000年（現

代から約3000年前）以後の，後期縄文時代以後の日本語の起源の説明であるが，それ以前の前期および中期縄文時代の日本語の起源については，大野晋氏はポリネシア語群の1つであったと考えている。その根拠は，すべての単語が母音で終わる特徴を持つ言語は，日本語とポリネシア語だけで，同様の言語がユーラシア大陸やアジア大陸には全く存在しないという。

3）日本語のルーツはポリネシア語？

一方，井上政行氏は，「発音からは意味が不明な日本の地名や日本語の単語の意味は，ポリネシア語で説明可能である」という仮説に基づいた膨大な研究結果を，「ポリネシア語で解く日本の地名・日本の古典・日本語の語源」というタイトルでウェブ上に公開している（www.iris.dti.ne.jp/~muken/orient.htm）。

このサイトは，総数1万7000語に及ぶ日本語の地名や単語の発音を，マオリ語，ハワイ語など数種類のポリネシア語の辞書（英書）で検索し，それらの発音と意味を，ウェブ辞書にしたものである。このウェブ辞書の使用例を紹介しよう。

京都府舞鶴市に，筆者の母校「青葉中学校」がある。この校名の「青葉」は，付近で1番高い「青葉山」（あおばさん，標高693メートル）の山名にちなんでいる。校歌の1番に歌われている「青葉山」と，2番で歌われる，校庭に接して流れる「与保呂（よほろ）川」の地名の由来をこのウェブ辞書で検索してみたところ，以下のように記載されていた：

> ●青葉山：「アオ・オパ」，AO-OPA（ao = scoop up with both hands ; opa = throw, pelt），「（神が）土を両手で掬い上げて放り投げてできた（山）」（「アオ」のO音と「オパ」のO音が連結して「アオパ」から「アオバ」となった）。

第3章　日本語と英語の異質性①：起源と進化

●与保呂川：「イオ・ロウ」，IO-ROU（io=muscle, line; rou=a long stick, draw out contents of a narrow vessel），「細長い谷を根こそぎに洗い流す（川）」

　郷土のこれらの山と川の地名のポリネシア語による意味の説明が，これらの山と川の実際の地形をほぼ完璧に表していることに鳥肌が立つ思いがした。青葉山は，福井県側から見ると鹿児島の開聞岳のように形が整った山で，若狭富士とも呼ばれる。神様が両手で土をすくって作られたという説明が真にふさわしい山である。また，与保呂川は上流が狭い谷の中を直線状に流れ，狭い平地に出たところで直角に曲がっているため，氾濫を繰り返してきた川である。上流の与保呂地区には，上流に住む大蛇が洪水で流されて岩に当たって3つに別れ，頭，胴体，尾がそれぞれ上流，中流，下流の3つの神社に祭られたという「蛇切岩伝説」がある。これはまさに洪水伝説である。昭和28年9月の13号台風により，この川の土手が決壊し，東舞鶴地区のほとんどが水没した大洪水となった。当時中学1年生だった筆者も，胸まで浸かる泥水の中を高台に避難した記憶がある。
　日本の意味不明な古語とポリネシア語の，このような見事な意味の一致を，すべて単なる偶然の一致に過ぎないと切り捨てることもできる。しかし，意味不明な日本語の地名や単語の意味を，ポリネシア語で説明できる例を，1万7000例も挙げている井上政行氏の研究を，すべて単なる偶然として片づけるのは，いささか乱暴な話ではないだろうか。
　井上政行氏は，「自分の説の当否は，ポリネシア語の辞書さえあれば誰でも確認できる」と書いている。そこで筆者は，ニュージーランドのクライストチャーチ在住の知人に依頼してマオリ語の辞書（英著）を購入した（かの地が大地震に見舞われる前のことである）。以来，意味不明な日本語に出会うたびに，このマオリ語の辞書を開いて意味を確認しているが，この辞書で筆者自身が発見した，マオリ語と日本語の共通性

を示す可能性が高い一例を紹介する。
　菅原道真が太宰府に左遷され，京の都を去る時に詠んだ歌に，

　　「東風（こち）吹かば　匂ひをこせよ　梅の花　主（あるじ）なしとて
　　春な忘れそ」

がある。この「東風」を，なぜ「こち」と読むのか，また，「こちふかば」
の意味は何なのか，長い間疑問に思っていた。このマオリ語の辞書を引
いたところ，「こち」の意味が，次のように説明されていた：

　　KO-TI：spurt out, flower, come into bloom of plants

　すなわち，「こち＝草木の花を咲かせる（風）」の意味であった。従っ
て，「東風吹かば」の歌の意味は，「（春になって）梅の花を咲かせる暖
かい東風が吹けば，忘れずに花を咲かせて，京の梅の花の香りを，遠い
九州の太宰府にいる主人の私にまで，きっと届けてくれよ」と，京の都
への限りない愛着を梅の花の香りに託した優雅な歌だったのである。
　マオリ語の辞書による上記の「こち」の説明は，この「東風吹かば」
の歌の「東風」の意味を完璧に説明している。絶滅しかかっているニュー
ジーランドの原住民の古い言葉と，平安時代の日本語との，発音と意味
の完全な一致は，果たして全くの偶然であろうか？
　最近，従来の印欧語中心の語学研究では無視されてきたポリネシア諸
語や，南北両アメリカ大陸沿岸の，モンゴロイド系原住民の諸言語にも
光を当て，日本語のルーツを真に地球的な規模で見直す，画期的な研究
が現れた。それが松本克己氏（金沢大学・静岡県立大学名誉教授）によ
る一連の研究である。松本氏は，印欧語族の歴史がせいぜい5000～
6000年しか遡れないことから，印欧語よりもはるかに古いと考えられ
る日本語の起源を探る場合には，印欧語族の研究から発展した従来の比

第3章　日本語と英語の異質性①：起源と進化

表6　/r/ と /l/ の区別がある言語とない言語

/r/ と /l/ のの区別あり	/r/ と /l/ のの区別なし
（右欄に挙げる1部のアジア沿岸部諸語を除く）ユーラシア大陸のほぼ全域の諸語，アフリカのほぼ全域の諸語，オーストラリア語，中国語，台湾諸語，フィリピン，インドネシアを含むオーストロネシア西部の諸語	日本語，アイヌ語，朝鮮語，中国辺境の大部分の方言，ミャオ・ヤオ諸語，ベトナム語，ラオス語，ニューギニア諸語，ポリネシア諸語，南アメリカのほぼ全域，中米の一部を除いた北アメリカの大部分の諸語

較言語学的方法には限界があると述べている（『世界言語のなかの日本語－日本語系統論の新たな地平－』，275頁，三省堂，2007）。

　松本氏は，同書の中で，世界の言語を，大きく「ユーラシア内陸諸言語（＋アフリカ大陸とオーストラリア大陸諸言語）」と「太平洋沿岸諸言語」の2群に分けている。その根拠の1つは，"r"（アール）と"l"（エル）の区別の有無であった。/r/ と /l/ の区別の有無によって世界の言語を分類すると，表6のように二分されるという。

　/r/ と /l/ の区別がない言語は，太平洋諸島と，日本を含む太平洋をぐるりと取り巻く地域であり，「環太平洋言語圏」の言語である。ただし，このリングは，台湾，フィリピン，インドネシアを含むオーストロネシア西部地域の諸語によって，くさび形に断ち切られている（これらは，大陸系の言語が半島や島伝いに海洋進出した，と考えられる）。

　これに対して，/r/ と /l/ の区別がある言語は，ユーラシア，アフリカ，およびオーストラリアという3つの旧大陸を占め，従ってこの言語圏は，基本的に「ユーラシア内陸言語圏」（＋アフリカ大陸とオーストラリア大陸，および上記くさび状東南アジア沿岸の一部）と言える。

　松本氏は，世界の言語系統の分類にもう1つの言語学的特徴を用いた。その特徴とは，ものを数える場合に，日本語のように，動物なら何「匹」

あるいは何「頭」，紙なら何「枚」などと，名詞ごとに変わる「助数詞」を持つ様式（以下，数詞類別という）か，あるいは，印欧語のように，名詞そのものを例えば，単数・複数名詞あるいは男性・中性・女性名詞など，名詞をある意味的カテゴリーに分ける方式（以下，名詞類別という）のどちらの方式かであった。その結果，先の /r/ と /l/ の区別の有無の世界分布と全く重なる，「環太平洋言語群」と，ユーラシア，アフリカ，およびオーストラリアという「旧3大陸言語群」という対立がここでも認められた。松本氏は，このほかにもいくつかの根拠を挙げて，世界の言語は「環太平洋言語群」と「旧3大陸言語群」とに大別できること，そして日本語がまぎれもなく「環太平洋言語群」の1つであると説いている。

　以上をまとめると，大野氏，井上氏，松本氏らの言語学者たちは，一致して日本語とポリネシア語との強い類縁関係を認めている。また，第6章で紹介する角田氏も，大脳半球の機能の類似性という，全く別の根拠に基づいた研究によって，日本語とポリネシア語との強い類縁関係を認めている。

2．日本語の変遷

　日本の縄文式土器には1万6500年前のものも知られているので，原日本語の起源は極めて古いと考えられる。日本列島には北方のサハリンや千島列島，南方の琉球列島，および朝鮮半島を経由して，絶えず諸民族が流入したため，基本的にはポリネシア語に近い発音の単語と，ウラル・アルタイ語と同じ主語―目的語―述語（SOV）型の語順を持った混合言語の原日本語が，縄文時代にすでに成立していたと考えられる。この原日本語は独自の文字を持たず，4世紀から6世紀後半にかけて多数建造された巨大古墳でさえも，中国の皇帝の墳墓や，エジプトの王墓に見られるような金石文の墓誌を残さず，例外的に少数の副葬品の銅鏡や剣に漢文が見られるだけである。このため，古墳時代までの日本語の

第3章　日本語と英語の異質性①：起源と進化

文法や発音については，何も分かっていない。しかし，1300年前の古事記などに見られる万葉仮名で表現された「やまとことば」が，現代日本語でも多数使用されていることから，やまと言葉の多くがその約2倍の3000年あるいはもっと前の，縄文時代から使用されていたとしても不思議ではない。日本語はその後一貫して複雑化の一途をたどっている。この複雑化は，文法の複雑化ではなく，表記方法（文字や単語）の複雑化である。以下，その複雑化の跡をたどってみよう。

1）漢字仮名交じり文の成立

　飛鳥時代から室町時代は，中国からの漢字文化輸入の時代であった。仏教経典や歴史書を通じて漢字の輸入が始まり，万葉集（7世紀後半から8世紀前半），古事記（712年），日本書紀（720年），風土記（8世紀）などが編纂された。万葉集は，日本古来の「やまとことば」の発音をそれに近い発音の漢字で表した万葉仮名で表記されている。万葉集の日本語は一部の枕詞などを除けば現代人にも理解できることから，万葉時代にはすでに現代日本語に近い単語と語順を持つ日本語が成立していたこと，および，現代までの約1300年間，日本語には構造的に大きな変化がなく，漢語やカタカナ語のような外来語の語彙が増えたことと，表記方法が「万葉仮名」から「漢字仮名交じり文」に変わっただけだ，と言ってよい。

　平安時代に「かな」が発明されると，日本語の表記方法は大きく変わった。奈良時代の漢字だけの万葉仮名から，名詞や動詞は中国伝来の漢字で表記し，「やまとことば」や「てにをは」を「かな」で表記する「漢字かな混じり文」という，現代日本語と基本的に同じ表記方法が生まれた。以来1000年以上にわたり，この「漢字かな交じり文」という日本語の表記方法と，日本語の基本的文法は変わっていない。これは，後述する現代英語の成立過程において，古英語が語順まで変化して近代英語に進化したのとは大きく異なる点である。

この「漢字かな交じり文」の中で，漢字の単語の発音には，中国から輸入された漢語が音も意味もそのままで使用される「音読み」（例えば，「山岳」や「河川」）と，山（さん）を「やま」，「川」（せん）を「かわ」と，「訓読み」とがある。「訓読み」は漢字を元の中国伝来の発音とは無関係に，対応するやまとことばの発音で読む読み方である。
　音読みの漢字の発音も，最初は漢音であったが，室町時代以後は呉音が入ってきて両方が使われた。また，音読みと訓読みが入り混じって，いわゆる「重箱読み」や「湯桶読み」も加わり，さらに訓読みの漢字（やまとことばの本来の発音）の地名が，時代と共に音読みされるようになり，全く異なる発音の地名に変化する例も現れた。例えば長野県の「代馬村」（しろうま村）は，誤って「白馬村」と表記されることが多く，ついに村名まで「ハクバ村」に変わってしまった。こうして日本語の表記や発音がますます複雑化した。

２）和製漢語と漢語動詞

　日本は，飛鳥・奈良時代に中国から朝鮮経由で漢字を輸入して以来，先進国の中国から大量の漢語を輸入してきた。しかし，戦国時代以後は，西洋文明との接触による西洋語の語彙の増加の時代に変わった。鎖国中の江戸時代には，唯一西欧に向かって開かれた窓であった長崎にオランダの学術書が輸入され，翻訳されて，医学，自然科学，軍事科学を中心に西欧の学術を学ぶ「蘭学」が盛んになった。その際に，欧州から中国語にはなかった新しい学術用語や概念が輸入され，従来の中国製漢語では対応できなかったため，大量の和製漢語が造語された。このとき和製漢語の創作に特に貢献したのは長崎通詞あるいはオランダ通詞と言われる人たちと，その教え子の蘭学者たちであった。
　さらに明治の文明開化時代になると，欧米の書物の翻訳時に，西洋の文物や学術用語を漢字で表現した和製漢語が多数造語された。
　この時期に作られた和製漢語は２種に分けられる。1種は「革命」,「自

由」,「観念」,「福祉」など,古くからある漢語に新しい意味を与えた和製漢語であり,もう1種は「科学」,「哲学」,「郵便」,「野球」など,日本人が漢字を組み合わせて造った,全く新しい和製漢語である。

　和製漢語は,後述の和製英語と異なり,中国に逆輸出されて,国際語になったものが多数ある。これは日本が短期間に近代化を遂げつつある過程を学ぶために,明治・大正時代に孫文をはじめ,多数の中国人が日本に留学してきたためであり,彼ら中国人留学生が,西洋の書物の日本語訳や,新たに書き下ろされた日本語の書物を中国語に翻訳して中国に持ち帰ったためである。こうして中国語になった和製漢語には,各学問分野の根幹をなす学術用語が多数見られる。例えば,中国の現在の国名「中華人民共和国」の「人民」も「共和」も和製漢語である。

　日本人が書く文章（書き言葉）は,話し言葉に比べ概して難解である。この難解さは書き言葉の成立の歴史と関係している。江戸時代に,藩校や寺子屋による庶民教育が普及する以前の戦国時代,室町時代,平安時代,奈良時代を通じて,読み書きは渡来人,上流階級,僧職,役人,上級武士のような,読み書きを学ぶ余裕があるエリート階級に限られていた。読み書きをすることはエリートたちの独占的な職業上のノウハウであり,彼らの「飯の種」でもあった。彼らは,読み書きを独占することで高給を得たり,出世することができた。このため,日本には,難解であること,すなわち庶民には容易に分からないこと自体に価値があると思う国民性が形成された。こうして書き言葉は上流階級の人々の,いわば「仲間内の職業用語」となり,難解性を保ってきたと考えられる。

　そのような「難解なもの」の典型が「お経」であり,「法律の条文」であり,「外国語」であった。現代のいわゆる「受験英語」は,多分にこの歴史の影響を引きずっており,英語の受験勉強と言えば伝統的に,ことさらに複雑怪奇な構文を持つ,英米人にとってさえ難解な文章を読んで理解することにほぼ等しい時代がつい最近まで続いた。

　日本人の「書き言葉」が難解になる原因が2つある。1つは漢語の名

詞を使いすぎることである。これはおそらく漢字を使わずにやさしい表現をすると，書き手の知能が低いと受け取られることを心配し，できるだけ漢語を多用して難解な表現をしようとするからである。

　日本人の「書き言葉」が難解に見えるもう1つの原因は，漢語の名詞に「する」を付けた，いわゆる「漢語動詞」を使いすぎることである。中国語では名詞と動詞は同型であるが，日本語はそうではない。そのため，日本では漢語の名詞を動詞にするには，漢語の名詞に補助動詞「する」を付けて，「観察する」，「行動する」のように変換する必要がある。このように漢語の名詞に「する」を付けて作った動詞を「漢語動詞」と呼ぶ。日本語では，書き言葉にやまと言葉を使用すると，例えば「観察する」は「見て調べる」などと，長くなる場合が多く，また学術用語など，近代になってできた言葉は，対応するやまと言葉がない場合も多いため，漢語動詞を多用する結果，難解な印象となる。

　この「名詞＋する」の形の漢語動詞を頻繁に用いる日本語の習慣は，日本人の初心者が英語を書くときにも悪い影響を及ぼす。例えば「観察した」という場合，"observed" と動詞1語で言えば済むのに，英語の初心者が書いた英語には，"observation was conducted" のような冗長な表現が多くなる（筆者による「誰でも書ける英文報告書・英語論文」，薬事日報社，2008 参照）。

3）カタカナ英語と和製英語

　日本人が英語を書いたりしゃべったりする場合に不利な条件がまだある。それはおびただしいカタカナ語の存在である。日本では，戦国時代以後に西洋から外来語が入って来るようになったが，最初に入ってきたのはカステラ（加須底羅），カボチャ（南瓜），ビロード（天鵞絨），ボタン（釦）などのポルトガル語であり，ほとんどは漢字で表記された。続いてオランダ語が入ってきたが，例としては，アスベスト，アルカリ，アルコール（酒精），インキ，エキス，オルゴール，ガス（瓦斯），ガラ

ス（硝子），カルキ，コーヒー（珈琲），コップ，シアン，シロップ，スコップ，ビール（麦酒），ペンキ，ポンプ，メス，ランドセル，ランプ（洋燈），レンズなど，現代日本でも頻繁に使用されるカタカナ語が多い。これらは和製漢語の造語がないか，あっても普及しなかったため，カタカナ表記されるものが多くなっている。

　文明開化以後は，科学技術用語の英語が圧倒的に多くなり，他に医学・化学用語を中心にドイツ語が，そして芸術・文化用語を中心にフランス語やイタリア語も流入して来た。蘭学者たちは，最初のうちはこれらの外来語に和製漢語を造語しようとしたが，輸入される科学技術用語が加速度的に増えるにつれ，和製漢語の造語が間に合わず，外来語はカタカナ表記する習慣が確立した。

　敗戦後は米国の影響が強くなるとともに，英語由来のカタカナ語がますます増え続けた。コンサイス カタカナ語辞典第2版（三省堂）の採録語数は，約5万2000語という驚くべき数にのぼっている。

　カタカナ語には2種類ある。1つは欧米で実際に使用されている単語の発音をカタカナに変換したものであり，もう1つは，日本で作られ，欧米では通用しない和製英語である。

　英語の発音をカタカナで表現するのはもともと無理があり，欧米で実際に使われている英語でも，日本でカタカナ語になると，例えばアイロン，アレルギー，イオン，カメラ，ヘップバーン，マクドナルドなど，元の英語の発音とは似ても似つかぬ発音のカタカナ表記が多数ある。元の英語の正しい発音を知らないで，うっかりこれらのカタカナ英語を欧米人に対して使うと全く通じない。無数のカタカナ英語の存在は日本人の英会話下手の原因の1つになっている。

　ただし，「カタカナ英語」は，その元になる英単語が実在するだけまだましである。その意味では「カタカナ英語とは，極めて日本訛（なまり）の強い英語である」という言い方も可能である。最悪なのが日本で勝手に作られた，一見英語風の和製カタカナ語である。

本書では由来が英語以外のカタカナ語も一括して,「和製英語」と呼ぶことにする。「和製英語」は,どれほど英語らしく聞こえても,元の英語が存在しないので,日本人以外に使用しても通じない。それどころか,別の意味に誤解されることがあり,日本人の英会話下手の大きな原因の１つになっている。和製英語にはその起源にいくつかの種類があるので,起源別に表７に挙げておく。

表７　主な和製英語の起源別分類

起源別分類	例
1. 正しい英語の一部が省略,あるいは短縮された和製英語	アプリ,インテリ,インフレ,ウーマンリブ,エコ,オートバイ,コインランドリー,コンセント,サラウンド,ソーラーシステム,ソフト,デパート,テレビ,テレホンサービス,パート,パインジュース,パソコン,パトカー,パンク,プッシュホン,ビデオソフト,フロント,ボールペン,マンネリ,レジ,など他多数
2. 英米には存在しない,きわめて日本的な概念の和製英語	アメリカン(コーヒー),カプセルホテル,クレーマー,スキンシップ,ヘルスセンター,(喫茶店の)モーニング,シティーホテル,ターミナルホテル,マンション,ビジネスホテル,モーテル,ラブホテル,ワンルーム,など
3. 発音を聞き誤って,作られた和製英語	グランド,スイートルーム,ミシン,メンバーカード,ハッピーエンド,ハンバーグ,フリーマーケット,レンタカーなど
4. 英語以外の外国語,商品,あるいは人名由来の和製英語	アベック,アルバイト,アンケート,ズボン,マジック(商品名),ピンセット,ペンション,ホッチキス(人名),レントゲン(人名),クラクション(商品名),など
5. 名詞の後ろにupやdownを付けて,勝手に	イメージアップ,イメージダウン,キャリアアップ,グレードアップ,グレードダウン,コストアップ,コストダウン,スキルアップ,パワーアップ,バージョ

第3章　日本語と英語の異質性①：起源と進化

動詞にした和製英語（補足参照）	ンアップ，ベースアップ，ベースダウン，ボリュームアップ，リストアップ，レベルアップなど
6. 英米にはない，人を表す不適切表現	アバウト（な人），クール（な人），ドライ（な人），ナイーブ（な人），ワンマン（社長）など
7. 適切な元の英単語あるいは英語表現があるにもかかわらず，別に勝手に作られた和製英語（これが最も多い）	アフターケアー，アフターサービス，アンテナショップ，インターホン，（車の）ウインカー，オーバードクター，オープンカー，オーダーメード，カーフェリー，ガードマン，カードローン，ガソリンスタンド，カメラマン，キャッシュカード，キャッシュバック，キャッチホン，キャンピングカー，クーラー，グリーンビジネス，ケアハウス，サービス（値引き），（車の）サイドブレーキ，サラリーマン，シーズンオフ，シックハウス（症候群），システムキッチン，シルバーシート，シルバーパワー，スケールメリット，スポーツドリンク，ゼロシーリング，ダイヤルイン，ダンプカー，チェックポイント，ディーゼルカー，デイサービス，テレビゲーム，テンキー，トップクラス，ナイター，（電話の）ナンバーディスプレイ，（車の）ナンバープレート，ノートパソコン，バックナンバー，バックミラー，ハンドル，ビニールハウス，ブラインドタッチ，ブレーキオイル，フリーダイアル，フローリング，ベッドタウン，ペーパーカンパニー，ペーパードライバー，ベテラン（熟達者），ポケットベル，ホームセンター，ホームドクター，ホームヘルパー，マークシート，マイカー，マイナスシーリング，マイペース，マイホーム，モーニングコール，ユニットバス，リサイクルショップ，（衣類・建物の）リフォーム，リンクフリー，ワンマンカー，ほか多数

（補足）英語の<u>名詞</u>に up や down を付ければ英語になると思い込んでいる日本人が多く，そのような「ニホン英語」が多数造語されている（表7の5．参照）。それらの多くは英米には存在しない。英語で up や down が付くのは通常，動詞に限られる（例：catch up, step up, step down, follow up など）。

3．英語のルーツと変遷
1）古英語時代：昔は英語でも述語は最後に置かれた

　西ヨーロッパの現代の諸言語はバスク語を除き，印欧語族に属し，6つの語群に分離できる（表8）。

　英語は分類上，西ゲルマン語群に属する。今から約4000年前，ソールスベリー郊外にストーンヘンジを残したブリテン島の先住民族はケルト人であり，彼らは後から侵入した西ゲルマン民族に滅ぼされ，ケルト語の影響は，ウェールズ語，スコットランド語，アイルランド語のような方言に残るが，ケルト語の影響は英語にはほとんど残っていない。

　英語は過去に大きく変化してきた。英語の歴史は通常，①古英語時代（450年～1100年），②中英語時代（1100年～1500年），③近代英語時代（1500年以降）の3時代に分けられる。

　紀元前後から450年頃までブリテン島のゲルマン族はローマ帝国の支配を受けた。ローマの支配が終わったときから，次の大陸からの異民族の侵入である「ノルマン族の侵入」（1066年）までの約700年間は比較的平穏な時代で，この時代の英語を「古英語」と呼ぶ。

表8　西ヨーロッパの諸言語の分類

言語群	代表的言語名
ギリシャ語群	ギリシャ語
ラテン語群	ラテン語，イタリア語，フランス語，スペイン語，ポルトガル語
北ゲルマン語群	ノルウェー語，デンマーク語，スウェーデン語，フィンランド語など
西ゲルマン語群	ドイツ語，オランダ語，英語など
ケルト語群	アイルランド語，スコットランド語，ウェールズ語など
分類不能語	バスク語

第3章　日本語と英語の異質性①：起源と進化

　現代英語の語彙のうち，古英語は日本語で言えば，「やまとことば」に相当する。約2000語が残ると言われているが，古英語由来の単語は，数は少なくても日常会話に使われる基本語彙が多い。これらは概して短い単語が多い。例えば，do, get, give, have, make, take などである。また，これらの単語は他の名詞や前置詞と組み合わされて，多数の慣用的表現（idiom）を形成するのが特徴である。例えばgetで言えば，get up や get to のように，前置詞と組み合わされて他の意味の自動詞となるほか，get a +（加算名詞），あるいは get +（不加算名詞）でそれぞれ数百以上の idiom が生まれる（詳細は電子辞書を参照されたい）。

　古英語以外の英語の語彙，例えば学術用語はほとんどラテン語系とフランス語系である。

　古英語や中英語の時代は，①日本語と同様に単語が省略されたり，②フランス語や中世ラテン語と比較して語彙が少なく，③語順が主語－目的語－動詞（SOV）と，動詞が最後に来る，という3つの特徴があった。現代の英語の語順が主語－述語－目的語（SVO）であることから，「印欧語の語順は基本的にSVOである」と思っている人も多いが，これは大きな誤解である。実は印欧語の語順の基本は日本語と同じSOVである。古い印欧語族のヒンディー語，ネパール語，ベンガル語，ペルシャ語，カザフ語，トルコ語などは現在でも基本はSOVであり，ウラル・アルタイ語や日本語と同じである。ヨーロッパ言語でもラテン語は基本的にSOVであり，フランス語やドイツ語でもSOV表現がかなり残っている。例えば，ドイツ語にはまだその痕跡が残っていて，「私はドイツ語が話せます」は，

　　ドイツ語：Ich kann Deutsch <u>sprechen</u>.
　　英語：I can <u>speak</u> German.

となり，ドイツ語ではSOVで，英語はSVOである。

つまり，印欧語族言語では，英語のようなSVO型言語はむしろ少数派であり，歴史的に新しい言語ほどSVOが顕著になる傾向がある。英語は，SOV型の古い英語が，時代とともに次第に変化して，SVO型の現代英語が完成したのである。

2）中英語時代：中世に英語は大きく変化した

　古英語（〜1100）が大きく変わるきっかけになったのは，1066年の大陸からのノルマン族による「イングランド征服」であった。イングランド王エドワードが死んで，甥に当たるノルマンディー公ウイリアムがフランスから1万5000人ものノルマン人を引き連れて英国を征服し，約300年間支配したからである。この間，英国の上流階級の言語はフランス語になり，その結果，当時の英語は，被支配階級の，概して教養のない人たちが会話で用いるだけの言葉になった。一般に言語は書かれることで文法が整理され，厳密な言語となるが，教養のない人たちが口語として使うことが主であったこの300年間に，英語は書かれることが少なかったため，英語の文法は次第に単純になっていった。また，フランス語由来の単語が増えたのもこの時代であった。

　中英語の時代は，英語の発音が大きく変化した時代でもあった。英語は，中英語期に，強勢のある長母音の調音位置が高くなり，長母音 [aː], [iː], [uː], [ɔː] は，いわゆる「割れ」を起こして，それぞれ，二重母音の [ei], [ai], [au], [ou] へと変化した（例：nameは「ナーメ」から「ネィム」に，timeは「ティーメ」から「タィム」に，nowは「ヌー」から「ナウ」）に変化した。中英語時代のこのような英語の音韻変化は，「大母音推移」（Great Vowel Shift）と呼ばれている。

　この「大母音推移」以前は，英語の綴りはラテン語や現代ドイツ語と同様に，その発音にほぼ忠実に綴られていた。しかし，「大母音推移」によって発音とスペリングが一致しない単語が増加した。このような「大母音推移」がなぜ起こったのかはよく分かっていないが，前述のフラン

第 3 章　日本語と英語の異質性①：起源と進化

ス人による英国支配の結果，英語がもっぱら庶民によって使用されたため，文法の混乱や方言化が進行したため，と考えられている。

　14 世紀になると，英仏間の 100 年戦争が始まり，それまでの英仏の関係が一変した。戦争によって英国はフランスの支配から離脱し，国粋主義が芽生え，英語が上流階級や議会でも再び使われるようになった。

　書きことばとしての英語の普及に貢献したのは宗教改革者のウイリアム・ティンダル（?1490 ～ 1536）であった。堕落した教会に反抗した彼は，教会の敵と見なされ，ドイツに逃亡し，マルティン・ルターのもとで新約聖書をラテン語から英語に翻訳した。こうして出来た最初の英語の聖書の印刷本は英国に密輸入されたが，この英語の聖書はローマ教会によって禁書とされた。彼は密告により逮捕され，火あぶりにされたが，かえって彼は英国の国民的英雄となり，ティンダルの名は聖書の最初の翻訳者として英国では知らぬ者がないほど有名になった。

　16 世紀から 17 世紀にかけて，ヘンリー 8 世（1509 ～ 1547），およびエリザベス 1 世（1558 ～ 1603）のチューダー王朝の下で英国は大いに繁栄した。ヘンリー 8 世は彼の離婚を許さなかったローマ教会を離脱し，英国内のローマ教会を廃止して英国国教会を作り，1539 年には英訳聖書「大聖書」（欽定版）を刊行した。ティンダル版および欽定版の英訳聖書の普及により，英語の文法が組織的に整理され，従来の英語のように定冠詞や語尾変化によって主格や目的格を区別する必要がなくなり，英語は大いに簡素化された。

　その後，文豪シェークスピア（1564 ～ 1616）によって，SVO 型の語順と，文学としての英語が確立した。

3）近代英語時代：帝国主義が英語を簡素化させた

　フランス語の動詞は，現在形でも人称と数に応じて語尾が 6 通りに活用するが，英語の動詞は be 動詞などの例外を除き，3 人称単数形の動詞の語尾に "-s" が付くだけで，大いに簡素化されている。英語は，時

87

とともに言語としてのこのような「簡素化」が起こったが，このような簡素化の原動力は，英語の庶民化および国際化にあった。

英語の簡素化の最初のきっかけは，前述したように英国がフランス人（ノルマンディー候）一族に支配され，英国の上流階級がフランス語を用い，英語は庶民が使う言葉になったこと，すなわち「英語の庶民化」が原因であった。そしてその後，英文法の簡素化がさらに徹底して進行した理由は，英国の帝国主義化により，英国が世界中に植民地を広げたことにより，英語に「もっと徹底した庶民化」が起こったためであった。

この「英国の帝国主義化」と「英語の徹底した庶民化」には，2つの段階があった。

第1段階は，米国，カナダ，オーストラリア，ニュージーランドなど，主として英国人やアイルランド人など，英語を母国語とする白人たちによる新大陸の侵略と植民地化という，英国支配の帝国主義的拡張の結果であった。これら「新大陸」の植民地には，もちろん先住民たちが住んでいたが，白人入植者たちは，抵抗する原住民たちを圧倒的な武力でほとんど絶滅させた。生き残って無力化された原住民たちを支配するには，武力だけでなく言語による教化や文化的支配が有効であった。原住民や非英語話者とのコミュニケーションに使われる言語は，複雑で難解な英語では具合が悪い。また，英語教育のために文法の整理が必要であった。このため，英文法の例外を減らし，文法そのものを簡素化する方向へのベクトルが生じた。

第2段階は，産業革命の結果，大英帝国の植民地や勢力範囲がさらに世界中に拡大したことで起こった。大英帝国の支配は，前述の数ヵ国に加えて，インド亜大陸（後のインド，パキスタン，バングラデシュを含む），セイロン（後のスリランカ），アフガニスタン，ビルマ，シンガポール，マレーシア，南アフリカ，エジプト，中東の大部分と，世界中に広がり，大英帝国には日は沈まないとまで言われた。その結果，世界の多くの国や地域で異民族により英語が使われるようになり，「英語の庶民

第3章　日本語と英語の異質性①：起源と進化

化」が一段と進行した。これらの国々は政治的独立後も経済的理由や教育環境が理由となって，言語的には独立せず，現在に至っている。

　英語は英国の帝国主義化と共に世界に広がったが，アジアの大部分が植民地であった頃は，これらの地域で話される英語は，なまりの強い「植民地英語」であった。植民地が独立してこれらの国々で高等教育が英語でなされるようになると，これらの地域の英語は次第にその地域特有の英語としての地位を確立し，インド英語，中国英語（ピジンイングリッシュ），フィリピン英語のように多様化した。

4．反対方向に進化した日本語と英語
1）東回り文明の日本語・西回り文明の英語

　日本で普通に見られる世界地図では，日本がほぼ中央に位置し，欧州は左端に，南北両アメリカ大陸は太平洋の右端に位置している。しかし，欧米で使われる世界地図では，英国がほぼ中央に来て，南北両アメリカ大陸が左端に，そして日本が右（東）端に位置する。日本が極東（Far East）と呼ばれるゆえんである。

　元日本陸軍関東軍参謀の石原莞爾（1889〜1949）は，ドイツ留学中に，世界史や戦争史を研究し，興味ある世界観を持つに至った。彼は世界文明を，メソポタミアに発した世界最古の文明が西方に伝わり，古代エジプト，古代ギリシャ，ローマ帝国，欧州を経て北米に伝わった西回り文明と，インド，中国を経て日本に伝わった東回り文明の2つに分けた。そして彼は著書「最終戦争論」において，西回り文明のチャンピオンである米国と，東回り文明のチャンピオンである日本とは文明的に異質性が高く，将来必ず軍事的に雌雄を決する時が来ると予言した。この予言は不幸にも太平洋戦争として的中した（青空文庫，http://www.aozora.gr.jp/cards/000230/files/1154_23278.html）。

　世界文明を西回り文明と東回り文明に二分する石原の発想は，おそらく彼がドイツで目にした，米国が西の端，日本が東の端に位置する欧米

式の世界地図からの発想と思われる。

　本章１項で見た世界の言語系統もまた，上記文明論と同様に，西回り言語と東回り言語に二分することができると筆者は考えている。すなわち英語は，数千年前に生まれ，西回りに移動した印欧語が，欧州と英国を経て植民地であった北米に伝わり，米語およびカナダ英語として発展したものであり，最も新しい印欧語であると言える。一方，東回りに移動した言語はもっと古いもので，その出発点はおそらく人類発祥の地と言われる東アフリカの大地溝帯であり，そこから一方はアフリカ全体へ拡散し，他方はユーラシア大陸を経てアジア沿岸部に伝わり，南方向は半島や島伝いにインドネシアやオーストラリアに，北方へは台湾や琉球列島や，日本列島へ伝達して縄文語（原日本語）となり，さらに１万数千年前の縄文時代にベーリング海を渡って環太平洋言語群として南北両アメリカに伝わり，また，舟や漂流によりミクロネシア，メラネシア，ポリネシアなどの南洋諸島に伝わって，ポリネシア語となったと筆者は考えている。特に，日本語は，日本が置かれたその特殊な位置から，いくつかの環太平洋言語群が北方や南方から日本に流入して，絶えず変化しながら出来上がった言語であると考えられる。従って日本語は，東回り言語の中でも，最も後から形成された言語と考えてよい。すなわち英語と日本語は，成立した年代的には，ともに最も新しい言語であり，地理的には，最も距離が遠い言語であると考えられる。

２）あいまい化した日本語・明晰化した英語

　日本語と英語の距離は，上記のような地理的・言語系統的な距離だけではない。これら両言語の進化の方向に，正反対と言える大きな違いが見られる。この方向性の違いは歴史や文化の相違によると考えられる。日本語では概してあいまいな，あるいは婉曲な表現が好まれるのに対し，英語（欧米語）では明晰な表現が好まれる。

　日本文学者のドナルド・キーン氏は，司馬遼太郎氏との共著「世界の

中の日本」(中央公論社，1992)において，日本語と欧米語の進化の方向性の違いに関して，以下のように述べている：

> 『明晰でないフランス語はフランス語でない，と言われるように，欧米語で最も重要な条件はその「明晰さ」である。これに対し日本語は「結論をあいまいにして相手の顔色をうかがう言語」である。日本語では，物事を論理的・明快に表現する技術よりも，物事を婉曲に表現する技術が歴史的に要求されてきた。』

　上記は真実を突いていると思われるが，残念なことに2人は，英語（欧米語）が論理的に明晰となるように進化した理由も，反対に日本語が明晰でない方向に進化した理由も説明していない。そこで，本書ではこれらの理由に関して掘り下げて検討したい。ただし，英語（欧米語）が明晰化の方向へ進化した理由は比較的簡単なので，次の3)項で考察するが，日本語が明晰でない方向に進化した理由は非常に複雑であるため，第4章～第7章で，いくつかの側面から詳細に検討する。

3) 英語が明晰化した理由

　日本人がドイツ語やフランス語などの欧州語を学ぶ場合にまず苦労するのは，冠詞，名詞，代名詞，動詞，形容詞など，ほとんどの品詞の語尾が主語の格（主格，属格，与格，対格），性，数などにより，何通りにも変化することである。欧米語が明晰である理由の第1の理由はまさにこれらの格変化が存在するからである。格変化は，主語の種々の属性を明らかにして，話の内容を論理的に厳密にするためにある。英語では，その進化の過程で，名詞の格や性による変化はほとんど消失し，わずかに，3人称単数代名詞(he/she/it)など一部の例外と，可算名詞(countable noun)に，複数を表す語尾として"-s"を付ける習慣を残す程度である（例：books「(複数の本)」)。従って，論理の厳密さという意味では，英

語は他の欧州語に劣ると言える．しかし英語の簡素化は，例えば形容詞や副詞の格変化のような，必ずしも必要のない重複した変化を省略するといった，合理化の方向で起こったため，簡素化はしたが，その簡素化によって，論理的厳密さを犠牲にすることはほとんどなかった．そのため，英語の文法には，物事を厳密に表現するために必要な最低限の文法的な要素がしっかりと保存されている．

　欧米語が明晰さを発展させた理由は何であろうか．第1に考えられるのは，1年の半分が雪と寒さに閉ざされる欧州における国家や民族の生存環境の厳しさであろう．欧州を旅行していると，日本では決して見られない風景が，欧州ではありふれた風景であることに気づく．それは，古い都市のほとんどすべてが，石作りの城壁に囲まれていることである．この城壁はしばしば信じられないほど高く頑丈にできている．例えばアドリア海に面したクロアチアの海洋都市ドブロニクの城壁の高さは最高25メートルもある．欧州に限らず，大陸国家の中国でも同様で，例えば西安の城壁は，高さ12メートル，頂上の幅は12〜14メートル，底部幅15〜18メートル，周囲全長13.7キロもある．これらの城壁が存在する理由は，欧州でもアジアでも，ユーラシア大陸では古来戦争が絶えなかったからである．

　戦争が絶えない地域では，言語が明晰化の方向に進化すると考えられる．その理由は，同盟や交渉で戦争を未然に防いだり，休戦や敗戦処理のために，異なる国家や言語間での交渉が必須となるからである．言語が明晰でなければこれらの交渉がうまく行かず，都市や民族の滅亡もありうる．そのために，どの民族も自分たちの主張を正確に表現し，また相手の言い分を正確に理解できる明晰な言語を発達させる必要があったと考えられる．

　欧米語の文法的明晰化は古代ギリシャや古代ローマ時代にすでに完成していたが，英語の場合は，第2の理由として，キリスト教の国教化の影響もある．英文法が確立したのは，ラテン語の聖書の英語訳によるこ

とを前述したが，新約聖書ヨハネ伝の冒頭には，「はじめに言葉ありき。言葉は神と共にあり，言葉は神なりき。」と書かれている。つまり，西洋人にとって，言葉は神に等しい。キリスト教世界では，言葉が神であるがゆえに，言葉は欠点のないものでなければならず，また，明晰なものでなければならなかったのである。

以上の理由により，英語（欧米語）は，議論，演説，交渉，説得に向く。また科学は欧米で発達したが，欧米語が学術論文を書くのに最適な言語であったことも関係している。

英語の簡素化・明晰化および多様化の方向への変化は今後も続くであろう。その理由は2つ考えられる。

第1に，英語が世界語化したこと自体である。英語を母国語とする英米人は約3億人であるが，英語が事実上唯一の「世界語」となったため，世界の人口のほぼ半分近い約30億人が，全面的に，あるいは生活の一部において，ビジネスや学問やEメールなどの情報伝達手段として，英語を使用するようになった。英語の世界語化につれて，英語は各地域で独自の進化（多様化）を遂げることは，大英帝国の形成過程で英語が北米大陸，オーストラリア，ニュージーランドなどに持ち込まれた後，それぞれの地域でアメリカ英語，オーストラリア英語，ニュージーランド英語などの英語の変種を生んできたことから明らかである。

第2に，近年，英米の国力が相対的に低下したことである。そのため英語の多様化は，今後は旧大英帝国圏よりも，むしろ経済発展の著しい中国やインドのようなアジア諸国で起こるであろう。その予兆と思わせるような興味あるエピソードを，兵庫県立大学名誉教授の末延岑生氏が紹介している。末延氏が中国の大学で英語を教えておられたとき，同僚の米国人教師（テキサス出身）が彼のところにやってきて，「お前は学生にどんな英語で講義をしているのか」と尋ねた。事情を聞くと，学生から「先生の英語は早口なうえテキサスなまりが強くて聞き取れない。もっと分かりやすい英語で講義して欲しい」と突き上げられた。「早口

は生まれつきだ。自分の英語は本物の native English なのだから，これが分かるようになるのが諸君の務めだ！」と言っても収まらない。「ではどのような英語がよいのか」と聞くと，「末延教授のような英語がよい」と学生が言うので，末延氏のところにやってきたとのこと。そこで末延氏は，そのテキサス氏に「英語を1単語ずつ切って（つまりリエゾンなしで）発音してはどうか」とアドバイスした。もちろん誇り高きテキサス氏がそんな屈辱的アドバイスを受け入れるはずもなく，結局その教授は学生たちによってその大学から追放されてしまった，というのである（「ニホン英語は世界で通じる」，平凡社，2010）。

この「事件」は，以下の3つのことを示唆する：

①非 native の中国人には，native の英語よりも「ニホン英語」のほうがよく通じる。

②過去数百年，英米人はアジアにおいて，しばしば戦争という暴力を用いてでも自分たちの意思を通してきた。ところが，近年，朝鮮戦争，ベトナム戦争・アフガニスタン戦争・イラク戦争で，結局英米が勝てないことから分かるように，英米のパワーが低下してきた。それにつれてアジアにも，英米人に逆らって自分たちの意思を通そうとする民族が現れてきた。

③過去150年以上，日本人が外人教師から英語を学ぶ場合，謙虚な日本人は，決して外人教師に「お前の教え方が悪い」と抗議したりはしなかった。しかし，誇り高き中国人は違う。彼らは世界を自分たちの都合に合わせようとする。彼らがテキサス人より日本人の英語を選んだように，このエネルギーが，新たな英語の進化（多様化）をもたらすであろう。

以上，本章の結論として，日本語と英語は，言語進化的に地球上でも最も距離のある言語であり，このことと日本人の英語下手とが深く関係していると言える。

第3章　日本語と英語の異質性①：起源と進化

コラム3　日本語は悪魔の言葉？

　スペインとフランスはピレネー山脈で南北に分けられているが，そのピレネー山脈の南北にまたがってバスク地方がある。バスク地方にはフランス領バスクとスペイン領バスクがあるが，第3章3項で述べたように，ヨーロッパの諸言語中でバスク語だけが他の諸国の言語とは異質で，印欧語ではないとみなされている。学習しにくいため，ヨーロッパでは，バスク語は「悪魔の言葉」と悪口を言われている。

　さて，フランス南部のバイヨンヌという町の「バスク博物館」には，バスク民族の歴史を絵解きで説明した展示に，なぜか富士山を背景に踊っている悪魔サタンの絵が描かれていて，その説明には，

　「サタンはかつて日本にいた。その後でバスクの土地にやってきた」
と書かれているそうである。なぜそんなところに富士山が登場するのだろうか？

　どうやらそれは，戦国時代に布教のために来日したイエズス会の修道士オヤングが本国に送った手紙の中に「日本語は悪魔の言葉である」と書かれたことに端を発するようである。

　では，彼はなぜ日本語を「悪魔の言葉」と言ったのだろうか？

　日本にキリスト教を初めて伝えたフランシスコ・ザビエルは，最初から日本語をものにすることは諦めていたと言われるが，オヤングは諦めが悪く，日本語の辞書を作ろうとした。そしてさんざん苦労したあげく，あまりの難しさに結局諦めた。「日本語は悪魔の言葉」といったのはその恨みから出た言葉であろう。

　それも当然である。彼らの母国語には文字と言えばアルファベットと数字しかないが，日本語の書き言葉には，数千もの漢字があるほか，ひらかなとカタカナがある。しかも当時は手書きであり，同じ字に楷書，行書，草書があって，通常はミミズがのたくったような草書で書かれ，分かち書きをしないので，日本語を知らなければ単語の切れ目すら不明である。縦書きも横書きもあり，左からも右からも書かれる。しかも当時は「標準語」がなく，地域・職業・身分により単語も発音もアクセントも異なっていた。敬語や謙譲語，丁寧語，男性語，女性語などがあって，相手が自分より格上か同輩か格下か，男か女か，ヨソ者かウチの者かで，同じことを言うにも全く表現が異なる。文法はあってなきがごとしで，語順も不定。第1人称

も第 2 人称もありすぎるほどあるが,ほとんどの場合これらが省略される。複数形は名詞ごとに表現が異なり,規則は不明だが,自然な表現と不自然な表現があるから,結局,数詞は元の名詞とセットで覚えるしかない。ほかに欧米語にはない擬態語が数千もある。オヤングが日本語の辞書を作ることを諦めざるをえなかったのも,全く無理はない。

第4章

日本語と英語の異質性②：
日本語のあいまいさ

　人間がものを考えるとき，言葉を使って思考している（時には直感や思い込みで判断することもあるが）。生まれたときからあいまいな日本語に慣れている日本人は，普段使っている日本語がいかにあいまいかを自覚していない。特に英語脳ができていない初心者は，つい日本語的発想で英語を書いたり話したりしようとする。明晰であることを第一の特徴とする英語がなかなか使いこなせないのは，日本人の「日本語的思考」のあいまいさがその大きな原因の1つであると考えられる。日本人が英語的な明晰な発想をするためには，日本語はなぜあいまいなのかを徹底的に明らかにする必要がある。

1．日本語のあいまいさの構造的原因
1）「あいまいな日本の私」は，典型的「あいまいな日本語」

　「あいまいな日本の私」とは，1994年にノーベル文学賞を受賞した大江健三郎氏が，授賞式の際に行った受賞記念講演（英語で行われた）の日本語のタイトルである。このタイトルは「日本語はあいまいである」ことを説明するための絶好の見本である。

　「あいまいな日本の私」という講演タイトルは，ほとんど意味不明なタイトルであるが，このようなあいまいなタイトルがつけられた理由は少なくとも2つ考えられる。

　第1の理由は，このタイトルが，1968年に日本で最初にノーベル文学賞を受賞した，川端康成氏の受賞講演のタイトルの「美しい日本の私」

のスタイルを「踏襲して」つけられたからである。川端氏の「美しい日本の私」もあいまいではあるが，日本人の読者は日本語のあいまいさに慣れているので，「美しい日本」の意味を，日本の景色が美しいとか，着物や日本料理の盛りつけが美しいといった漠然としたイメージを浮かべて，適当に分かったような気になるであろう。しかし，「あいまいな日本」となると，何のイメージも湧かない。

　「あいまいな日本の私」があいまいな第2の理由は，「あいまいな」という単語自体の意味のあいまいさにある。大江氏の受賞講演自体は英語で行われたので，「あいまいな日本の私」の意味は，対応する受賞講演の英文タイトルと比較すれば分かるかもしれない。そこで受賞講演の英文タイトルを調べてみると，対応する英文タイトルは，次のようなものであった：

"Japan, the ambiguous, and myself."

　驚いたことに，英語のタイトルは，あいまいではなかった。日本語タイトルの「あいまいな」という形容動詞に対応する英単語は見当たらず，その代わりに，抽象名詞 "the ambiguous" が Japan と等値されていたからである。つまり，「あいまいな日本の私」の意味が分からなかった最大の理由は，日本語のタイトルが講演の内容を正確に表現していなかったことにあった。英文タイトルでは "Japan" と "the ambiguous" が同格なので，大江氏が言いたかったことは，「日本は，両義性そのものの国」であったことが分かる。従って，大江氏の講演タイトルを，より正確な日本語に置き換えるならば，次のようになる：

「両義性の国　日本と私」

　ただし，「両義性」という言葉は，一般になじみがない。また，大江

第4章　日本語と英語の異質性②：日本語のあいまいさ

氏には「川端氏のタイトルのスタイルを踏襲したい」という別の動機があった。大江氏は，正確性や分かりやすさを犠牲にして，「あいまいな日本の私」という，あいまいではあるが，文学的なタイトルを選んだものと考えられる。

　ここで，大江氏の講演のタイトルが，英語では明晰であり，日本語では明晰でなかった理由を考えてみよう。「あいまいな」には，「ぼんやりした」の意味もあるが，大江氏の「あいまいな日本の私」の「あいまいな」の意味は，「ぼんやりした」の意味ではない。"ambiguous" は，「2つの明瞭な概念があって，そのどちらか一方に割り切ることができない」という意味，すなわち「どっちつかずの」という意味である。では，この「2つの明瞭な概念」とは何か。それは，彼の受賞講演の内容から明らかである。大江氏は受賞講演の中で，次のように述べている：

『開国以降，120年の近代化に続く現在の日本は，根本的に，あいまいさの二極に引き裂かれている，と私は観察しています。のみならず，そのあいまいさに傷のような深いしるしをきざまれた小説家として，私自身が生きているのであります。（中略）
　その「あいまいさの二極」の一極は，ひたすら西欧にならうという「日本の近代化路線」であり，もう1つは，アジアに位置する日本の，「伝統的文化の維持」であります（後略）。』

すなわち，この「あいまいな」の内容は決して「ボンヤリ」してはおらず，一極は「日本の近代化路線」，他の一極は日本の「伝統的文化の維持」と明確である。「両義性」とは，日本およびその中に生きる大江氏自身が，西洋と東洋という，明確に相反する文化的両義性（ambiguity）に引き裂かれて悩んでいることを指している。

　以上により，「あいまいな日本の私」があいまいな原因の1つは，「あいまいな」という単語に，「ぼんやりした」という意味と，「どっちつか

ずな」という意味の，両方の意味を兼ねた単語であったことによることが分かった。

2）日本語の語彙は少ない？

　前項の大江氏の講演タイトルがその典型的な一例であるが，日本人が同じことを表現したとき，日本語ではあいまいで，同じ日本人がそれを英語で表現したほうがかえって分かりやすい場合がしばしばある。上記の例では，「両義性の」という単語を使ったほうがより正確ではあったが，この単語は翻訳のために無理に作られたような単語であり，一般になじみがない。このため大江氏は，より意味が正確なこの単語を使わなかったと考えられる。しかし，明晰さを重んじる英語国民はできるだけ内容の正確な単語を選んで使用する傾向がある。日本語の「あいまいな」に対応する英語の単語は，"ambiguous" 以外にもたくさんある。約200万語という，日本の英和辞書の中でも最も豊富な見出し語数を誇るアルク社の電子辞書「英辞郎」で「あいまいな」を引くと，26種類もの英語の同義語が載っている。そのうち比較的よく使われる同義語と，それらの意味の違いを表9に紹介する。

　日本語の「あいまいな」に対応する英語には，このほかイディオム表現も多数あるが省略する。このように，英語の世界では，日本語の1単語に対応する英単語が場合によっては20種以上も存在し，状況によって使い分けられている。英語では豊富に存在する同義語に対応する日本語の単語が1つあるいは少数しか存在しないという現象は，残念ながら，種々の分野で認められる。特に科学技術用語については，日本語の語彙不足は歴然としている。

　第3章2項の「日本語の変遷」で，日本語では多数のカタカナ語を使用することを指摘したが，その理由は，英語に対応する適切な日本語がないために，その対応として原語をカタカナに変換して使用するためであることが分かる。

第4章 日本語と英語の異質性②:日本語のあいまいさ

表9 日本語の「あいまいな」に相当する英単語

(アルク社「英辞郎」を改変)

	英単語	意味
①	Ambiguous	(2つ以上の全く異なる意味を持つが,そのどちらであるか不明という意味で)あいまいな,両義的な,どっちつかずの,多義的な
②	Amphibological	(同時に2つの意味を併せもつ意味で)あいまいな,両義的な
③	double-edged	(両方の意味に取れるという意味で)あいまいな,効果と逆効果を併せ持つ,もろ刃の剣の
④	dubious	(言葉,行為などの真意が悪い意味で)あいまいな,疑わしい,怪しい,確信が持てない
⑤	cloudy	(霞がかかったように隠されて)あいまいな,不透明な,曇った,すっきりしない
⑥	cryptic	(日食や月食のように,形や意味が一部隠されていて一部しか見えないために)あいまいな,分かりにくい
⑦	dark	(暗がりでものが明瞭に見えないために)あいまいな,はっきりしない,わかりにくい
⑧	equivocal	(真実を隠すためにわざと)表現がどちらとも取れるようにあいまいな
⑨	foggy	(霧の中にあるように)あいまいな,ぼんやりした
⑩	fuzzy	(物の形,輪郭,音,理論などが明瞭でないために)あいまいな,境界が不明瞭な,柔軟性がある
⑪	gray	(善悪,立場,性格などが)あいまいな,どっちつかずの,灰色の,中間的な,割り切れない
⑫	hazy	(かすみがかかったように)あいまいな,かすんだ,もやのかかった,(考え・記憶などが)ぼんやりした
⑬	indefinite	(距離や範囲の終わりがない意味で)あいまいな,はてがない
⑭	obscure	(情報不足で状況などが)あいまいな,不明瞭な,ぼんやりした
⑮	opaque	(オパールのように半透明で)あいまいな,ぼんやりした
⑯	unclear	(考え,意図などが明確でないために)あいまいな,不明確な
⑰	vague	(言葉,表現,考え,記憶などがもともと不明瞭で)あいまいな,漠然とした,かすかな

ただし，日本語のあらゆる言語分野で，日本語の単語が英語の単語より少ないかと言えば決してそうではない。例えば，雨や風を表す日本語の単語は，英語の場合よりもはるかに多い。第7章で取り上げる擬態語（オノマトペ）に関して言えば，数千の日本語の単語群に対応する英単語が全く存在しないといった言語分野もある。従って，特定の分野での日本語と英語の単語数の差は，特定の分野における表現の向き不向きには関係するが，言語全体の優劣を意味するものでは断じてない。英語論文を書く場合に日本語的発想がいかに妨げになるかを論じた林皓三郎氏は，「日本語は原始的言語である」とか，「日本人をやめよう」と書いているが，筆者はそのようには思わない。日本語にも英語にも，長所も欠点もあると思っている。

3）日本語は結論を最後に言う

　日本語のあいまいさの1つの原因として，日本語は述語を文の最後に置くことがある。このため日本語は，発言を最後まで聴かないと，話者が肯定したいのか否定したいのか，あるいは質問したいのか，分からないことがある。例えば次を見られたい：

> 「あなたは明日，子供たちをハイキングに連れて行くことになっています。」（肯定文）
> 「あなたは明日，子供たちをハイキングに連れて行くことになっていますか。」（疑問文）
> 「あなたは明日，子供たちをハイキングに連れて行くことになっていますね。」（確認文）
> 「あなたは明日，子供たちをハイキングに連れて行くことになっていません。」（否定文）

　上記の4種の文章は，主語も述語も同じで，文の最後に助詞の「か」

第4章　日本語と英語の異質性②：日本語のあいまいさ

や「ね」や「せん」が置かれてはじめて，肯定文か，疑問文か，確認文か，否定文かが分かる（とはいえ，これは文章の場合であり，会話ではパラ言語（相手の顔や声の調子のような言語の周辺情報）から，最後まで聞かなくても分かる場合のほうが多い）。

　これに対し英語の疑問文では，What や How などの疑問詞で始まるか，あるいは"Do you 〜 ?"のように，助動詞を主語の前に置いて，最初から疑問文であることを明確にする。それだけでなく，文章では疑問文の文末には疑問符を置いて，疑問文であることを二重に強調する。スペイン語では，疑問文の前にも逆さまの疑問符を付け，疑問文の部分を文の最後の普通の疑問符とでサンドイッチにして，疑問文であることを三重に明晰にしている。疑問符すら持たなかった日本語とは天と地ほどの違いがある。

　ただし日本語でも，「なぜ」とか「どうして」などの疑問詞を最初に付ける場合がある。しかし，概してこのような日本語の疑問文は，通常の会話ではあまり使用されない。その理由は，最初に疑問符を付ける質問文は，相手を詰問するニュアンスが強いため，警察の取り調べや，裁判所の証人尋問のときには必要であっても，日常会話ではカドが立つとして，敬遠されるからである。

　上記の日本語の例では文章の最後の1字か2字で肯定文か疑問文か否定文かが決まる。このような日本語の特徴を利用して，話し言葉では，話し始めてから相手の顔色をうかがい，相手が明らかに自分の話の内容に賛同しないことが話の途中で分かれば，途中からニュアンスを変えたり，ときには結論を変えることすら可能である。日本人は実際に，このようなコミュニケーション技法を日常的に用いている。結論を先に言う英語では，そのような芸当は無理である。欧米人からすれば，最後まで聞かないと分からない日本語は，あいまいで不便だと感じるであろうし，途中でニュアンスを変えることもある日本人を不誠実と感じるかもしれない。

ただし，第3章で述べたように，歴史的には，英語も日本語と同じように，述語を最後に置いた時期があったこと，印欧語の基本は日本語と同じように，主語＋目的語＋述語（SOV）であった。

4）日本語には一定の語順がない

現代英語では，文章は普通，主語＋動詞＋目的語（SVO）の順に置かれ，目的語の順番もほぼ一定である。例えば，次の文章を例に考えて見よう：

　　A.「私は，明日，子供たちを，ディズニーランドに，連れて行きます。」

このA.の文を英語で言うとすれば，特に何かを強調しようと思わなければ，

"I will take my children to the Disneyland, tomorrow."

となり，別の言い方をしようと思っても，"take"，"my children"，"to the Disneyland" の順番は変わらない。せいぜい，"tomorrow" の位置が1番前に来るぐらいであろう。

ところが日本語では，事情が異なる。主語の「私は」を先頭にすると，述語の「連れて行きます」が最後に来るのが普通ではあるが，残りの「明日」，「子供たちを」，「ディズニーランドに」，の3つの文節の順番は，自由に入れ替えることができる。例えば，「明日」を先に言うと，

　①私は，明日，子供たちを，ディズニーランドに，連れて行きます。
　②私は，明日，ディズニーランドに，子供たちを，連れて行きます。

また，「子供たちを」を先に言うと，

第4章　日本語と英語の異質性②：日本語のあいまいさ

　③私は，子供たちを，明日，ディズニーランドに，連れて行きます。
　④私は，子供たちを，ディズニーランドに，明日，連れて行きます。

また，「ディズニーランドに」を先に言うと，

　⑤私は，ディズニーランドに，明日，子供たちを，連れて行きます。
　⑥私は，ディズニーランドに，子供たちを，明日，連れて行きます。

　以上，6通りの言い方が可能であり，どれも日本語としてほとんど優劣なしに通じる。
　後は省略するが，「明日」を先頭にしても6通りの表現が可能であり，また，「子供たちを」を先頭にしても，「ディズニーランドに」を先頭にしても，それぞれ6通りの語順が可能である。結局のところ，A．の文章は，最後の述語「連れて行きます」の順番だけは変えないとしても，残りの4つの単語は「順列組み合わせ」で変えることが可能であり，合計で $4 \times 3 \times 2 = 24$ 通りの語順が可能である。さらに，日常会話では主語の「私は」は通常省略されるので，主語を省略したバリエーションが6通りあり，これらも加えると合計30通りとなる。これら30通りの文章は，いずれも日本語として通用し，間違った日本語とは言えない。さらに，文の最後に「わ」や「わよ」を付けた「女言葉」や，「行く」の代わりに「行かせていただきます」のような謙譲語まで数えれば，さらにバリエーションが増える。このように，日本語の語順に関する文法は非常に緩やかであり，女言葉や謙譲語も相まって，日本語では英語の表現と比較し，同じ内容を表現する場合でも，多くの表現方法が可能であると言える。
　これに対し英語では，上記のように単語が自動的に一定の順序に並ぶため，1つのことを表現する場合の文章は必然的に決まってくる。単語の順序が一定のパターンに従う英語では，そうでない日本語よりも，しゃ

べるほうも受け取るほうも，より正確なコミュニケーションができることを意味する。

２．日本語には省略が多い
１）日本の名文には主語がない

　日本語と英語の異質性は，英米人の著名な日本語研究者による，日本の古典文学の英語訳を原文の日本語と比べてみればよく理解できる。ハーバード大学名誉教授のドナルド・キーン氏による兼好法師の「徒然草」の冒頭の文章の英訳を，原文と比べてみよう：

　　原文：「つれづれなるままに，日くらし，硯にむかひて，心にうつりゆくよしなしごとを，そこはかとなく書きつくれば，あやしうこそものぐるほしけれ。」
　　英訳文："What a strange, demented feeling it gives to me when I realize I have spent whole days before this inkstone, with nothing better to do, jotting down at random whatever nonsensical thoughts have entered my head."（http://ameblo.jp/yasunagah/entry-10322008112.html）

「徒然草」の冒頭の文章の原文では，主語はすべて省略されている。これに対し，英文では主語の"it"や"I"や所有格の"my"が４ヵ所補われている。
　もう１つ，夏目漱石の「草枕」の冒頭の文章の原文と，アラン・ターニー氏による英訳文とを比較してみよう。

　　原文：「山路を登りながら，こう考えた。
　　知に働けば角が立つ。情に棹させば流される。意地を通せば窮屈だ。兎角に人の世は住みにくい。」

英訳文："Going up a mountain track, I fell to thinking. Approach everything rationally, and you become harsh. Pole along in the stream of emotions, and you will be swept away by the current. Give free rein to your desires, and you become uncomfortably confined. It is not a very agreeable place to live, this world of ours."
(http://homepage3.nifty.com/hon-yaku/tsushin/hihyo/bn/kusamakura.html)

この例でも，和文では最後の文の，「人の世」以外の5つの主語が省略されている。これに対し，英文では主語の"I"や"You"や，それらの所有格が6ヵ所も補われている。

これらの例で明らかなように，日本語の名文と言われる文章には，主語がほとんど省かれ，特に自分という主語は完全に省略されていて，まるで日本語には「自分という主語は使っていてはならない」という文法でもあるかのようである。主語をできるだけ省くという傾向は，日本語の最大の特徴の1つであり，日本語をあいまいにする有力な原因の1つである。

2）日本語にはもともと主語がない？

日本語では主語がほとんど省略されることに注目し，発想を転換して，「日本語にはもともと主語がない」という学説を主張したのは，国語学者の三上　章氏（1903〜1971）である。彼は，欧米の主語・述語の概念を日本語の文法に適用するのは誤りであって，日本語にはもともと主語がないと主張した。そして，「日本語の文法から主語という用語を廃止せよ」という，過激な主張をしたことで有名である。彼はその著書の中に，次のように書いている：

『日本文には「主語」と名づけるべき成分は決して現れない。だから「主

語」は日本文法に関する限り全く無益な用語である。無益であるのみならず，正当な問題から注意をそらせる傾向がある点で，有害な用語である。「主語」という用語が1日も早く廃止されるよう望んでやまない。』(三上　章『現代語法序説』p. 2, くろしお出版, 1953)

　三上氏は「日本語には主語がない」という彼の学説の説明のために,「象は鼻が長い」という日本文を用い，同名の著書も書いている。では，この文の主語は何であろうか。欧米の文法を用いるならば,「象は鼻が長い」の主語は,「象」,「鼻」, あるいは「その両方」と, 3つの意見がありうる。そして,「これら両主語の関係は対等である」とか,「一方が主で他方が従である」とか，意見が分かれるであろう。

　三上氏によれば，この文においては,「象」も「鼻」も,「主語」ではない。というよりも彼は, 日本語にはもともと主語がないと考える。「象は」は, 主語ではなく,「象について話すならば」という意味の, 聞き手の注意を引くだけの「主題」であり, 意味的にはこれで完結している, と彼は言う。「鼻が長い」は, 基本形容詞文の「長い」が, 主格補語「鼻が」を伴っているに過ぎないと（この説明はちょっと苦しい, と筆者は思う)。日本語に欧米語の文法を当てはめるのは無理であることを説明するために, 彼は, さらに以下のような日本文を挙げている：

- <u>ねぎは</u>生を食べます。
- <u>昔は</u>京都が都でした。
- <u>大根は</u>葉を捨てます。
- <u>新聞代は</u>もう払ったよ。
- <u>カキ料理は</u>広島が本場です。
- <u>彼女は</u>私が夕食に誘ったのです。
- <u>新聞を読みたい人は</u>ここにありますよ。
- (料理屋で,「ご注文は？」と聞かれて)「<u>ぼくは</u>ウナギです。」

第4章　日本語と英語の異質性②：日本語のあいまいさ

　上記の文章を英語に直してみれば，「～は」の「～」は，欧米語の主語ではないことがよく分かるであろう．この点では，三上理論は妙に説得力がある．本書にも，「日本人は英語が苦手」という言い回しが何度も出てくるが，この文も「象は鼻が長い」と全く同類の文章で，主語は「日本人」なのか，「英語」なのか，はっきりせず，どうも収まりが悪い表現だと思いながら，他によい表現がないので，仕方なく使っている．
　三上氏の学説は当時も今も，学界にはほとんど受け入れられていないようである．日本語でも「象は長い鼻を持っている」と，主語を1つにして表現できるからである．しかし，最近になって，日本語を学ぶために日本の語学学校に留学してくる中国人などの外国人の間で三上理論が注目されているという．日本語の学習を始めたばかりの外国人は，一般に「～は」と「～が」の使い分けができないが，その理由は，「～は」と「～が」の「～」が，いずれも主語だと教えるために，かえってその違いが分からなくなるためであるという．「～は」と「～が」が別物であって，いずれも主語ではないと教えるほうが，非日本人にとっては「～は」と「～が」の使い分けが早くできるようになるそうである．

3）省略されるのは主語だけではない

　日本語で省略されるのは主語とは限らない．場合によっては述語も目的語も省略される．その例として，列車のアナウンスがある．最近は新幹線だけでなく，大都市では列車内での駅名の案内放送やドアの上の電光表示に英語が加わっている．英語のアナウンスと日本語のアナウンスを比較すると，英語と日本語の本質的な異質性がよく分かる．
　列車内のアナウンスでは，駅名の案内は，日本語では例えば「次は江坂です」と言い，「次の駅は江坂です」とは言わない．英語では，必ず"Next station is Esaka." と，"station"を省略しない．これはなぜだろうか．英米人にとっても，列車の中でアナウンスや電光表示が"Next"と言えばそれが"Next station"を指すことは自明であろう．しかし，英米

人は"Next is Esaka."とは絶対に言わない。西洋人は主語である"station"を欠いた表現は非論理的であるため，生理的に受け入れられないのであろう。

これに対して日本語は，言わなくても分かる主語まで入れて，「次の駅は江坂です」と言えば，「不必要にくどい」と感じる。「言わなくても分かる主語は省く」傾向は，前に引用した古典の「徒然草」や近代の「草枕」のような文豪による名文にも，現代の列車の車内放送にも共通する，日本語の基本原理と言える。

上記の"station"は主語だから，前項で述べた「主語の省略」の範疇に入る。主語以外まで省略される例としては，新幹線の車両の客室への入り口のドアの上にある，動く電光表示の案内がある。例えば新大阪駅に到着する直前の表示は，日本語では「次は新大阪」と表示される。これに対する英語の電光表示では，"We are making a brief stop at Sin-Osaka."で，8語も使われる。このように日本語では主語以外に述語まで省略されるが，英語は省略を嫌う。

日本語で省略されるのは文章のどの部分かを，「愛の表現」で考えてみよう。"I love you."に最も近い日本語は「好きです」あるいは「好きだ」であろう。大阪弁では「好っきゃねん」と言う。最近の若い人は「愛してる」と言うかもしれないが，いずれにせよ，主語も目的語もない。このようなことばが交わされる情景では，誰が誰に対して言っているかは相手もよく分かっている。そのような場合，日本語では主語も目的語も省く。相手も分かっていることをわざわざ言えば，日本人は，「野暮」と感じる。反対に，親しい2人の間では，説明が全くない「以心伝心」，「阿吽（あうん）の呼吸」，あるいは「察し」を，より洗練されていると感じる。

以上から，日本語ではどのような場合に，どの単語が省略されるのかを一言でいうならば，

第4章　日本語と英語の異質性②：日本語のあいまいさ

「日本語では言わなくても相手に分かる単語は何でも省略される。」

と言えるであろう。一方，英語では，主語"I"も，述語"love"も，目的語"you"も，互いに分かっていても通常は省略されない。"I love."とか，"Love you."とか"Love."だけでは英語として「サマニナラナイ」のである。これはあくまでも論理性を重んじるためであろうが，改めて考えると日本語と英語の異質性をよく表している。英語を基準に取れば「日本語は論理性に欠けたあいまいな言語」と言えるが，日本語を基準に取れば，言わなくても分かることまですべて言わなければならない英語は，「野暮の骨頂的な」，あるいは「しちめんどくさい」言語ではある。

3．日本語は厳密性にこだわらない

　日本語でも論理的に厳密な話や文章を構築することは可能である。しかし，欧米語が日常会話ですら論理的な厳密性にこだわるのに対し，日本語は論理的厳密性にこだわらない。以下，日本語と英語で，論理的な厳密性が異なる理由を見ていこう。

1）日本語には冠詞がない

　英語，フランス語，ドイツ語，イタリア語，スペイン語など，欧米語にはすべて冠詞があるが，日本語には冠詞がない。日本語が論理的に厳密でなく，明晰性に欠ける原因を考える場合，真っ先に挙げるべきは，日本語に冠詞がないことである。

　冠詞は何のためにあるのかを改めて考えてみよう。英語の名詞の前には，①定冠詞が付く場合，②不定冠詞が付く場合，③どちらも付かない場合の3通りがある。定冠詞の"the"は，「今話題にしているものが，何らかの意味で特定されたものである」ことを示している。不定冠詞の"a"（または"an"）は，「今話題にしているものが，特定されないもの

111

であり，しかも数えられるものの1個である」ことを示している。名詞の前に定冠詞も不定冠詞も付かない場合は，「今話題にしているものは，特定されないものが複数ある場合」，または「抽象名詞の場合」である。このように英語では，"the"を付けるか"a"（または"an"）を付けるだけで，主語の種々の性質をアルファベット1字（a）から3字（the）の1語で規定している。

　日本人の初心者が英語を書いたり話したりする場合，まず英語の名詞を思い浮かべ，次にその名詞が単数か複数か，特定のものか，不特定のものか，抽象概念か，などを考え，名詞の前に，どの冠詞を付けるべきか，あるいは付けなくても済むかを考える。そしてその際，しばしば間違いを犯す。間違えるのも当然で，日本語には冠詞がないため，日本人は生まれてから英語に遭遇するまで，冠詞の使い分けの訓練をしたことがないからである。

　マーク・ピーターセン氏は，冠詞に対する英米人の感覚について，「欧米人が名詞を使う場合には，名詞自体よりもその属性（冠詞で表現される数および特定・非特定の概念）が先行し，これに後から名詞が付くのだ，と理解した方がよい」と説明している。（「英語の壁」，文春新書，2003）。つまり彼は，「英米人は，名詞を発音する一瞬前に，その名詞に備わる各種の論理的属性がまずイメージされ，その後で名詞がイメージされる」と言っているのである。

　ここで「名詞に備わる種々の属性」と書いたが，具体的内容は何だろうか。これらには，今話題にしているものが，①数えられるものか，②数えられないものか，③数えられるものであれば，それは単数か，④複数か，⑤何らかの意味で特定されているものか，⑥不特定のものか，⑦具体的なものか，⑧抽象的な概念か，の8種類もある。しかも英語話者は，それらを名詞よりも前に瞬間的に判断している，とピーターセン氏は言うのである。

　改めて考えるとこれは大変なことである。欧米人は物心付いて以来

第4章 日本語と英語の異質性②：日本語のあいまいさ

ずっと，名詞を使うたびに，その名詞に付随するこれら8つの属性を瞬間的に判断しながらその名詞を使う訓練をしてきたことになる。大人ならばそのような訓練を何十年も積んできたことになるが，いったいその回数は何回ぐらいになるであろうか。おそらく天文学的回数になるであろう。これに対し，冠詞を持たない日本人は，英語に遭遇するまで，名詞や代名詞に8通りの論理的属性があることなど考えたこともない。従って，これらの属性を瞬間的かつ厳密に扱う訓練を全くしたことがない。日本人にとって英語を使いこなすのが難しい原因の1つは，この名詞が持つ8つの論理的属性を瞬間的に判断して冠詞に反映させる能力と経験が決定的に不足していることにあるのは明らかである。

　筆者は前著「誰でも書ける英文報告書・英語論文」（薬事日報社，2008）において，「日本人の英語に間違いが多い理由の1つは，主語が明確に規定されない場合があることだ」と繰り返し指摘している。筆者はそのとき，単数の名詞を主語としていながら，その文の述語が複数形になっていたり，続く文章でその同じ主語が複数の代名詞に置き換えられていたり，甚だしい場合には，最初は特定のものを指していた主語が，いつの間にか一般概念にすり替わっていたりする「日本人の英語」の実例をいくつも挙げている。当時は明確に意識していなかったが，現時点では，上記のような主語や述語の数や定義の不一致の原因は，日本人の書く英文では，しばしば主語の持つ上記の8つの属性が明確に意識されておらず，そして，冠詞によるそれらの属性の確定が明確でないことであると考えている。その結果として，その後の文章で，その同じ主語の属性が明確に受け継がれないことがしばしば起き，文法的誤りや論理のあいまいさが生じるのである。従って，日本人が正確な英文を書くためには，まず，主語である名詞の属性を正しい冠詞によって明確に規定する訓練を十分に行う必要がある。

2）日本語には一般的複数形がない

　日本語が明晰でない原因の1つとして，日本語には英語の"-s"に当たる一般的な複数形がないことが挙げられる。このため日本人は通常，数を明確に意識せずに，単数形の単語でものを考えている。日本人の初心者の英語に数や数の一致の誤りが非常に多いのはこれが原因である。

　一例を挙げると，2009年2月，第81回の米国アカデミー賞の短編アニメーション部門で，日本の若い映画監督が外国語映画賞を受賞したとき，授賞式で，英語で次のように挨拶していた：

"Thank you my supporter. Thank you my pencil. I am very happy."

　映画づくりをサポートする人は当然多数なので，"supporters"のはずであり，彼の感謝の対象となるべき鉛筆も1本ではないので，"pencils"のはずである。学校で何年間も英語を勉強し，頭では複数の物に"-s"を付けることなど分かりきっていても，とっさの場合日本人は複数形が出てこない。これはひとえに日本語に一般的複数形がないためである。

　もちろん日本語でも，複数であることを表現する方法として，①同じ名詞を2つ重ねる（例：人々，山々）方法や，②複数を示す接尾語を付ける（子供たち，家来ども）などの方法がある。しかし問題がある。①の例は，短い名詞を複数形にする場合に用いられるが，短い名詞なら何でも2つ並べて複数形にできるかと言えば，そうではない。例えば，1字の名詞の「木」や「日」は，「木々」，「日々」と言えるが，なぜか「目々」，「歯々」とは言わない。また，2字の名詞でも，「口々」，「花々」とは言うが，「鼻々」，「耳々」とは言わない。また，「人々」とは言うが，「犬々」，「猫々」とは言わない。そして，どういう場合には「○々」と言えて，どういう場合にそう言えないのかに関する文法があるのかないのか，筆者は知らない。

　②の，複数を表す接尾語の例としては，「ら」（例：子供ら，これら），「た

第4章　日本語と英語の異質性②：日本語のあいまいさ

ち」（例：若者たち，動物たち），あるいは，「共」（例：手前共，者共）がある。しかし，「共」にしても，数も使い方もあいまいである。「子供が多い」と言う場合の「共」の意味は複数であるが，「子供が生まれた」と言う場合の「子供」は，通常は単数である。そして，「子供ら」や「子供たち」と言う場合の「子供」も単数形であるから，「ら」や「たち」を付けて複数にしているはずである。このように，日本語の数の概念は極めてあいまいで，「明確な数の概念はない」とも言える。

　日本語はなぜ数の概念があいまいなのか，日本語には，なぜ英語の"-s"に相当する一般的複数形の表現がないのか，これらは日本語における最大のミステリーである。英米人が日本語を学ぶとき，最初に疑問に思うことの1つであろう。

　日本人の研究者が日本語で学術論文を書くとき，日本語に一般的な複数形がないことがしばしば困難をもたらす。日本人の初学者が書いた英語論文を読む場合，ある名詞が単数形で書かれているからといって，その名詞が指しているものが本当に単数であるとは限らない。このことは，日本語の論文を英語に翻訳するときに最も注意すべき点の1つである。実際，日本人の英語の誤りで最も多いのが，「複数のものを単数で表現する誤り」であると言っても過言ではない。経験を積んだ翻訳者や校閲者は，原稿の日本語の名詞が例え単数で書かれていても，実際には複数であることが，前後関係から分かることが多い。しかし，状況によってはどうしても単数か複数かが判断できず，実際の状況を時間をかけて確認しなければならないことがある。日本文学の英語訳においても，日本語に一般的複数形がないことが，翻訳者による解釈の違いを生むことがよくある（コラム4参照）。

　日本語にはなぜ一般的複数形がないのであろうか。理由は2つ考えられる。1つは世界の諸言語の類縁関係である。第3章で日本語の起源を扱ったが，世界には一般的な複数形がない言語群があり，日本語もその1つである。しかし，例え日本語が一般的な複数形がない言語群から生

まれたとしても，日本人の大多数が一般的複数形を必要とすれば，歴史のどこかで一般的複数形が生まれたはずである。それがなかったということは，日本人が歴史的に，物事の数を正確に表現することの必要性をあまり感じなかったために，単数と複数を区別する文化が生じなかったと考えられる。日本語と日本文化の関係については，別途第5章で扱う。

3）日本語は論理的厳密性にこだわらない

　日本語が明晰でない原因の1つとして，日本語に論理性が欠けているように見えるもう1つの理由が，数の一致の軽視あるいは省略である。

　中学で最初に習う英語の文章に，"This is a pen."がある。中学でその意味を教える場合は，英単語に日本語を対応させて，「これ・は・1本の・ペンです」と教えるであろう。しかし，この日本語は不自然である。日本語では普通，相手もそれを見ている場合，わざわざ「1本のペン」とは言わない。日本語で数を言うのは，複数の物を買うときぐらいであろう。

　一方，英語では，いつ，いかなる場合においても数を明確に言う。ペンが1本のときは"This is a pen."，ペンが2本になれば"These are two pens."と言わなければならない。すなわち，This を These に，is を are に，a を two に，pen を pens にと，文章を構成する4つの単語をすべて取り替える必要がある。単数が複数になっただけで，英語では，四重の仕組みで複数であることを確認しているのである。日本人の感覚からすれば，1を2に，1ヵ所変えただけで複数であることは十分に分かる。つまり，1ヵ所変えれば十分である。それを英語では四重の仕組みで確認しなければならないというのは，改めて考えてみれば，過剰な厳密さと言うしかない。日本人の感覚では，西洋人の論理感覚は，「論理的」を通り越して，「野暮の骨頂」的とさえ感じられる。日本語が1を2に，1ヵ所だけ変えて済ませることには，「不必要なことは省く」という，それなりの合理性がある。

第4章　日本語と英語の異質性②：日本語のあいまいさ

　日本語は数の一致の他にも論理的厳密さにこだわらないケースがある。例えば日本語では「東京の人口はニューヨークより多い」というような表現が当たり前になされる。正確には，「東京の人口はニューヨーク<u>の人口</u>より多い」であるが，日本語では後の「の人口」が通常省略される。ところが英語では，"The population of Tokyo is larger than <u>that of</u> New York."と，後の「の人口」を省かずに言う。英米人であっても<u>that of</u>を省けば意味が分からなくなる，などということはないだろう。しかし，<u>that of</u>を省くと，形の上では"population"（人口）と"New York"（都市）という全く異質なものを比較することになり，常に論理的に厳密であろうとする英米人の心理がそのような非論理性を許さないのである。

　これに対し日本語では，「東京の人口はニューヨーク<u>のそれ</u>より多い」のような，論理的に正しい表現をかえって不自然に感じる。比較の対象を省いた日本語が一見論理性に欠けるように見えることから，このような文章を例に挙げて，日本語を欠陥言語であると断定する人もいる。しかしそれは皮相的な見方である。日本語には数の一致や比較の対称性の仕組みがないのではなくて，省略しても相手に通じるので，省略されるだけである。

　日本人があいまいな表現を好んで使用するのは，本章で述べた，日本語の構造の問題だけではない。原因としてはむしろ，日本の歴史，文化，および社会構造の影響のほうが大きいと考えられる。これらについては，次の第5章で扱う。

コラム4 芭蕉の「古池や…」の「かわず」は単数？複数？

　松尾芭蕉の有名な俳句「古池や　かわず飛び込む　水の音」の，2人の外国人による英語訳を比べてみて面白いことが分かった。
　　① Old pond　Frogs jumped in　Sound of water.（ラフカディオ・ハーン訳）
　　② The ancient pond　A frog leaps in　The sound of the water.（ドナルド・キーン訳）

　①では「かわず」は複数形に，②では単数形に訳されている。どちらの訳がより文学的で，日本人の心情をより深く表現していると言えるだろうか。筆者は文句なく②と思い，周辺の日本人に確かめたところ，例外なく②のキーン氏に軍配を挙げた。
　この俳句の日本人による英訳を探したところ，3人の著名な日本人による英訳が見つかった：
　　③ The old mere!　A frog jumping in　The sound of water.（正岡子規）
　　④ An old pond　A frog jumps in　A splash of water.（新渡戸稲造）
　　⑤ The old pond, ah!　A frog jumps in: The water's sound.（鈴木大拙）

　このように，3人の日本人は例外なく，「かわず」が単数であるとして英訳していた。
　山道を歩いていた芭蕉が古池のほとりに来たとき，驚いて池に飛び込んだカエルの数が，実際に1匹だったのか，複数だったのかは分からない。現実として山の中の古池のほとりに，カエルが1匹だけだったとは考えにくい。多分，実際に飛び込んだカエルは複数であろう。
　しかし，例え事実が複数であったとしても，それは理屈の世界である。文学の世界では，カエルがバタバタと騒々しく飛び込んだのでは詩にならない。カエルが1匹だけ，飛び込んだ音も派手な「バシャン」ではなく，静かな「ポチャン」であったほうが山道の静けさにふさわしい。さらに，この句の持つ寂寥感は，同じ芭蕉の

「静けさや岩にしみいる蝉の声」につながり，さらに「荒海や佐渡に横たふ天の川」の，大宇宙とたった1人で対峙する，芭蕉の絶対的な寂寥感まで連想される。日本人にとっては，この句の「かわず」は，単数しかあり得ない。

　蛇足になるが，調べてみると，ラフカディオ・ハーンは，生涯，日本語には不自由であったことが，日本人の妻セツとやりとりした書状から分かっている。彼は心から日本を愛したが，心までは日本人になりきれていなかったのであろう。一方，ドナルド・キーン氏は，東日本大震災をきっかけに日本に帰化したが，「かわず」が単数でなければならぬと思えるほどに，心まで日本人化していたことが分かる。「日本語が不自由なく使えること」と，「日本人の心を持つ」こととは，おそらく同じことなのであろう。

第5章

日本語と英語の異質性③：
日本文化の異質性

1．日本語は「タテ社会」の言語
1）敬語・謙譲語・丁寧語

　日本の社会構造が「タテ社会」であり，日本の社会構造の中では，すべての人間関係が格上・格下の感覚と決して切り離せないことを初めて明確に指摘したのが中根千枝氏の「タテ社会の人間関係」（講談社現代新書，1967）である。中根氏は，東京大学文学部東洋史学科を卒業後，ロンドン大学で社会人類学を専攻し，東大で最初の女性教授になられた方である。主な研究対象は，インド・チベット・日本の社会組織であった。

　中根理論は，以下のように要約できる：

①日本社会はタテ社会である。タテ社会では，例えば，a，b，c，d，e，f，gの7人からなる組織の構成を考えると，組織の構成は，aを頂点とし，aの下にbとcが属し，bの下にdとeが，cの下にfとgが属するといった，底辺のない3段階のピラミッド型になる。底辺がないという意味は，最も下に属するd，e，f，gは，互いに横の連絡がない，というよりも，上方向以外の横の勝手な連絡は上司により禁じられている，という意味である。

②これに対し，個人主義や契約精神が根づいている欧米（ヨコ社会）では，aからgまでがリング型につながる構造を取る（注1）。

③大学の研究室を例に取ると，日本では，教授，助教授（准教授），講師，助手（助教）の間には画然とした序列があり，下位の者が

第5章　日本語と英語の異質性③：日本文化の異質性

　上位の者に話しかけたり受け答えをするときは敬語を使わねばならず，下位の者の上位の者に対する発言は通常制限される。
④特に下位の者が上位の者に対して反対したり苦情を言うときは，そのグループから追い出される（破門される）覚悟が必要である。
⑤しかし，欧米では肩書きの違いはあっても，教室内では互いにcolleague（同僚）であり，ファーストネームで呼び合い，敬語も必要ないし，議論も対等にできる。
⑥新しい構成員hがこの集団に加わる場合，日本型組織では，それまで最下位者であったd，e，f，gのうちの誰かの下，すなわち新たな最下位者として集団に加わるのが自然である。hは新卒であるのが普通であり，新卒でなくても一時的に新卒扱いされるのが普通である。その理由は，途中入社では集団の序列の途中に割り込む結果，それまでの秩序を乱す結果となるからである（注2）。
⑦欧米型の組織では，日本よりも途中入社が評価されるのは，リング型組織には新卒よりも，むしろ経験を積んだ者の途中入社のほうが構成員としてふさわしいからである。
（筆者による注1）中根氏は特に断っていないが，欧米でも軍隊のような基本的に上意下達の組織は，当然ながらピラミッド型のタテ社会である。また，欧米では大学のような組織でも，組織の異なる階層間では，例えば教授しか使用できない社交クラブや食堂があるなど，日本以上に厳しい貴族社会のような階層社会である。中根氏の社会構造論は大学の研究室のような，真理が何よりも重んじられる組織にはよく当てはまるが，西欧社会の階層性の強さを意識的に無視している面もある。日本でも，大学の研究室の中では肩書きと関係なく対等な議論が可能なところもある。また，中根氏が「タテ社会の人間関係」を出版してからの約40年間の日本社会の構造変化は急激であり，大学や企業でも年功序列が崩れている。しかし，日本語はそのような社会の変化とはほとんど

同調せず，次に述べる日本の「タテ社会」を支える敬語のシステムは，ほとんど変化していない。
（筆者による注2）日本には「新参者」という言い方があり，新しく組織に加わった者は，その人の実力や肩書きとは無関係に，少なくとも最初のうちは，発言や行動が制限され，集団内順位が低い者として扱われる。

中根氏は，チベット社会の人類学的研究も行い，チベット仏教の寺院では普段は上下の身分関係が厳しく，複雑な敬語が使用されるが，仏教の教理に関する議論のような学問の場では，年長者も若年者も対等に車座になって議論するのが普通であり，中国でも同様であると書いている。同じアジアでも日本のように，いつ，いかなる場でも序列意識が消えることなく，年齢，肩書き，性別を越えて純粋に自由な議論ができない国はむしろ珍しいようである。

日本には，この「タテ社会」を維持するための仕組みがいくつもあるが，その仕組みの1つが日本語の中に発達している敬語である。

広い意味の敬語には，以下の3種類が区別される：

①名詞の前後に「御」や「様」を付ける尊敬語（例：お殿様，お医者様）

②「～させていただきます」のように，自分を相手よりも格下に置く謙譲語

③「嬉しい」の代わりに「嬉しゅうございます」と表現するような丁寧語

よく英語には敬語がないと言われるが，皆無というわけではなく，"Sir～"のような敬語，あるいは"Yes Sir."や"May I～?"のような丁寧語がある。また，誰かに何かを依頼するときに使う"Would you please～"のような丁寧語に当たる表現はたくさんあり，そのような例

文を集めた「英語の敬語」という表題の本も出版されている。

　しかし，日本語の敬語の発達は並大抵のものではない。日本語で尊敬語，謙譲語，丁寧語を上手に使い分けるには，日本で生まれ育った生粋の日本人でもかなりの訓練を必要とする。これらの使い方を誤ると相手に不快感を与え，人間関係を損ない，極端な失礼をした場合は，生涯続くマイナス評価を受けてしまう恐れもある。このため，格上の相手と会話をするときには，日本人はどうしても緊張し，口数が少なくなる傾向がある。

　敬語の存在は，単に日本人の口数を少なくさせるだけでなく，日本人のものの考え方にも深く影響する。なぜなら，敬語を使うということ自体が，形の上で相手が尊敬すべき相手であることを表現することだからである。このことは，格上の相手の考えに賛同する場合には問題がないが，格上の相手の考え方を批判したり，否定あるいは反対する場合には深刻な問題を引き起こす。格上の相手を尊敬する建前としての敬語と，相手の主張を否定する本音の行為とが矛盾するからである。このような場合日本人は，いわば建前と本音，義理と人情の板ばさみのような心理状態に陥り，率直な発言が困難になる。日本語でも英語でも，日本人は概して議論が下手であるが，相手が格上の場合にはなお一層その傾向が顕著になる。日本に複雑な敬語システムがあることは，日本人の議論下手の決定的な原因の１つになっている。

2）使用方向制限名詞・使用方向制限動詞

　英語を習い始めたとき，英文の中の"brother"や"sister"を日本語に訳そうとして，原文から年齢の上下が分からないために訳すことができず，「なぜ英語では兄・弟・姉・妹に当たる代名詞がないのだろう？」と不思議に思った経験は誰にでもあるだろう。日本人には理解しがたいことに，英語圏では通常，兄弟・姉妹の関係では年齢の上下は意識されない。逆に英米人からすれば，日本人が兄弟姉妹関係でも，常に年齢の

上下を意識したり，あるいは学校のクラブ活動でも先輩・後輩の上下関係が常に意識される理由が理解できないであろう。日本ではすべての人間関係に「格上・格下」，「先輩・後輩」，あるいは「長幼の序」があり，会社でも1年でも先に入社した者は「先輩」であり，後から入社した者は「新参者」として，多少の年齢差は無視され，「後輩」扱いされる。

ところが，英語では，兄弟・姉妹だけでなく，そもそも「目上・目下」の意識がないか，あっても希薄である。欧米には，日本のように「目上・目下」を意識して，相手によって言葉遣いを変える仕組みがほとんどない。ただし，王室に対しては別である。この例外も，王室がない米国では，せいぜい"Mr. President!"と，「ミスター」を頭に付けるだけでよく，後は一般人に使う丁寧語で十分である。

英語とは反対に，第2人称の"you"に相当する日本語の単語はない。もちろん，「あなた」とか「君」という「第2人称の人称代名詞」はある。しかし，日本語に存在する第2人称の人称代名詞のすべては，目上か目下か，どちらかに限って使える言葉であり，「格上・格下」意識抜きに使える人称代名詞は全くない（詳細は本章2項参照）。

このように，日本語には，格上の者が格下の者に限って使用する「使用方向制限代名詞」（以下，「上から目線」の代名詞という），あるいはその逆の格下の者が格上の者に限って使用できる「使用方向制限代名詞」（以下，「下から目線」の代名詞という）が多数ある。代表的な「使用方向制限名詞」を表10にまとめておく。

同様に，日本語には「上から目線」，「下から目線」の動詞（または表現）もある（表11）。

日本では，本来，真理だけが重要なはずの学会でも，純粋に論理的な議論がなかなか成立しない。その最大の理由は敬語の存在であるが，もう1つの理由として，これら「上から目線」，「下から目線」の方向制限代名詞・動詞の存在であることが挙げられる。日本語で議論するときは，議論の論理だけでなく相手との格上・格下の関係に応じた適切な表現を

表10　使用方向制限代名詞の例

英語	下から目線の方向 制限代名詞の例	上から目線の方向 制限代名詞の例
I	小職，小生，私，自分，手前，当方，拙者，われ，それがし	予，余，我が輩，俺，俺様
You	陛下，倪下，閣下，殿様，上様，殿，総理・社長・部長・課長などの肩書名，あなた様，貴殿，皆様，皆様方，殿方，ご婦人方 （呼びかけ語：失礼ですが，もしもし）	お前，あなた，あんた，貴様，君，汝，そこもと，その方，そちら，そち，おのれ，てめー，おめー，諸君，皆さん，おのおの方 （呼びかけ語：ちょっと，おい）
Father	（他人に向かって，その人の）お父上，ご尊父，ご尊父さま	（自分の）親父（おやじ）
Son	（相手の）ご子息，ご子息さま （自分の）愚息，豚児	（相手の）息子さん （自分の）息子
Friend	先輩 （親しくさせていただいているお方）	友人，友達，朋友，だち，後輩

選ぶことにも気を使わざるを得ず，従って自由な議論が制限されるが，英語での議論は余計なことを考えずに，議論に集中でき，純粋に学問的な議論が成立する。

3）形容詞にも使用方向制限

　日本語の単語の使用制限は名詞や動詞だけでなく形容詞にも見られる。
　マーク・ピーターセン氏の「続　日本人の英語」（岩波新書，1990）には，以下のような英語に訳しにくい日本語の会話の例が出てくる：

表11 「使用方向制限動詞及び表現の例

英語	「下から目線」の方向制限動詞	「上から目線」の方向制限動詞
Love	（目上の者を）敬愛する，慕う（目上の者が）可愛がってくれる（目上の者に）可愛がってもらう，可愛がられる，甘えさせて頂く	（目下の者を）可愛がる，甘やかす（目下の者が）なつく（目下の者に）好かれる，慕われる
Thank you.	誠にありがとうございます，恐れ入ります。	ありがとう，ご苦労様，サンキュー，よくやった，よし，よしよし，OK
Give	（目上の人に）差し上げる，献上する，貰っていただく，お渡しする（自分に）下さる（自分が）いただく	（目下の者に）下賜する，下げ渡す，与える，くれてやる，やる，渡す（目下の者が自分に）くれる

『伊丹十三の傑作映画「タンポポ」には，次の場面がある。さびれたラーメン屋を町一番の店に作り直そうと一所懸命頑張っているタンポポ（宮本信子）と，彼女に惚れて「ラーメン道の先生」をやってあげているゴロー（山崎努）が，初めてのデートに出かけた場面で，二人はすごくおいしそうな骨つきのカルビを焼きながら，次の会話をする。

　　タンポポ「ねえ，あたしよくやってる？」
　　ゴロー「よくやってるよ」
　　タンポポ「えらい？」
　　ゴロー「えらい，えらい」（以下略)』

ピーターセン氏は，米国で販売されている「タンポポ」のビデオの英

第5章 日本語と英語の異質性③：日本文化の異質性

語字幕の英訳には，タンポポの「えらい？」に相当する英語訳が"Am I good?"に，ゴローの「えらい，えらい」が"Sure."と訳されていることを紹介し，英語訳では原作のタンポポの可愛らしさが全く伝わっていないことを指摘している。このシーンではタンポポ（もう若くはない未亡人）が初めてゴローに「甘えて」おり，ゴローも日頃の厳しい「ラーメン道の先生」とは打って変わった優しさで彼女を「甘やかせ」て，「えらい，えらい」と誉めている。つまり，日本人の人間関係には，大人の他人同士の間でも，「甘える」，「甘やかす」関係があること，そして日本でも，全くのアカの他人ではそのような微妙な関係はあり得ず，このシーンの「甘える」，「甘やかす」関係は，2人の間に男女の淡い愛情が芽生えはじめたことを暗示している。そのような人間関係の機微が，下から目線の「甘え」を含んだ「えらい？」と，上から目線の「甘えさせている」言葉，「えらい，えらい」に込められているのであるが，"Am I good?"と"Sure."の会話では，このような人情の機微が全く表れていない。それも当然で，土居健郎氏が名著「甘えの構造」（弘文社，1971）で指摘したように，成人間の「甘える」「甘やかす」人間関係は欧米には存在しないからである。日本最大の200万語近い語数を誇る「英辞郎」の和英辞書でも，「甘え」と「甘やかす」は載っているが，「甘える」の英語訳は載っていない。しかも，「甘え」の英語訳は，"emotional dependence"となっており，これは訳語と言うより，「否定的ニュアンスの説明」であって，元のニュアンスを表していない。また，「甘やかす」に対応する spoil は「子供をダメにする」という意味でのみ使用される批判的動詞であるが，日本語では「甘える」「甘やかす」関係は，上記タンポポの例のように，必ずしも批判的ニュアンスで使用されるとは限らない。

2．日本語には人称代名詞がない？
1）日本語の第1人称には"I（アイ）"がない？

　日本語には，「私」や「自分」をはじめ，第1人称の代名詞が多数存在する。また，「あなた」や「君」など，第2人称の代名詞も多数存在する。しかし，慶応大学名誉教授の鈴木孝夫氏は，「日本語には人称代名詞が存在しない」と主張している（「日本語教のすすめ」，新潮社新書，2009）。そこで本当に「日本語には人称代名詞が存在しない」のか，検証してみよう。

　その前に，英語の"I"と"you"がどのような意味を持つ単語なのかを改めて確認しておく必要がある。Oxford英英辞典によれば，"I"とは「話者あるいは筆者が彼／彼女自身に言及する場合の動詞の主語」と説明されている。要するに英語の"I"とは「今話している（書いている）行為の主体」を指す言葉であり，"you"はその行為の「相手」を指す言葉である。

　英語と日本語では，第1人称と第2人称の定義は同じでも，実際の意味や使い方は，2つの点で極端に異質である。第1の相違点は，英語の第1人称は"I"，第2人称は"you"しかないが，日本語には第1人称も第2人称も何十種類もあり，状況によって使い分けられることである。

　第2の相違点は，英語では，「話者（筆者）」である"I"と，「相手」である"you"とは，常に同格・対等である。従って，英語では，話者とその相手の上下関係に応じて，前項で述べた「上から目線」あるいは「下から目線」の代名詞を使い分ける必要がないので，第1人称は"I"，第2人称は"you"の，それぞれ1種だけで十分である。これに対し，日本語では，第1人称も第2人称も多数あって，話者と相手の間の上下関係に合わせて使い分ける必要がある。このことを実際の代名詞で詳細に見てみよう。

　日本語の第1人称の代名詞は，以下のように多数存在する：

第5章　日本語と英語の異質性③：日本文化の異質性

わたくし（私），わたし（わっし・わっち・わたい・わて），あたし・あたい・あて・あっし（私の転），わ（我・吾，古語），わし（"わたし"の転？，儂，男性語），われ（我），じぶん（自分），おれ（俺），おいら・おら（"俺等"の転），こちら・こっち（此方），こちとら（此方人等），当方，てまえ・てめえ（手前），うち（関西方言），よ（予，余），わがはい（我が輩），ちん（朕），ぼく（僕），それがし（某），小生，小職，愚生，拙者，不肖，老生，愚老など

　また，このほかに，家族の中だけで使用される1人称代名詞がある。例えば，家庭に子供が産まれると，その瞬間からほとんどの日本の夫婦は，お互いを「お父さん」「お母さん」と呼び合うようになる。そして父親・母親が子供に対して話しかけるとき，自分を指して，「お父さん（お母さん）は・・・」と言う。この場合の「お父さん（お母さん）」は，本来は第2人称または第3人称の代名詞であるが，第1人称に転用している。

　日本語には上記のように数十種類の第1人称代名詞があるが，現代英語では第1人称代名詞は"I"1語しかない。また，日本語には，上記の人称代名詞に「共」や「ら（等）」，あるいは繰り返し語にした「我々」のような複数形の第1人称代名詞も数十種類あるが，対する英語の複数の第1人称代名詞は"we"1語しかない。

　日本語には第1人称の代名詞がこれほど多いのに，鈴木孝夫氏のように「日本語には人称代名詞が存在しない」と断定するのは無理があるように見える。しかし，上記の第1人称の代名詞の中身をよく見ると，これら第1人称の代名詞は英語の"I"とは明白にニュアンスが異なる。これら日本語の第1人称代名詞は，以下のどれかに分類できるからである：

　①方向を示す指示代名詞の転用（例：こちら，こっち，当方，手前，うち，など）

②謙譲語（例：僕，小生，小職，拙者，不肖，老生など）
③家族関係語の第1人称への転用（例：話者自身が子供に対し，自分のことを，お父さん，お母さん，お爺ちゃん，お婆ちゃん，叔父さん，叔母さんなどと自称する場合）
④現代ではほとんど使われない古語あるいは方言化したもの（例：「わ，われ（我，吾）」，俺，予，我が輩，朕など）

　これらの言葉を吟味すれば，ほとんどすべてが英語の"I"と異なり，目上または目下のどちらかに限定して使われる言葉であることが分かる。まず，現代日本語の第1人称の代名詞として最も普通に使用される「私（わたくし）」，「自分」および「僕」の3語についてこのことを吟味してみよう。

　「私（わたくし）」は「公（おおやけ）」の反対語であり，「私」を広辞苑で引けば，「公（おおやけ）に対して自分一身に関わること」と説明されている。「私」には，「私事（わたくしごと）」，「私用（しよう）」，「私見（しけん）」に見られるように，「公」に対して「優先順序が低い」，あるいは「下位にある」というニュアンスがある。また，「自分」は，「おのれの分際」という意味であり，「僕」は「しもべ」という意味である。つまり，「私」，「自分」，「僕」は，すべて外部の権威あるものに対し，自分を下位に位置づけるニュアンスを持った謙譲語である。

　第1人称の代名詞の中で，古語の「わ（我）」および「あ（吾）」，および「我（われ）」，「予」，「余」，「我が輩」などは，英語の"I"に近い1人称の代名詞と思われる。しかし，「予」や「余」には，そのもともとの漢字の字義から「予備」，「余り物」という謙譲的ニュアンスがある。また，「我が輩」の「輩」（はい，やから）は「同類」という意味であるが，古来，「不逞のやから」，「盗賊のやから」など，卑しめて用いる言葉であり，「不平を言い，また口論を仕掛ける者」という説明もあり，「我が輩」は明らかに謙譲語である。

なお，読者の中には，「当方」や「手前」には上下のニュアンスがないのではないかと思う人もあるかもしれない。しかしそれは違う。これらのことばは自分そのものを指さず，自分のいる方向を指しているだけである。つまり，自分の存在をできるだけ目立たぬように表現しようとする指示代名詞であり，自分そのものを指す英語の"I"とは明確にニュアンスが異なる，謙譲語の類である。

以上の検討から，ニュアンスが"I"に近い日本語は，古語の「わ（我）」および「あ（吾）」しかないように思われる。しかも，これらニュアンスが"I"に近い日本語は，現代では形容詞用法（例：我が国，我が家，あるいは短歌用語の「吾子（あこ）」など）を除き，ほとんど廃語となっている。

以上見てきたように，日本語に多数あるように見えた第1人称の代名詞はすべて，誰に対しても対等の立場で使える英語の"I"とは意味的に異なる。従って，「日本語には第1人称代名詞が存在しない」という鈴木考夫説は言い過ぎであるとしても，「日本語には英語の"I"のような，誰に対しても対等の立場で使える第1人称代名詞は存在しない」という意味では正しい。

2）日本語の第2人称には"you"がない？

次に第2人称の代名詞を挙げてみよう：

> あなた（貴方，貴女，貴男），あんた・あんたはん（"あなた"の転），お前・お前さん，そなた，こなた，そちらさん，そち，その方，てめえ（手前），貴君，貴兄，貴女，大兄，雅兄，貴下，足下，貴公，貴殿，貴台，尊兄，尊台，尊堂，尊父，ご尊父様，上様，殿様，お宅，奥様，御身，御内儀，御内室様，御母堂様，殿方，ご婦人方，呼びかけ語では，お主，先生，社長，旦那，大将，君，汝，貴様，おのれ（己），複数形では，皆様・皆さん，皆の者，諸君，諸兄，諸姉，諸兄姉，諸氏，諸子，諸公，諸賢，

各位，おのおの方，野郎共，者共，など，尊敬語として陛下，倪下，閣下，殿様，上様，殿など，肩書き名として総理・社長・部長・課長など

　これらの日本語の第2人称の人称代名詞のほとんどは，以下のように分類可能である：
　　①方向を示す指示代名詞の代用（例：「あなた」，「そちらさん」など）
　　②尊称（例：「貴」，「尊」，「御」などの尊称が付く代名詞。例：貴殿，尊師，御前様など）
　　③蔑称（例：お前，お前ら，君，君たち，貴様，貴様ら，野郎共，など）

　①の「あなた」は，現代では貴方，貴女，貴男などと当て字されるが，元は「山の<u>あなた</u>の空遠く」の「あなた（彼方）」，「かなた，彼方」と同じ当て字をされる言葉であり，相手を直接呼ぶ代わりに，方向を示す指示代名詞の転用である。

　上記のほかに，家族関係語としての第2人称代名詞がある。例えば，子供が産まれた直後の家庭では，家族の構成員の呼称が一番年下の子供から見た家族関係用語に統一されるという法則がある。夫婦は自分たちを「お父さん・お母さん」と呼び合い，自分たちの父母は「お爺ちゃん・お婆ちゃん」と，自分たちではなく自分たちの子供からの呼称で呼ぶ。複数の子供たちの年長の子供は「お兄ちゃん」あるいは「お姉ちゃん」と呼ばれる。日本の夫婦はやがて子供が家庭から巣立って2人だけの老夫婦になってからでさえ，死ぬまで互いを「お父さん・お母さん」と呼び合うのが普通である。

　また，上記の2人称代名詞も，ほとんどすべて，目上か目下のどちらかに限って使用できるものであることにも注意すべきである。その意味でも，「目上・目下の区別なく使える英語の"you"に相当する日本語の2人称の人称代名詞は存在しない」と言える。

3）現代日本語に"I"と"you"がない理由

　英語には"I"と"you"という，誰に対しても使える人称代名詞があるのに対し，日本語にはそのような万能の人称代名詞はない。それらのいわば「代用品」に相当する代名詞が多数あるという事実は，どのように説明できるだろうか。

　日本語の第1人称代名詞のうち，英語の"I"に近いと言ってよいものは，万葉集に見られる「やまとことば」の「わ（我）」や，「あ（吾）」しかないと思われる。例えば万葉集で，山上憶良は，第1人称の「わ」を以下のように使っている：

　　「憶良（おくら）らは，いまは能（まか）らん　子泣らむ　それその母
　　も我（わ）を待つらむぞ」（巻 3-340）

　すなわち，相手との上下の感覚を含まないという意味で，昔は日本語にも，（わ）という英語の"I"に当たる第1人称の代名詞があった。しかしその後，第1人称の「我（わ）」は，「我が国」，「我が家」のような形容詞用法を除いて，廃語となってしまった。
　第2人称の代名詞も同様である。万葉集の額田王の歌，

　　「君（きみ）待つと，我（あ）が恋ひをれば，我（わ）が宿の，簾（す
　　だれ）動かし，秋の風吹く」（巻 4-488，巻 8-1606）

　この歌の「君（きみ）」は，天智天皇であると言われているが，天皇を指す場合には通常「大君（おおきみ）」と言うので，この歌の中での「君（きみ）」は，作者と対等の英語の"you"に近いニュアンスで用いられている。しかし，この「君」も今では，なぜか格下の者に限って使う上から目線の言葉に変質してしまった。
　英語の"I"や"you"と同格の人称代名詞が，古代日本語にはあった

にもかかわらず，現代日本語には失われてしまった理由は何であろうか。その理由は，日本の歴史や文化が，そのような変化を強いたからであると考えるしかない。日本の建国以来，千数百年以上も封建時代が続く間に，日本が隅々まで徹底的に「タテ社会」化した結果，対等な自己主張が忌み嫌われ，「わ（我）」や，「あ（吾）」や，「きみ（君）」のような，上下意識のない１個の独立した人格を指す人称代名詞が使用できなくなり，人称代名詞としては，「当方」とか「あなた」のような，方向を示す指示代名詞の転用語や，謙譲語や尊称や蔑称のような上下関係の意識を含んだ人称代用語しか残らなかったと考えられる。

　明治維新により封建制度が廃止されてから150年近く経ち，しかも敗戦後の民主化を経てもなお，いまだに現代日本語に，話者とその相手を指すための，上下関係のニュアンスを全く含まない人称代名詞が存在しないという事実は重大である。なぜなら，人は言葉を使って思考するので，対等な人称代名詞がないことが，日本語話者のものの考え方や人間関係に強く影響するからである。例えば，日本人が日本語で会話や議論をする場合，自分と相手を指す対等な人称代名詞がない。また，格下の者は格上の者に敬語や丁寧語を使う必要がある。その結果，日本人は，相手がお役人か民間人か，相手の肩書きが自分より上か下か，年齢が上か下か，男性か女性か，所属が大学なら，その大学の入試の偏差値はどちらが上か，会社員同士なら相手の会社の売り上げが自分の会社より大きいか小さいか，などを意識して言葉を選び，使い分けなければならない。さらに，格上の者には使えない使用方向制限名詞や使用方向制限動詞などを注意深く避ける必要がある。このように多数の制限を受けながら，格上の人と対等に純粋な議論をすることは事実上不可能である。

　一方，欧米は日本以上の格差社会である。従って，英語国民が会話をするとき，その２人の間には日本以上の身分的あるいは経済的な格差があるはずである。しかし，少なくとも２人が使用している人称代名詞の"I"と"you"に関しては，上下関係がない。欧米人が会議などで議論

をするとき，年齢や肩書きや性別に関係なく対等に激しく議論することに驚かされるが，官・民の肩書きや年齢や性別の差をほとんど意識しないで自由な議論ができる文化があるのは，使用される"I"と"you"が基本的に対等であることと大いに関係がある。議論の場で使われる言葉が基本的に対等であれば，互いに自分の意見を言う権利も対等であることが暗黙の前提となる。また，欧米では個人が他人と異なる意見を持つことは当然と見なされ，意見の相違があること自体は善でも悪でもないことが当然の議論の前提となっている。対等な"I"と"you"を持つ欧米では，個人は他人から干渉されない明確な自己と，明確な自己の意見を持つことが可能であり，むしろそのことが期待される。日本では反対に周囲と異なる意見を持つこと自体が嫌われるため，自己主張をする場合，その内容やニュアンスを，そのときの周囲の状況（空気）によって変えざるを得ない。それができない人間は「空気が読めない人間」としてその集団から排斥される。日本では自己主張が強い人間よりも，むしろ自己主張を控え，周囲の空気に自分を合わせる人間が好まれる。日本では，出る杭は大抵の場合打たれてしまう。

　欧米人（に限らず中国人や朝鮮人まで含めて）は，多くが明確な自己と明確な自己主張を持つのに対し，日本人の多くが，常に周囲との関係で変動する，輪郭があいまいな自己を持ち，従ってほとんどの日本人が自分の生き方や意見に関して不動の原則を持っていない。このことは，日本人の英語下手や，演説下手，外交下手など，様々な問題の原因となっている。

3．日本文化は自己主張を嫌う
1）「しゃべるな！」
　日本が「タテ社会」であることの影響は，単に前項で述べた敬語・謙譲語・丁寧語あるいは「方向制限代名詞」，「方向制限動詞」の使用にとどまらない。日本には伝統的に自己主張を好ましくないとする文化があ

る。このことは特に，格下の者，若い者，未熟な者，の自己主張を困難にしている。以下，このことを筆者自身の体験から紹介する。

筆者は，大学に入学してから修士課程修了までの6年間を理学部で学んだ。しかし，最初に就職したのは医学部の解剖学教室であった。当時，それ以外に大学の研究職の就職口が見つからなかったからである。就職してまもなく，筆者は教授に呼ばれ，1つの命令を与えられた。教授は筆者に「しゃべるな！」と命令したのである。教授によれば，「お前は質問をしすぎる。意見を言いすぎる。質問はするな。意見も言うな。黙って言われたとおりにしておればよい。」と命じたのである。筆者は理学部では分からないことは何でも教官や周囲の友人に質問し，意見があれば言い，議論して疑問を解決してきた。そのような態度は理学部の学生としては普通であったが，医学部では，そのような「理学部的態度」は教授には不快に感じられたのであろう。日本には「しゃべらないこと」を美徳とする文化があることは知識としては知っていたが，この「事件」以後，筆者は改めて日本文化について考えるようになった。

日本に自己主張や自己表現を嫌う文化があることは，日本古来の「ことわざ」や慣用的表現に，自己主張をしないことを美徳とするものや，自己主張は損であるというもの，あるいは論理的な物言いをする者を軽

表12　自己主張をしないことを美徳とする日本のことわざや表現

・沈黙は金	・一声千両一字千金
・不言実行	・巧言令色少なし仁
・我田引水	・武士に二言はない
・問答無用	・大和は言挙げせぬ国
・秘すれば華	・能ある鷹は爪を隠す
・弁解するな	・見ざる言わざる聞かざる
・口は災いの元	・男は黙ってサッポロビール
・天に唾するな	・世の中は左様然からばごもっとも
・沈黙は雄弁に勝る	そうでござるかしかと存ぜぬ

第5章 日本語と英語の異質性③：日本文化の異質性

表13 自己主張は無駄，あるいは損であるとする表現

・出る杭は打たれる	・無理が通れば道理引っ込む
・長いものには巻かれろ	・雉も鳴かずば撃たれまいに
・物言えば唇寒し秋の空	・やぶへび（藪をつついて蛇を出すな）
・泣く子と地頭には勝てぬ	

表14 よくしゃべる人を軽蔑する表現

・口が軽い	・口八丁手八丁
・舌先三寸	・口から先に生まれた人
・口先人間	・うるさい（五月蠅い）
・おしゃべり	・姦しい（かしましい）
・口だけの人	

蔑する内容のものが実に多いことを見ればよく分かる。まず，自己主張をしないことを美徳とすることわざや表現を思いつくままに並べてみよう（表12）。

同様に，内容的には表12に挙げたものと重なるが，自己主張は無駄，あるいは損であるとする表現を表13に挙げる。

さらに，日本語には，よくしゃべる人を軽蔑する表現が多数ある（表14）。

2）日本人は論理的な主張を嫌う

日本には，理論的な物言いをする人を嫌う表現も多い（表15）。

国語学者の金田一春彦氏も，著書「日本人の言語表現」（講談社現代新書，1975）の冒頭に，「日本人の言語生活の特色として，まず第一に注意すべきは，話さないこと，書かないことをよしとする精神があるということである。」と書き，その立証のために，歴史上の事例を多数引用している。

表15　論理的な物言いをする人を嫌う表現

・屁理屈	・単なる理屈
・理屈屋	・文句を言う
・書生論	・うるさいやつ
・理攻め	・理屈をつける
・理屈攻め	・理屈をこねる
・理屈詰め	・泥棒にも三分の理
・一言居士	・理屈と膏薬は何にでもつく
・理屈を言う	・ああいえばこういう，こういえばああいう
・屁理屈を言う	
・理屈っぽい	

　以上のように，日本人は，物心ついて以来，何十通りもの表現で，「しゃべるな」，「自己主張するな」，「理屈を言うな」と，両親や先生や上司から言われ続けて育つ。このような文化にどっぷり浸って育った日本人は，家族や友人との気楽な会話は別として，他人の前では，基本的に自己主張や論理的物言いをしない人間に育つ。こうした長年の教育と習慣から，大抵の日本人は，人前で自分自身や自分の身内について語るとき，あるいは自分の意見を言うとき常に，ある種の後ろめたさを感じる。日本人が人前でしゃべるときはいつも，「今自分のやっていることは自慢ではないのか」，「自分が優れていることのひけらかしではないのか」，「我田引水ではないのか」などと考えることによって，「自分の意見を言うこと」への強力な「ブレーキ」を無意識的にかけているのである。このような状況は，相手が外国人であり，使う言語が英語であっても，そう簡単には変わらない。日本人のこのような習性は，日本人の英語下手，自己主張の少なさ，あるいは外交下手や交渉下手の大きな原因の1つになっていることは明らかである。

第5章 日本語と英語の異質性③：日本文化の異質性

3）日本人は話の内容をわざとあいまいにする

　日本語は英語と比べた場合，概してあいまいであることは，第4章で述べた。そしてその際，日本語があいまいな原因として，述語が最後に来る日本語の語順と，英語と比較しての日本語の語彙の不足が原因で，単語そのものがあいまい（多義的）にならざるを得ないことを挙げた。ここではさらに，日本語には，話の内容を積極的にあいまいにする仕組みがいくつもあることを論じる。以下，日本語の話の内容を意識的にあいまいにするための仕組みを8種類に分類し，それぞれの使用例を挙げる：

①本質的にあいまいな単語や表現を用いる方法
　例：・「どうも，どうも」（挨拶）
　　　・「（いいえ）結構です。」（拒絶）
　　　・「（はい）結構です。」（承諾）
　　　・「結構ですねえ。」（誉めことば，あるいは同意）
　　　・「善処します。」,「考えておきます。」,「前向きに検討します。」（穏やかな拒否）
　　　・「ぶぶ漬けでよろしかったらどうどすえ？」（お昼時だからさっさとお帰りください）。
②本来は明確な文章に，無くてもよい単語を追加してあいまいにする方法
　これには様々な様式があり，最近の若い人が特に好んで使用する傾向がある。
　(1)「とか」ことば
　　　例：「ケイタイとか，お持ちですか？」
　(2)「かも」ことば
　　　例：「これ，おいしいかも。」,「私，これ，好きかも。」
　(3)「〜的」ことば
　　　例：「わたくし的には，○○かな。」

(4)「のほう」ことば

　　例：「ご注文のほうを，伺いましょうか？」,

　　　　「会社のほうに，休暇届けのほうを出してここに来ました。」

(5)「ほど」ことば

　　例：「コロッケを5つほどください。」

　　　　「3日ほど旅行をしてきました。」

(6)「みたいな」ことば

　　例：「私も貰おうかな，みたいな。」

(7)「なんちゃって」ことば

　　例：「私もご馳走になろうかな，なんちゃって。」

(8)「かな」ことば

　　例：「私も悪かったかなと思います。」

③仮の疑問形を用いる方法

　上の(3),(6)〜(8)が例。「かな」は，断定形で終わるのを避け，断定形の後に軽い疑問形を付け足して，印象を和らげている。

④仮の否定形を用いる方法

　断定形のニュアンスを和らげるため，断定形の後に否定形を付ける方法である。

　　例：「火のないところに煙は立たないって言うじゃない。」

　　　　「富士の高嶺に降る雪も，京都先斗町に降る雪も，雪に変わりはないじゃなし,」

⑤仮の否定形と仮の疑問形との組み合わせを用いる方法

　　例：「火のないところに煙は立たないって言うじゃない　ですか。」,

　　　　「(かくかくしかじか)ではないでしょうか。」

⑥仮の客観性を装う方法

　自分の考えを，他人あるいは世間一般の考えであるかのように表現して客観性を装う方法。

　　例：「(AはBである)と言われています。」

第5章 日本語と英語の異質性③：日本文化の異質性

「（AはBである）とされています。」

また，自分の考えであるにもかかわらず，自分以外の力で自然にそうなるという表現も，仮の客観性を装う方法の1種である。

例：「（〜である）と思われます。」
「（〜である）ということになります。」
「（〜である）と言わざるを得ません。」

⑦仮の客観性を二重に組み合わせる方法

例：「（AはBである）ということになると思われます。」

⑧仮の否定形，仮の疑問形，仮の客観性などの仕組みを三重四重に組み合わせる方法

例：「（AはBである）ということになら・ない・でしょうか。」
「（AはBである）と言えるのではない・かな・と思われます。」
「〜ではないかという可能性も考えられます。」

これら①から⑧の表現に共通するのは，いずれも「自分はこう考える」と断定的表現をすることを避け，個人的な主張であるという印象を和らげる効果を出すための表現である。

実は，本書にもこのような「見せかけのあいまい表現」がたくさん出てくる。これらは，本来主観的な内容であるにもかかわらず，主語に「私は」を入れて，断定形で終わると，日本語としてあまりにも自己主張色が強くなり，内容を吟味する前に反発されるのを恐れて，すべての日本人が日常的に用いている語法である。このような語法が発達していることは，何かの個人的考えを表明する場合，「自分色を出さない」ことに腐心しなければならない強力な文化が日本にはあることを意味する。これに対し欧米では，次に述べるように，もっと自由に，堂々と自分の考えを表明することが可能であり，むしろそうすることを期待する文化がある。

4．欧米文化は自己主張を歓迎する
1）「意見がないのは無能の証」と考える米国人

　製薬企業に勤務していたとき，ICH（医薬品規制の調和のための国際会議）に出席する代表に選ばれ，新薬の承認申請に必要なデータに関する日・米・欧共通のガイドラインを作るための専門家作業部会のラポーター（議長役）を3年間勤めたことがあった。このとき，日・米・欧の代表には明確な違いがあることをつくづく感じさせられた。それは，米国人代表が非常によくしゃべるということであった。彼らは常に会議の主導権を取ろうとする。そして会議では米国人が9割ほどの時間しゃべり，欧州人が残りの1割，日本はほとんど発言しない，というのがいつものパターンであった。米国人代表のこのような性質は男女を問わない。米国人は小学校の時から自分の意見をはっきり主張するように教育されていることはよく知られているが，その成果は十分のようである。

　企業国際化センター所長の秋澤公二氏は，日本人とアメリカ人の国民性の違いから，両者の間のコミュニケーションギャップが起こりそうなケースを解説している。その中に，筆者が国際会議で米国人から受けた印象を裏付ける以下のような内容があった：

> 『日本では，何にでも意見を持ち，はっきりと自己主張する人は「一言居士」などと，とかく敬遠されがちだ。これに比べてアメリカ人は，何にでも意見を持ち，これをはっきり述べることは当たり前のこととされる。私が住友金属のシカゴ所長時代こんな話があった。（中略）取引先のアメリカ人営業マンに，ある商談について「君の上司はどう考えているのかね」と尋ねたところ，その営業マンは吐き捨てるように，
> 　　　"He has *no opinion*."
> と言った。私はそのときは彼の態度から理解したのだが，彼の真意をあえて反語で表現するなら，「あいつは何も分かっていませんよ」ということになろうか。要するにアメリカでは意見を持たない，あるいは特に

第5章　日本語と英語の異質性③：日本文化の異質性

意見を言わない人は，"無能者"であると考えるわけである。』(秋澤公二：「英語の発想法・日本語の発想法 ― アメリカ人の考え方を知るための33のキーワード」ごま書房，1992)」

　秋澤氏によれば，欧米と日本で，議論に対する感覚が異なる理由の1つは，different（異なる）あるいは difference（相違点）の意味が欧米と日本で明白に異なることと関係しているという。日本では，意見の相違があるのは，基本的に物事がうまくいっていない証拠，その団体の規律の乱れを表す現象，あってはならないこと，と考える傾向がある。このことは，日本語で「違い」という言葉が使われる場合を考えてみれば分かる。「間違い」，「勘違い」，「思い違い」，「くい違い」，「すれ違い」，「ボタンの掛け違い」，「場違い」など，「違い」はすべて「悪い」という意味で使用される。日本で，もし誰かが，「あなたと私とは意見が違います」と言ったりすれば，それは通常，「あなたと私は分かり合うことはない」，すなわち「あなたは私の敵です」，あるいは絶交宣言に等しい状況であると理解される。

　これに対し米国では，意見の相違はあって当たり前と見なされる。英語の"different"には「悪い」というニュアンスは全くない。もしも誰かが"There is a difference between you and I."とわざわざ言いに来たとすれば，日本では「絶交宣言」に近いが，米国ではそれは通常「違いはありますが，話し合いで違いを解決して，協力しませんか？」という前向きな態度を意味する。

2）欧州でも「意見を言わないのはバカ」

　よく米国と欧州を一緒にして，「欧米」と言うが，"opinion"に関しては，「欧」と「米」は文化的に共通である。例えばデュラン・れい子氏は，オランダに住む日本人であるが，スウェーデン，ブラジル，フランス，オランダなど，欧州を中心に30年以上の海外生活を体験された

方で，著書に以下のように書いている：

『意見を言わない人はバカ！
　隣の居間で夫（注：スウェーデン人）が遊びに来た同僚と話している。
「あの新しく来た日本人は，全く自分の意見を言わないね」
「英語ができるのにいつも黙っている。バカじゃないか」
日本の提携会社から赴任してきた男性社員についてらしい。「やれやれ，またか」と料理を作りながら，まだ見ぬ新入り日本人社員に同情してしまう。多分彼にとっては初めての海外赴任なのであろう。
　ここでは一般に，「自分の意見を言わない人はバカ」，と見なされるのだ。「言わない」のではなく，「言えない」，つまり「意見を持つ能力がない」と思われてしまう。夫と同僚に噂されて居る新入り日本人も，日が経つにつれて母国との違いを肌で感じていくにちがいない。』（「一度も植民地になったことがない日本」，講談社＋α文庫，2007）

　海外留学や海外赴任する日本人は，自分が持つ能力を誤解され，過小評価されないように，上記のような国民性の違いを最低限知っておく必要がある。

3）日本語的人格と英語的人格

　本章で述べてきたことを一言で言えば，日本語と英語を支える言語文化には価値観が正反対のものがある，という重大な事実である。日本語の世界では，自分の意見を持つのはよいが，聞かれもしないのに意見を言うことはなるべく控え，他人の意見にはなるべく異論を唱えず，議論はなるべくしないのが好ましい，とされる。これに対し，英語の世界では，他人と異なる意見を持つ能力，そして議論して相手を理論的に屈服させる能力が高く評価され，逆に意見を持たない，あるいは主張しない人間は無能，あるいは二流の人間と見なされる。すなわち，日本と欧米

第5章 日本語と英語の異質性③：日本文化の異質性

では好ましいとされる人格に大きな差があることになる。これに関して，あるバイリンガルの女性が「日本語をしゃべるときと英語をしゃべるときで人格が変わる」例が報告されている。すなわち，「彼女が日本語をしゃべる場合は，和風で女性らしく，感情そのものも穏やかになる。ところが，同じ人間が英語で話すときは，とても積極的になる」という（堀田凱樹・酒井邦嘉「遺伝子・脳・言語」，中公新書，2007）。日本人は，外交交渉やビジネス交渉では，むしろ意識的に日本語的人格から，英語的人格に人格を変えることが必要である。そうしなければ交渉では相手に押される一方で，対等な交渉ができないで終わるであろう。

コラム5　英語の"I"と"you"は特別な言葉？

　筆者が米国に留学していたときのことである。ある週末，いつものように車でショッピングモールに買い物に行き，何気なく書店に入ったところ，店頭の一番目立つところに平積みしてある分厚い本が目に止まった。米国の書店で店頭に平積みされている本は大抵ペーパーバックであるが，その本は6センチほどの厚みがあり，表紙と背表紙に金色の額縁のような装飾が刻印されている立派なハードカバーの本であり，周囲のペーパーバックス本に囲まれて異彩を放っていた。好奇心に駆られて手に取ってみると，それは"Synonym Finder"，つまり「同義語辞典」であった。この本をめくって見た筆者は正に自分がその時必要としている本に巡り会ったことに驚喜して，14.95ドル（現在の価値では5000円ぐらい？）のその本を即座に購入した。

　この"Synonym Finder"は，英語で文章を書くとき，持ち合わせの語彙が少なくて，思いつく単語がどうもぴったり来ないときに，もっと適切な単語や言い回しを探すための辞書である。B5判で1388頁もあるこの本は，1967年に出版されてから，7年後の第6刷であったが，田舎の本屋の店頭に平積みされていたということは，長期のベストセラー本だったのだろう。

　この本を買ってから，同義語を探すのが楽しみの1つになった。この辞書で，例えば"God"を引くと，一神教の国だから少ないだろうとの予想に反し，"The Almighty（全能者）"，"Creator of the Universe（宇宙の創造者）"，"King of Kings（王の中の王）"など，40種以上の同義語が載っており，"man"なら123種，"woman"なら70種の同義語が載っていた。

　では，第1人称の"I"なら，何種の同義語が載っているだろうか。日本語なら多数あるので，当然多いと思ったが，驚いたことに，"I"の項目はあるにはあるが，定義だけで同義語は1語も載っていない！"you"に至っては，見出し語さえ見つからない。どの単語にも多数の同義語が掲載されているこの分厚い同義語辞典に，"I"と"you"に関しては全く同義語が掲載されていない。この事実はどう解釈すべきか。筆者には素直に，「英語の第1人称には"I"しかない，第2人称には"you"しかない」と解釈する以外に解釈が思いつかない。しかしいったいそんなことがあ

第5章　日本語と英語の異質性③：日本文化の異質性

りうるのだろうか？

　もしこの解釈が正しければ，英語の単語の中で，"I"と"you"が，いかに特別の単語であるかを示している。第5章2項で，日本語には，第1人称も第2人称も数十種類もあることを示したが，英語には"I"と"you"の同義語が全くないとすれば，これは日本語と英語の大きな相違点を示す有力な根拠となりうる。ところで，この解釈は正しいであろうか？

　読者の皆さんは，"I"と"you"の英語の同義語を思いつかれるであろうか？

第6章

日本語脳と英語脳

1．日本人と西洋人の大脳の機能は異なる
1）右脳・左脳の機能差の研究方法

　東京医科歯科大学名誉教授の角田（つのだ）忠信氏は，歴史的な名著「日本人の脳」（大修館書店，初版1978年）の中で，「日本人の脳の機能（右脳と左脳の使い分け）が日本人と日本人以外では全く異なる」という驚くべき事実を計測データによって示した。

　角田氏は耳鼻科医で，難聴や言語障害の研究者として，脳梗塞などの大脳障害と聴覚異常の関係に関する研究をしていた。彼は，言語や音の知覚に関する左右の大脳半球の機能の差を研究する目的で，正常人を使って，左右の耳に性質の異なる音を同時に聞かせ，左右のどちら側の耳（従ってその反対側の大脳半球）がより敏感にこれらの音を認識するかを計測していた。そしてこの地味な研究が，驚くべき発見につながった。

　その結果を述べる前に，角田氏の計測結果を正しく理解するために，大脳における聴覚信号の処理に関する解剖学的な説明を少ししておく。

　聴覚が正常な人は，イヤホン1個で放送を聞くとき，左右どちらの耳で聞いても，全く同じように聞こえるし，理解もできる。これは視覚の場合の視神経交差と同様に，聴覚神経にも聴覚神経交差があり，どちらか一方の耳だけに入った音声信号でも左右の大脳半球の聴覚野に入って処理されるためである。ただし，通常の運動神経や感覚神経と同様に，聴覚神経束の大半は音を聴いた耳とは反対側の大脳半球に入り，一部が同じ側の大脳半球に入る。さらに脳梁によって左右の大脳半球は交流し

第6章　日本語脳と英語脳

ている。このような二重の仕組みにより，左右どちらの耳で聞いても，全く同じように聞こえ，意味も分かるのである。

　ただし，左右の耳で聞いても，左右の大脳半球が同時に全く同じ情報処理をしているわけではない。聴覚野は，左右の大脳半球の側頭葉にあるが，音響の性質によって，左右のどちらかの大脳半球が優位となり，その優位となった大脳半球だけで情報処理する。例えば言語機能は，右利きの人の97%，左利きの人の50〜60%において，左の大脳半球が優位と言われている。すなわち，言語は通常，左側の大脳半球で処理されるので，大脳左半球は言語半球と呼ばれる。この左右の大脳半球の役割分担は，脳梗塞，脳出血，あるいは脳腫瘍や外傷によって左側の大脳半球が障害されると，その部位によって各種の失語症になることで，古くから分かっていた。しかし，言語以外の聴覚信号の処理については詳しいことは分かっていなかった。

　角田氏は，左右の耳に同時に性質の異なる種々の音を聞かせたとき，左右どちら側の大脳半球が優位になって情報が処理されているかを種々の音源を使って詳細に計測した。性質の異なる種々の音源とは，人声（言語），言語の一部である音節（子音＋母音，子音＋母音＋子音），非言語の人声（無意味な母音を加工して作成した「アーー」という連続音），泣き声，鼾（いびき声），ハミングなど），純音（音叉や西洋楽器の音，電子音），雑音を多く含む日本楽器（尺八，琵琶，三味線）の音，動物や鳥の鳴き声，虫の音，自然音（風音，小川のせせらぎ，波音など），雑音（ホワイトノイズ）等であった。

2）日本人と西洋人の大脳半球の機能の差

　角田氏が日本人と西洋人をはじめとする各国の非日本人を用いて，性質が異なる種々の音が主に左右どちらの大脳半球で処理されるかを測定したところ，音の種類によって日本人と非日本人とで，全く異なる結果が得られた。表15-1および表15-2にその結果を示す：

表 15-1　異なる種類の音を処理するときの日本人と西洋人の大脳半球の機能の差：左脳

日本人が左脳で処理する音	西洋人が左脳で処理する音
言語	言語
子音（音節，子音＋母音，子音＋母音＋子音）	子音（音節，子音＋母音，子音＋母音＋子音）
母音（非言語の人工的連続音）	×
あらゆる非言語の人声（泣，笑，嘆，いびき，ハミング）	×
	×
動物の鳴き声	×
鳥の鳴き声	×
虫の音	×
風の音・小川のせせらぎ・波音	×
邦楽（尺八，琵琶，三味線）	×
計算	計算

表 15-2　異なる種類の音を処理するときの日本人と非日本人の大脳半球の機能の差：右脳

日本人が右脳で処理する音	西洋人（非日本人）が右脳で処理する音
音楽（西洋の）	音楽
楽器音	楽器音
機械音	機械音
×	母音（非言語の連続音）
×	あらゆる非言語の人声（泣，笑，嘆，いびき，ハミング）
×	
×	動物の鳴き声
×	鳥の鳴き声
×	虫の音
×	風の音・小川のせせらぎ・波音

×とアンダーラインを付けた部分が日本人と非日本人で異なる項目である。

　この表から読み取ることができる事実は，以下の4つにまとめることができる：

　①言語およびその一部（言語，音節，子音＋母音，子音＋母音＋子音）は日本人でも非日本人でも左脳（言語脳）で処理される。
　②非言語の母音（加工連続母音）は，日本人は左脳，非日本人は右脳で処理される。
　③すべての非言語の人声（泣き声，笑い声，嘆き声，いびき，ハミングなど）を日本人は左脳（言語脳）で処理するが，非日本人はこれらを右脳（非言語脳）で処理する。
　④動物や鳥の鳴き声，虫の音，自然音（風音，小川のせせらぎ，波音など）を，日本人は言語と同じように左脳で処理するが，非日本人はこれらの音を非言語として右脳で処理している。

　日本人と非日本人とで，少なくとも音声の処理に関して，脳の機能（右脳・左脳の使い分け）が異なるという事実はあまりにも意外なことであり，いまだに信じない人もいる。しかし，この結果は別の研究者による，全く異なる方法を用いた追試実験によっても確認されているので，信じざるを得ない。例えば角田氏の研究が行われた頃には，大脳の活動部位をコンピューターカラー画像で2次元表示することはできなかったが，その後，別の研究者によって，音声処理に際して，日本人と非日本人で使用する大脳半球が左右正反対になることを示すコンピューター画像が撮影されている（菊池，1985）。

3）角田理論は「日本人の英語下手」を説明する

　角田氏の仮説の紹介とその影響の検討に本書がかなりの紙面を割く理由は，角田氏がもともと「日本人の外国語を使いこなす能力は異常なま

でに低い」と信じていて，この「日本人の外国語を使いこなす能力の異常な低さ」を，「日本人と非日本人では大脳半球の機能が異なる」という，彼が発見した測定事実を用いて説明しているからである。もしもこの角田氏の説明が正しければ，ピーターセン氏の「日本人の英語下手は単に努力不足の結果である」との説明が誤りであるだけでなく，日本人に対する英語教育の時期や方法にも大きな影響が及ぶことになる。

　では，日本人と非日本人との間の，この大脳半球の機能差は，いったい何が原因で生じたのであろうか。角田氏はまず，日本人と非日本人の大脳半球の機能の差が遺伝的なものか，後天的なものかを検討した。まず，遺伝的に日本人に近いと思われる，朝鮮人（朝鮮語話者）の音声処理を調べた。その結果，朝鮮人の脳の音声処理は西洋人型であることが分かった。つまり，この差は白人種とモンゴロイドとの遺伝的な差でなく，後天的なものである可能性が高まった。そこで彼は，「生まれて初めて覚えた言語が日本語であれば脳の機能が日本人型になり，日本語以外であれば非日本人型（西洋人型）になる」という仮説を立てた。この仮説を検討するため，朝鮮語環境で育った朝鮮人１世と，日本語環境で育った朝鮮人２世の脳の機能を比較してみた。その結果，前者は西洋人型の反応を示すのに対し，後者は日本人型の反応を示し，仮説の正しさが裏付けられた。

　角田氏はこの仮説の正しさをさらに検定するために，米国在住の日本人の大脳半球の機能を計測した。その結果，日本から米国に渡った日本人１世の脳の機能は日本人型のままであり，英語環境で育った日本人２世（英語話者）の脳は西洋人型であることを確認した。これらの結果は，「最初に覚えた言語が日本語であれば大脳半球の機能が日本人型になり，日本語以外であれば非日本人型になる」という彼の仮説の正しさを証明するものであった。

　角田氏はその後，訪日する多くの民族の外国人に事情を話して彼（彼女）らの音声処理を測定した結果，日本人と同じ反応を示す民族はポリ

第 6 章　日本語脳と英語脳

ネシア人だけであることが判明した。この事実もまた，第 2 章で述べた，日本語とポリネシア語の近縁関係を裏付ける結果であった。

2．理化学研究所も裏付けた「日本人の英語下手」
1）日本語耳は生後 14 ヵ月でできている

　最近，理化学研究所（理研）は，フランスの研究者と共同で，日本人とフランス人の乳幼児数十人ずつを用いて，大脳の機能の差を比較する共同研究を行い，その結果を，2010 年 10 月に，『外国語に母音を挿入して聞く「日本語耳」は生後 14 ヵ月から獲得－日本人乳幼児とフランス人乳幼児の子音連続の知覚は発達で変わる－』との表題でプレスリリースした。

　この研究で，理研の言語発達研究チームは，生後約 8 ヵ月と生後約 14 ヵ月の日本人とフランスの乳幼児各 24 人に"abna"，"ebzo"などの，連続した子音が含まれる単語と，"abuna"，"ebuzo"のように，母音を挿入して，日本語風に連続した子音がない単語を聞かせて，乳幼児が弁別して聞いているかどうかを調べた。この方法は，乳幼児が聞き慣れた音を聴いたときと聞き慣れない音を聴いた時とで気を取られる度合い（注目度）が異なる現象を利用した方法である。その結果，生後 8 ヵ月までは両国の乳幼児も連続した子音がある単語とない単語を弁別することができていたが，日本人は生後 14 ヵ月までに子音の連続が含まれる単語と子音の連続が含まれない単語の音を区別して聞き取る能力がなくなっていることを明らかにした。

　この結果は極めて重大である。これまで何となく想像で，「日本人は英語（欧米語）が苦手」と言われていたが，連続した子音を聞き取る能力の有無を測定する方法によって，「日本人の乳幼児は，連続する子音（日本語にはないがフランス語には多い）を聞き取る能力を，生後 14 ヵ月で失っている」ことが証明されたからである。すなわち，日本人の脳は，生後 14 ヵ月にしてすでに欧米語が聞き取り難い「日本語耳」になっ

ていることが明白に示された。

　実は，このような研究は理化学研究所が世界初ではない。例えば，米国のクールらは，スウェーデン人，アメリカ人，日本人の赤ん坊は，出生直後にはいずれも13種の基本母音を区別する能力を潜在的に持っているが，生後6〜12ヵ月の間に，スウェーデン人は13種，アメリカ人は8種，日本人は5種の母音しか区別できなくなるという比較研究の結果を報告している。これは生後6〜12ヵ月の日本人の赤ん坊に，「日本語耳」が形成されつつあることを示している。

2）「日本語耳」の正体は何か

　理化学研究所は，「日本人の乳幼児が連続した子音を聞き取る能力が，生後8ヵ月にはあったが，生後14ヵ月では失われる」理由を，この期間中に「母音修復」の機能が形成されるためであると説明している。この「母音修復」とは，日本人の乳幼児の脳が，連続した子音がなく，すべての音節が母音で終わる日本語に脳の機能が適応する手段の1つであると考えられる。例えば，理化学研究所が用いた実例では，連続した子音を含む"abna"と，連続した子音を含まない"abuna"を聞かせて，区別できれば連続した子音をそのまま聞いていると解釈し，区別できなければ乳幼児が"abna"の"b"の後ろに"u"を修復して聞いている，と解釈する。そして，この修復作用は，生後8ヵ月ではまだ行われていないが，生後14ヵ月では行われており，生後8ヵ月と生後14ヵ月の間に「母音修復」能力，すなわち「日本語耳」が形成されると結論している。

　このような研究は理研が世界初というわけではないことは上記のクールらの報告でも分かるが，理研の研究は追試であるといったほうが正確である。例えばカナダのワーカー（J.F. Werker）らは，新生児は，生後12ヵ月頃には，母語以外の言語音の識別能力を失うという研究結果を1984年に発表している。すなわち，新生児が生後1歳頃に，母語の

習得に特化した脳を持ち始めるのは，日本人に限らず，どの言語でも生後 12 〜 14 ヵ月で起こるのである。

3）「母音修復」は「日本語脳の形成」である

　理化学研究所の研究で，日本人の赤ん坊は「母音修復」の機能を生後 14 ヵ月までにすでに備えていることが分かった。では，フランス人の脳には形成されない「母音修復」能力が，なぜ日本人の赤ん坊にだけに形成されるのであろうか。実は「母音修復」は赤ん坊にだけに見られる現象でなく，大人を含めて，日本語話者に共通の習性である。これは，例えば「マクドナルド」の発音に例をとると分かりやすい。

　余談になるが，マクドナルドのスペルには"MacDonald"と"McDonald"の 2 通りがあって，ハンバーガーのマクドナルドは"McDonald's"である。ここでは英国の首相名の"MacDonald"を例にとる。"MacDonald"の発音は，辞書には"Mac-Do-nald"と 3 音節に表記されているが，英語の口語では 2 音節で発音される。"MacDonald"の"cD"と"ld"は子音だけの音であり，第 2 章で述べた「リエゾンの法則」により，"c"はその前の"Ma"およびその後の"D"とリエゾンして 1 音節の"MacDo"と発音され，また，"ld"はその前の"na"と連続して"nald"と発音される。そして"o"にアクセントを付け，"MacDo-nald"と 2 音節で発音される。

　一方，日本人は，元の英語の発音を完全に無視し，"ma・ku・do・na・ru・do"と 6 音節で発音する。日本語には「母音の法則」があり，子音で終われないため，"c"は"cu"，"ld"は"lu・do"と発音されるため音節が増える。このように「母音修復」は成人でも普通に見られる現象である。

　全く同様に，女優の Hepburn の発音は，「ヘ・ボン」に近いが，日本語では「ヘ・ッ・プ・バ・ー・ン」と，6 音節である。ヘボン式ローマ字の「ヘボン」と「ヘップバーン」とは，全く同じ英語の姓の，異なる

カタカナ表記である。

　これら2つの例から，母音修復が起こる原因は自明であろう。日本語では子音が単独で発音されることがなく，すべての子音の後に何らかの母音が付く。また，日本語では，各音節が「等時的に」発音される。等時的とは，例えるなら機関銃の弾が発射されるとき，等間隔に「ダ・ダ・ダ・ダ・ダ・・・・」と発射されるように，すべての音節が，時間的に等しい間隔で発音されることを言う。例えば日本語では，上記の「ヘ・ッ・プ・バ・ー・ン」で分かるように，通常の音節だけでなく，撥音の「ッ」や長音の「ー」にも，同じ時間が割り当てられている。

　さて，生後14ヵ月の赤ん坊がすでに「母音修復」の能力を持つということは，日本人の赤ん坊は，その年齢ですでに「すべての子音の後に何らかの母音が付くこと」および「すべての音節が等時的に発音されること」という日本語の2大特徴に対して，脳の機能を適応させていることを意味する。生後8ヵ月では乳幼児が「アーアー」とか「ウーウー」のような，喃語（なんご）と言われる無意味な発声をする時期であり，生後14ヵ月とは，幼児が「ママ」とか，「アンパンマン」のような，意味のある単語を初めて発声し始める時期であることを考えると，日本語耳が形成されることと，意味のある日本語の発声の開始が同時であることを意味する。すなわち，「母音修復」は単なる「日本語耳」の形成ではなく，発語を含む脳の日本語機能全体の発達であり，「日本語脳」の形成と言える。

3．日本語脳・英語脳の形成
1）日本語脳と英語脳の違い

　角田忠信氏の発見や，理化学研究所の研究が示すように，乳幼児が日本語環境で育つと「日本語脳」を持つことになり，日本語以外の言語環境で育つと，非日本語脳（以下，英語脳という）を持つことが明らかである。本項では，日本語脳と英語脳がどのようにして形成されるのかを

第6章　日本語脳と英語脳

考えることにしよう。そのために，日本語脳と英語脳の違いをまとめると，以下の4点になる：

① 多種類の音節を聞き分け，発音する能力の差

　日本語には音節の種類が112しかない。これに対し，英語には実に数千から数万とも言われる多種類の音節がある（次項参照）。音節数の少ない日本語に適応した日本人の脳（日本語脳）は，桁違いに種類が多い英語の音節を聞き分ける能力も，発音する能力も英語脳よりも劣っている。このことは，例えば前述の理化学研究所が用いた，連続する子音を聞き分ける能力を計測する方法によって証明された。また，大部分の日本人にとっては，英語会話を学習するとき，いくら練習しても，例えば"r"と"l"を完璧に聞き分け，あるいは発音し分けることが困難であることでも明らかである。

②「母音修復」の能力の有無

　理化学研究所は，生後14ヵ月の日本人乳幼児に見られた，「連続する子音を聞き取る能力の消失」の原因を「母音修復能力の獲得」によって説明している。すなわち，日本人の乳幼児は，生後14ヵ月にして，日本語の聞き取りに適した日本語脳を確立しており，日本語にはない単純子音や連続子音を聞くと，各子音の後に本来ないはずの母音を修復して聞く機能を備えている。その反面，この「日本語脳」では，単純子音や連続子音が多い外国語の聞き取りが正確にできない。

③日本語における音節の発音の等時性（拍）

　前項において，英語が日本語化した，「マクドナルド」や「ヘップバーン」では，本来3つあるいは2つの音節で発音される英語が，日本語化すると6つの音節（＝カナ文字）となって等時的に発音されることを述べた。この発音の等時性は，「拍」とも言われる。すなわち日本語の発音には常にメトロノームのように明確な「拍」が存在する。これに対し英語には，1音節内に子音の連続があり，ま

た音節の連結（リエゾン）があるため，等間隔の「拍」は全く存在しない。

④音声処理における言語と非言語の切り替えスイッチ機能

　日本語脳は，無意味な母音や自然音までを含め，西洋音楽と雑音以外のほとんどの音声を言語脳で聞いている。一方，英語脳では，言語は左脳，言語以外の音声は，すべて右脳で処理する機能を持つ。そのような音声の仕分けには，聞いている音が言語であるか非言語であるかで処理する大脳半球を切り替える，「切り替えスイッチ」の機能が必要である。西洋人がそのようなスイッチ機能を持っていることは，30年以上前に角田氏が証明済みである（「日本人の脳」，175-235頁）。彼は，このスイッチ機構が，香水，タバコ，アルコール，精神安定剤等によって消失し，あるいは機能が不安定になることまでも報告している（同書，258-290頁）。

　日本人が英語を学ぶと，その学習時間の長さに応じて，徐々に英語脳が形成され，同時に言語と非言語の切り替えスイッチも形成されてくると考えられる。日本人が日本語環境から英語環境に入ると，日本語脳から英語脳に切り替わることは，筆者自身が体験している。筆者には，日米欧の新薬の承認に関する規制の統一のためのガイドラインを作成する国際会議に約8年間加わり，その間に，1週間の国際会議に約20回出席した経験がある。8年間のうち約3年間は1つの専門家作業部会（Expert Working Group：EWG）の議長を担当した。大抵の場合，国際会議の会期は月曜から金曜までの5日間であったが，毎回のように面白い経験をした。筆者の場合，5日間のうち最初の1日は口から英語がスムーズに出てこない。ところが，2日目になると英語が滑らかに口から出てくるようになり，まるでスイッチが切り替わったかのように感じた。時には，まるで別人になったかのように流暢な英語をしゃべっている自分に気づいて驚いたことさえあった。面白いことに，いったんその

状態になると，会議室の外で一緒に参加した日本人に話しかけるときも，英語で話しかけてしまう。日本にいるときは，日本人相手に英語で話しかけることなど絶対にあり得ないので，そういうときは頭の中が「英語脳」に切り替わっているとしか考えられない。このことから，筆者の場合は，英語環境に入って2日目ぐらいから，脳内スイッチが「日本語脳」から「英語脳」に切り替わるとしか考えられない。

　平均的日本人が，中学から大学にかけて6年から10年も英語を学習しても一向に上達しないのは，週に数時間というような少ない学習時間では，①英語脳そのものが形成されていないか，あるいは，②日本語脳から英語脳への切り替えスイッチが形成されないことを意味する。

　これに対し日本人でも，長期間の留学や熱心な勉強の結果，英会話に慣れた人は，会話時にほとんど瞬間的に英語脳に切り替えるスイッチ能力を備えているように思われる。筆者の経験では，英米人とほぼ互角に英会話ができる日本人は，ほとんど例外なく，5～6年以上の英語圏での生活経験を持っていた。従って，日本人の脳に英語脳や，日本語脳から英語脳への切り替えスイッチが十分に形成されるには，英語圏での5～6年以上の生活年数が必要であると考えられる。

2）日本語の母音優位が日本語脳を作る？

　日本語脳と英語脳はどのように形成されるのであろうか。最初にこの問題を提起した角田忠信氏は，日本語とポリネシア語に共通する何らかの特徴が，日本人とポリネシア人だけに特有な脳の機能を持たせるに至った，と考えた。彼は日本語とポリネシア語を比較した大野晋氏の文献を引用し，両言語には以下の共通点があることに注目した：

　①母音はa・i・u・e・oの5つである。
　②音節がすべて母音で終わる。
　③母音は必ず1つずつ独立して発音される（二重母音，多重母音がない）。

④母音だけで意味を持つ単語が多い。
⑤子音の連続がない。
⑥"r"（アール）と"l"（エル）を区別しない。（「日本人の脳」，306頁）

　角田氏は，日本語（とポリネシア語）の上記の特徴から，「日本語は母音優位型言語である」と考え，このことが日本人の脳の機能を特殊な「日本語脳型」にしたと考えた。角田氏がこのとき特に注目したのは，日本語には母音単独で意味を持つ単語が英語に比べ多いことであった。角田氏はその例を少ししか挙げていないので，筆者は「あ・い・う・え・お」の各文字の順列組み合わせにより，母音単独で意味を持つ単語を徹底的に数えてみた。その結果，母音だけで意味を成す日本語の単語は，安，以，宇，衣，於のような母音1字だけの単語から，「相合（傘）」や「往々」のように母音4字の単語まで，少なくとも270語以上あることが分かった（これらの一覧表は前著（著者紹介参照）に掲載したので本書では省略する）。これに対し英語には，発音も綴りも母音だけの単語は，後述のように数語しかない。これらの事実から角田氏は，日本人の脳が西洋人の脳の機能と異なる原因を次のように説明している：

　『日本語には，母音だけからなる有意の単語が多いこと，また，単語でなくとも，「あ，そうか」の「あ」，や，「え，ほんと」の「え」のように，日常頻繁に使われる有意語として母音が用いられることが，<u>母音を子音と等価の言語音として言語半球で処理するようになった</u>，最も有力な原因であると考える。』（「日本人の脳」，80頁）。

　しかし筆者は，上記の角田氏の説明をそのまま受け入れることができない。その理由として，以下の4つの理由を挙げることができる：
　理由1：母音優位説では，母音も子音も含まない，虫の音，風音，

葉ずれの音，水音，波音のような自然音まで言語脳で処理する理由が説明できない。

理由2：角田氏は「日本語は母音優位言語である」と断定しているが，その根拠としては，すべての音節が母音で終わることと，日本語に母音だけから成る単語が英語の場合より多いことしか挙げていない。これらの特徴だけで「母音優位」となぜ言えるのか検証されていない。

理由3：母音だけから成る日本語の単語が多いとしてもせいぜい270語である。そのことだけで「日本語は母音優位である」ということはできない。日本語の単語の総数は，簡単な辞書でも少なくとも5万語以上，大辞典では約45万語もある。従って母音だけから成る単語の数の約270語が日本語の単語の中で占める割合は，前者では約0.5％，後者では約0.05％で，その割合は微々たるものである。もちろん，これら母音だけの単語が圧倒的に高い頻度で使用されれば話は別であるが，そのような単語も見当たらない。

理由4：結局彼は，「日本語は母音優位である」と言うが，その「母音優位」をきちんと定義していない。日本語の「母音優位」と言えば，「日本語の何が，何に対して優位なのか」を明確に定義する必要がある。「日本語が母音優位である」という場合，その比較されるものの組み合わせは2通りある。「日本語の母音の頻度」と「日本語の子音の頻度」との比較か，あるいは「日本語の母音の頻度」と「英語の母音の頻度」の比較である。すなわち，次のどちらかの意味である：

① （日本語の中で母音と子音の使用頻度を比較して）「母音の使用頻度が圧倒的に高い」

② （日本語と英語を比較して）「日本語の中での母音の使用頻度は，英語の中での母音の使用頻度よりも圧倒的に高い」

まず，①が正しいか，検討してみよう。もしも日本語の母音の使用頻度が日本語の子音の使用頻度より圧倒的に高いとすれば，そのことが日本語の辞書に反映されているはずである。そこで，日本語の単語で，母音の使用頻度が圧倒的に高いか，実際に手許にあった「新選国語辞典」（小学館，1982）の見出し語で確認してみた。

母音「あ・い・う・え・お」で始まる単語のページ数は全体の約15％であり，残りの85％のページは，「かさたなはまやらわ」行，つまり「子音＋母音」の文字から始まる単語である。従って，日本語の単語の大部分である約85％の単語の最初の音節においては，子音と母音が同数使われている。2つ目の音節以後も，「あ・い・う・え・お」が圧倒的に多い傾向は特に見当たらない。すなわち，「日本語の単語の中でも，各音節の約85％は『子音＋母音』の音節で始まり，単語自体も子音と母音はこの比率である」と考えられる。従って，「日本語では母音の使用頻度が子音の使用頻度より圧倒的に高い」と結論することは無理である。

次に②の可能性，すなわち，「日本語の中での母音の使用頻度は，英語の中での母音の使用頻度よりもはるかに高い」かどうかを検討してみよう。

実はこれも，大いに怪しい。言いたいこととは逆に，日本語の中での母音の使用頻度よりも，英語の中での母音の使用頻度が高いかもしれないことを示す根拠が，以下の4つもある：

第1に，日本語の母音が5つしかないのに対し，英語の母音の種類ははるかに多い。英語の母音は強母音と弱母音の2種に分けられ，強母音の中に短母音6種，長母音7種，二重母音11種，三重母音3種，および弱母音6種の合計33種類が区別されている。しかも，英語の発音と米語の発音で異なる（発音記号が異なる）発音を加えると，さらに13種類増えて，英語の母音の発音の種類は実に総計46種類もある（「ライトハウス英和辞典」，研究社，1984による）。5種しかない日本語の母音

第6章　日本語脳と英語脳

の数と比較して，英語の母音の種類が9倍以上もあるのに，「日本語は英語よりも母音優位である」とは到底言えない。

第2に，それでも日本語と英語で同じ内容を表現する場合に，使用される日本語の母音の頻度が，英語の母音の使用頻度よりもはるかに高ければ，「日本語は英語と比較して母音優位である」と言えるであろう。そこで，そのような事実があるかを実例で調べてみた。第3章には，「草枕」の日本語原文と英語訳がある。どちらが母音が多いかを比較してみたところ，母音の延べ使用数は，日本文よりも英語訳文のほうがやや多かった。1例だけの検討で一般化はできないが，少なくともこの例では，実際の母音の使用頻度に関して，日本語の英語に対する母音優位は認められなかった。

第3に，英語の中で，母音だけから構成される単語の数（10語以下）は，日本語の約270語と比較してはるかに少ないことは事実である。しかし英語では，その数少ない「母音だけの英単語」が，実は圧倒的に高い頻度で使用されるという特殊な状況がある。すなわち，母音だけから成る英単語のうち，"a"（不定冠詞）と1人称の"I"（アイ，私）は，いずれも英語では最も頻繁に使用される単語の代表である。英語における"a"（不定冠詞）と1人称の"I"のこのような圧倒的な使用頻度の高さを無視して，「英語における母音の使用頻度は，日本語における母音の使用頻度よりもはるかに低い」と安易な断定はできない。

第4に，西欧語の中でも，ラテン語系のイタリア語やスペイン語も，母音の基本はアイウエオの5音であり，ほとんどすべての単語が母音で終わる。このため，イタリア語やスペイン語では母音の比重が欧米語の中でも比較的高い。もし「母音が多いことが日本語脳を作る」という角田氏の仮説が正しければ，イタリア人やスペイン人の大脳半球の機能も，ある程度日本語脳型になっていてもよさそうなものである。ところが角田氏の計測の結果では，大脳半球の機能は，イタリア人もスペイン人もいずれも西洋人型であった。これは，「母音が多いことが日本語脳を作

る」という角田氏の仮説にとっては,「不都合な真実」である。

　以上の４つの理由から,「日本語は英語と比較して母音優位である」という主張には明確な根拠がない。

3）子音優位の英語が英語脳を作る？

　英語は日本語と比較すると,子音優位のように見える。例えば角田氏が指摘したように,英語には母音だけの単語が非常に少ない。また,単語中の子音の数が概して母音の数よりも多いように見える。そこで前に,日本語が母音優位であるかを確認する際に用いた,英語辞書の見出し語の,母音で始まる単語と子音で始まる単語の数を比較する方法を用いて検討してみた。

　紙の辞書では27万語という日本最大級の語数を誇る研究社の「リーダーズ英和辞典（1984）」では,全単語のうち,a・e・i・o・uで始まる単語の合計ページ数はちょうど400ページで,辞書の全ページ数,2540ページの約15％であった。驚いたことに,この数字は,日本語の国語辞典においてアイウエオで始まる単語の合計ページ数の割合の約15％と全く等しい。すなわち英語も日本語も,子音で始まる単語のページ数は全く同じ85％であり,これでは英語は日本語に対して子音優位とは全く言えない。従って,「英語脳」の形成を「英語の子音優位」に求めることにも無理がある。

4）日本語脳・英語脳が形成される理由：音節数の差

　以上の考察から,日本語脳と英語脳が形成される原因を,「日本語の母音優位」に求めることも,「英語の子音優位」に求めることも無理であることが分かった。では,日本語脳と英語脳が形成されるメカニズムは,どのように説明できるのだろうか。この問題を考えるためには,一度原点に戻り,日本語と英語の最も大きな音声学的な相違点は何かを考える必要がある。

第6章　日本語脳と英語脳

　英語と日本語の最も大きな音声学的な相違点は，英語の音節数が日本語の音節数よりも桁外れに多い点である。改めて，英語と日本語の音節数を比べてみよう。

　音節数の比較の前に，「音節」の定義をしておく必要がある。本書では，音節とは「言語を構成する音の中で，一続きに発音される最小単位」と定義する。日本語の発音では基本的に，カナ1字で表される文字（濁音や撥音を含む）1つが1つの音節である。このほかに「キャ，キュ，キョ」や「ギャ，ギュ，ギョ」のような，仮名1字と小さなカナ1字で表現される音も音節である。日本語では，すべての音節がほぼ等時的に発音される，すなわち「拍」があるので，音節の総数は，「拍」を伴って等時的に発音される音の種類として，簡単に数えることができる。例えば，「ハワイのだいおうカメハメハ」では，字数と音節数は等しく，13個の音節から成ることが分かる。

　日本語の母音は「あ・い・う・え・お」の5個であり，子音は，50音の「かさたなはまやらわん」行の文字から母音を除いた音の10種，すなわち，"k, s, t, n, h, m, y, r, w, nn" と4種類の破裂音 "d, b, z, p" の，合計14種である。これらの子音の後に5種の母音が接続して，「子音+母音」型の音節を作る。しかし，作られる音節の数は $14 \times 5 = 70$ にはならない。現代日本語ではヤ行は「ヤ，ユ，ヨ」の3個，ワ行は「ワ」1個で，"nn（ん）" は一応子音とされるが，半母音とする言語学者もいて，母音と結合した音節を作らない。従って，5つの母音のすべてと結合して音節を作ることができる子音はk, s, t, n, h, m, r, とd, b, z, pの11種類で，できる音節の数は55種類，これにya・yu・yoとwo（を）とnn（ん）が加わって60種類，母音5種類を加えて音節の合計音節数は65である。

　研究者によっては，日本語にも二重子音があると考え，無声破裂音（ky, py），無声破擦音（ch, ts），無声摩擦音（sh, hy），鼻音（ny, my），有声破裂音（by），有声摩擦音（ry）を別に数えるので，これら

10種の二重子音を追加し，また，これら10種の子音と5種の母音によって作られる音節 $5 \times 10 = 50$ 個を追加すると音節の総合計数は $65 + 10 + 50 = 125$ 種になる。しかし，これらの中にkyとkyi，chyとchi，biとbyiのように区別が難しいものもあり，国語学者の金田一春彦氏はこれらを省いて，日本語の音節を112個であるとしている。これに従い，以後本書では日本語の音節の数として，112個を採用する。

これに対し，英語の音節の総数は，日本語よりはるかに多いことが分かっている。ところが，英語の音節の総数は何個なのかを調べたが，結論として言えることは，「英語の音節の総数は不明である」ということである。

英語の音節数が日本語の音節よりもはるかに多くなる理由として，以下の4つが考えられる：

①英語の母音の種類が日本語の母音の種類よりもはるかに多いこと

日本語の母音の種類は「あ・い・う・え・お」の5種だけで，英語のように「あいまい母音」や「多重母音」はない。従って，母音の合計数も5種である。これに対し，英語の母音には，強母音，弱母音，短母音，長母音，あいまい母音，二重母音，三重母音などがあり，英語と米語で発音記号が異なる母音を別に数えると，英語の母音は合計46種類もある（研究社・ライトハウス英和辞典，1984による）。

一方，英語の子音の数は同辞典によれば28種である。従って，英語における音節のうち，「1個の子音＋1個の母音」型の音節の総数は，単純に母音の数（46）と子音の数（28）を掛け合わせただけでもおよそ1300種になる。これだけでも日本語の音節数112の10倍以上となる。

②英語では，「母音＋子音」型の音節もあること

日本語の音節は，母音単独の音節と，「子音＋母音」型の音節しか存在しないが，英語では，「母音＋子音」型の音節も存在する

(例：it, at, us など)。すなわち、①で挙げた「子音＋母音」型の音節約1300種に加えて、母音と子音の順序を逆にした、「母音＋子音」型の音節もほぼ同数（約1300種）存在する可能性がある。
③英語の音節数は、子音の連続でさらに増えること

　日本語の音節では、子音が連続することはないが、英語の子音は他の子音と組み合わされて、多重子音を作る。多重子音には二重子音や三重子音（例：merry や night）だけでなく、六重子音まで知られている（例：rhythm）。子音2つの組み合わせの種類は28×28で、約800種存在する可能性があり、三重子音以上も加えるとこの数はさらに増える。これら二重および三重以上の多重子音の総数を少ない目に見積もって仮に1000種類とすれば、これらの子音の前後に合計46種もある母音が付いて形成される可能性がある音節数は数千から数万種に達する可能性がある。
④リエゾンが音節数をさらに増加させること

　口語英語では、音節数をさらに増加させる事情がある。口語英語では、単語の末尾の音と次の単語の先頭の音が連続して発音される、リエゾンという現象がある。単語と単語の組み合わせは無数にあり、従ってリエゾンによって新たに発生する音節も順列組み合わせ的に増える。ただしこのリエゾンの程度は話者の話すスピードに依存するので、早口で話せば当然増え、ゆっくり話すときは当然少なくなる。

　以上①から④に述べた理由から、英語の音節数は数千から数万ある可能性があり、その数は確定できないことが明らかになった。数の確定はできないが、日本語の音節数112と比較すると、英語の音節数は実にその数十倍から数百倍あることは確実である。
　さて、英語と日本語でこのように極端に音節数が異なれば、その影響も大きい。英語環境で育つ英米人の幼児と、日本語環境で育つ日本人の

幼児の間には，音節の聞き分け能力や発音能力に明白な差が出てくるのは当然のことである。例えば普通の日本人（およびポリネシア人を含む環太平洋言語群の人々）は，"r"と"l"を完璧に聞き分けたり，発音し分けることが困難である。それどころか，日本人には，英語の"f"と"v"，"v"と"b"，"s"と"sh"などの区別も困難な人がたくさんいる。日本人のこのような英語の音節の聞き分けおよび発音能力の低さの原因は，以下のように考えられる：

①多種類の音節を聞き分け，発音し分ける能力が低い日本語脳の形成

西洋人の乳幼児が，数千から数万種類もある音節を聞いて育つのに対し，日本人の幼児は，音節が112種類しかない日本語を聞いて育つ。その結果，日本人が聞き分け，発音できる音節数は，英米人と比較し極端に少なくなる。

②日本人の「母音の補修機能」の形成

日本語は，すべての音節が母音で終わり，しかもすべての音節が等時的に（拍を守って）発音される。このため，日本人の幼児は，大脳の中にこのような性質の日本語の聞き取りや発音に適した機能を発達させる。「日本語の聞き取りや発音に適した機能を持つ大脳の形成」すなわち，「日本語脳の形成」である。この「日本語脳の形成」には，日本人の乳幼児が，日本語にはない単独の子音や連続した子音を聞いたとき，それぞれの子音に母音を補う「修復機能」を発達させることが含まれる。この機能により，日本人の脳は，外国語の，単独子音や連続した子音をそのまま聞き取らずに，母音を補修して聞くようになる。その結果，英語の正しい発音の聞き取りおよび発音が困難になる。

③日本語における音節の発音の等時性への適応

日本語の発音には音節の等時性がある。この発音の等時性に適応するため，日本人の乳幼児は，等時的に発音される日本語に同調し

た，言語の等時的処理機能を言語脳内に発達させる。この能力は等時的に（拍を守って）発音される日本語の処理には適しているが，日本語にはない単独子音や連続子音を聴いたときにも，等時性の枠組みの上で処理しようとし，すべての子音にありもしない母音を適当に割り振って，すなわち母音修復をして等時的に処理しようとする。このような言語の等時的処理と，母音修復の能力こそ日本語脳の重要な特性であり，同時に，外国語の習得を困難にする要素でもある。

④西洋人における言語と非言語の自動切り換え機能の形成

　西洋人は，言語発達の過程で，言語は左脳，非言語は右脳で処理するための，一種の切り換えスイッチ機能を発達させる。このスイッチ機能は，日本語と比較し，圧倒的に種類が多い音節を持つ西洋語の情報処理に左脳が専念できるように，あらかじめ言語以外の音声を左脳から排除するための機構と考えられる。極端に音節数が少ない日本語を聞いて育った日本人には，このような言語と非言語のスイッチ機能は形成されない。その結果，日本語を母語とする日本人が英語を使用するときは，幼児期から言語と非言語の切り替えスイッチを形成させている西欧人と比較して，英語の言語情報処理に余分な時間とエネルギーが必要となる。

　以上の説明で，大部分の日本人が英語の聞き取りや発音を苦手と感じ，実際に外国語の習得に時間がかかる理由が明白になったと考える。

4．「日本人の脳に主語はいらない」？
1）月本理論における角田理論の引用について

　東京電機大学の月本洋教授は，日本語では主語や人称代名詞がしばしば省略される理由を，独自の理論で説明している。ただし月本理論は，角田忠信氏が「日本人の脳」に書かれた，「日本人と西洋人とでは，大

脳半球の使い分けが異なる」という角田理論を下敷きにしている。以下，月本理論を紹介し，その論理が納得できるものであるかを検証してみよう。

　月本氏はまず，20種の言語について，主語の省略の頻度を比較し，省略の多い順に並べると，以下のようになると述べている：

　　　1：日本語，2：トンガ語（ポリネシア語），3：マオリ語（ポリネシア語），4：サモア語（ポリネシア語），5：ハワイ語（ポリネシア語），・・(中略)・・，14：中国語，・・(中略)・・，17：朝鮮語，・・(中略)・・，20：英語

　　　　　　　　（「日本人の脳に主語はいらない」，講談社選書メチエ，2008）

　上記は，日本語と並んで，ポリネシア系言語に主語の省略が多いことを示している。また，上記20種の言語の中で，主語の省略度に関して，日本語と英語は最もかけ離れた言語であることを示している。これら2点は，本書の第3章において，日本語とポリネシア語との関係が深いこと，および日本語と英語は世界で最もかけ離れた言語である可能性が高いと述べたことと完全に一致するデータであり，興味深い。

　続いて月本氏は，日本語（およびポリネシア語）では主語が省略されやすい理由を，角田氏の「日本人の脳」の，図表5を引用して説明している。その月本氏の本の「はじめに」の一部を以下に引用する：

　　『本書の題は「日本人の脳に主語はいらない」であるが，より正確に言うと「日本語を母語にする人の脳は，主語や人称代名詞をあまり必要としない」である。脳科学の実験結果を用いた説明は，きわめて簡単に言えば次のとおりである。まず，最初に日本語と対極にある英語の場合は，以下のようになる。英語は多くの国の人が話すが，ここではその代表をイギリス人とする。

第 6 章　日本語脳と英語脳

　(1) イギリス人は，母音を右脳で聞く。
　(2) 右脳で，自分と他人の区別を行う。
　(3) 言語野は左脳にある。
　(4) 左脳と右脳の信号の伝達には時間がかかる。

　これらをまとめると，イギリス人は自他を区別する右脳を刺激しながら，そして，右脳と左脳の間の神経信号の時間遅れを伴いながら，言語を処理する，となる。そしてその刺激と時間遅れが，英語が主語や人称代名詞を必要とする原因となる。

　これに対して日本人は以下のようになる（日本人とイギリス人の違いは，母音を左脳で聴くか，左脳で聴くかの違いである）。
　(1) 日本人は，母音を左脳で聞く。
　(2) 右脳で，自分と他人の区別を行う。
　(3) 言語脳は左脳にある。
　(4) 左脳と右脳の信号の伝達には時間がかかる。

　これらをまとめると，「（日本人は）自他を区別する右脳を刺激せずに，そして右脳と左脳の間の神経信号伝播の時間遅れなしに，言葉を処理する」，となる。このことが，日本語が，主語や人称代名詞をあまり必要としない原因となる。』
（「日本人の脳に主語はいらない」，講談社選書メチエ，3〜4 頁，2008）

　ところが，月本氏による角田理論の引用は，角田理論そのままではなく，内容を改変して引用している。月本氏は角田氏の著書「日本人の脳」84 頁の図表 5 の内容を引用して，月本氏の本の表 6-1 としている。この月本氏の著書の表 6-1 をそのまま次の表 16-A として引用する：

　ところが，この表 6-1 の内容は，角田氏の「日本人の脳」のオリジナルの図表 5 の内容そのままの引用ではない。断りなしに重要な部分に勝手な変更を加えて引用している。角田氏のオリジナルの図表 5 は，表でなく，左右の大脳半球の図の中に文字を書き加えた図表であるが，その

表16-A　月本氏の著書「日本人の脳に主語はいらない」の表6-1
（183頁）

	左脳	右脳
日本人の脳	母音，子音，鈴虫等の鳴き声，小川のせせらぎ，風の音，邦楽器の音	西洋楽器の音，機械音
西欧人の脳	子音	母音，鈴虫等の鳴き声，小川のせせらぎ，風の音，邦楽器の音，西洋楽器の音，機械音

表16-B　角田氏の著書「日本人の脳」図表5（84頁）の内容（月本氏の引用と比較するため，図表を表に変換）

	左脳	右脳
日本人の脳	言語 子音，母音，あらゆる人声（泣，笑，嘆，鼾，ハミングなど） 風の音，動物の鳴き声 計算	西洋音楽，楽器音，機械音
西欧人の脳	言語 子音（音節）（CV，CVC） 計算	音楽，楽器音，機械音 母音，人の声（泣，笑，嘆，鼾，ハミングなど） 風の音，動物の鳴き声

角田氏の図表を上の表16-Aと同じ表形式に変換すると，表16-Bとなる：

　表16-Aと表16-Bを比較すると，角田氏の原著の図表5（上記表16-B）では左脳で扱う情報のトップに，「言語」がある。ところが，月

第 6 章　日本語脳と英語脳

本氏の**表 16-A**には「言語」がない！
　月本氏は大学の研究者であるから，文献の正しい引用の仕方は十分にご存じのはずである。科学の世界で先人の業績を引用するときは，オリジナルの業績の内容をそのまま引用するのが正しい引用の方法である。その先人の発表の内容に異議があってそれに変更を加えたいのであれば，まず先人のオリジナルの業績をそのまま引用し，根拠を明確に説明したうえで，自分の考えを別途表示するのが正しい変更の方法である。そうしなければ，どこまでが先人の業績で，どこからが後進（自分）による新たな発見なのかが読者に分からなくなる。ところが月本氏は，そのような正しい引用をせず，角田氏のオリジナルの図表5から，理由の説明なしに「言語」を削除したうえで引用しているのである。
　月本氏は，なぜこのようなルール違反の引用をしたのであろうか。この問の答えを出す前に，オリジナルの角田氏の「日本人の脳」の84頁の図表5に示された，角田氏の業績の内容を正確に理解する必要がある。角田氏の業績は，次の3点にまとめることができる：
　　①日本人も西欧人も「言語」を左脳で処理する点では同じである。
　　②日本人は，言語でない人声（ア―――のような無意味な母音，いびき，ハミングなど），動物の鳴き声，自然音もすべて言語脳（左脳）で処理している。
　　③これに対し西欧人は，これら言語でない人声，動物音，自然音を，非言語脳（右脳）で処理している。

　角田氏の最大の業績は，日本人と西欧人の大脳の機能に関して，「<u>同じ部分</u>」と「<u>異なる部分</u>」を明確にしたことにある。すなわち，①の「言語」の処理に関しては日本人も西洋人も違いがない，という点が最も重要なポイントの1つである。にもかかわらず，月本氏の表には「言語」が削除されている！つまり，最も重要なポイントを削除して引用しているのである。

角田氏の偉大な業績は，日本人と非日本人の脳の働きが異なるという，驚くべき発見をした点にある。しかし，「異なる」と言っても，何が異なり何が異ならないかを明確にしなければ，何が「異なる」のか正確に理解できない。ところが，月本氏はその最も重要な点を勝手に改変しているのだ。

　では，月本氏はなぜこのようなルール違反の引用をする必要があったのであろうか。結論から言えば簡単である。そこに「言語」があっては，月本氏の理論は簡単に崩壊してしまうからである。月本氏の著書の図6-1（上記表16-A）の左脳の欄に，角田氏のオリジナルの図表5にあった「言語」を加えてみよう（表16-C）。

　表16-Cを見れば，誰でも「おや，何か変だ」と思うであろう。日本人の左脳に「言語」と「母音」が並び，西洋人の左脳には「言語」と「子音」が並んでいる。しかし，「言語」はもともと母音も子音も含んでいる。では，言語とは別に書かれている「母音」とは何なのか？実はこれが角田理論のもう1つの最も重要なポイントであり，月本氏が一切無視している点である。

表16-C　月本氏の著書「日本人の脳に主語はいらない」の表6-1（183頁）に，角田氏の表の表5にある「原語」を補った正しい引用の表

	左脳	右脳
日本人の脳	言語 母音，子音，鈴虫等の鳴き声，小川のせせらぎ，風の音，邦楽器の音	西洋楽器の音，機械音
西欧人の脳	言語 子音	母音，音，鈴虫等の鳴き声，小川のせせらぎ，風の音，邦楽器の音，西洋楽器の音，機械音

第 6 章　日本語脳と英語脳

　以下，表 16-C のように，日本人および西洋人の左脳の機能として，「母音」とは別に「言語」が書かれていると，なぜ月本理論が崩壊するのかを，次の 2) 項で説明する。

2) 角田理論における「母音」の定義について

　角田忠信氏の「日本人の脳」(大修館書店，1978) の図表 5 では，「言語」と「母音」とが両方登場する (本章，表 15-1 および表 16-B 参照)。そして，これら「言語」と「母音」とは角田氏の定義では厳密に区別され，「母音」は「言語ではない」と明確に定義されている。角田氏は，この「母音」に言語的な「意味」を持たせないために大変苦労している。角田氏は，検査用の「母音」の作成法について，次のように説明している：

> 「人声，自然音は一定の強さの持続音として録音することはきわめて困難であるから，それらの録音とテストテープの作成には細心の注意を払った。まず，テープレコーダに応用しうる最短の長さのエンドレステープを作り，高速度で録音し，音の断絶した部分は切除して音が切れ目なく再生できるものを多数作り，それらのうち出力差が 5 デシベル以内の音質の良いものを選んでテストテープとした。」(「日本人の脳」，73-74 頁)

　このように，角田氏が，測定用の「母音」に，言語としての意味を持たせなかった理由は，「日本人の脳」に明記されている (80 頁)。すなわち，日本語には母音だけで意味を持つ単語が多数あるからである。例えば 1 個の母音でも，「えー，本当？」の「えー」のように，尻上がりに発音する「えー」は，疑問の意味の言語となる。逆に，「あー」を尻下がりに発音すると承諾の意味の言語となる。また，「あ——」の真ん中の「ア」を一度下げてからまた上げた「アー↓アー↑ア」は，「あき

れた」という意味の言語となる。このように，日本語では単純な1音だけの母音でも，長さや抑揚の変化を加えれば意味のある言語になる。だから「言語でない検査用の母音」として，「母音」から言語性（＝意味）を除去するために，角田氏は上記のような振動数も強さも一定の無意味な持続母音を大変苦労して作る必要があったのである。

　また角田氏は，彼の図表5の「人声」が言語でないことを，他でも以下のように明確に記載している：

　「人声として，<u>言語音以外の感情音</u>，すなわち，ハミング，乳児の泣き声，鼾（いびき），嘆声などを用いた。」（73頁）。（アンダーラインは筆者による。）

　以上の説明で，角田氏のオリジナルの「母音」が，言語でない音と定義されていることは明白である。ところが月本氏は，角田氏のこのような苦労を一切無視するのである。それはなぜか。角田氏の「母音」が言語でないとすれば，月本氏の，主語の省略の機構に関する一連の説明は直ちに破綻してしまうからである。

　最初に引用した月本氏の文章の最後のほうに，「イギリス人は自他を区別する右脳を刺激しながら，そして，右脳と左脳の間の神経信号の時間遅れを伴いながら，<u>言語を処理する</u>」と書かれている（下線は筆者による）。すなわち月本氏は，「言語の処理」について議論しており，その処理過程で最初に右脳が使用され，かつ右脳と左脳をつなぐ神経回路（脳梁）を電気信号が通る際の遅れについて論じている。ところが月本氏が引用している「母音」は，角田氏の定義によれば言語ではない。「ア―――」のような，無意味な連続音である。言語でない持続音にはもともと主語も人称代名詞もない。月本氏は，主語も人称代名詞もない無意味な音の処理過程に関して，「主語や人称代名詞の省略」を議論するという全く無意味な議論をされているのである！

ここで扱われている現象は、「言語の処理」に関する現象である。「言語」に関する大脳の活動ならば、イギリス人であろうと、日本人であろうと最初から「言語脳」、すなわち左脳で行われる、というのが角田氏のオリジナルの発見である。月本氏は、今自分が議論している「母音」が、「言語中の母音」なのか「非言語の母音」なのかを明確に定義しないまま議論されている。筆者は著書「誰でも書ける英文報告書・英語論文」（薬事日報社、2008）で、「日本人は議論するとき、しばしばその主語を明確に定義しないで議論する」と指摘しているが、上記の月本氏の議論はまさにその典型である。

以上で、月本氏が角田氏の「日本人の脳」の図表5を引用する際に、「言語」を削除して引用した理由が明白になったであろう。左脳の欄に「言語」があると、読者は「日本人も西洋人も言語中の母音は左脳で処理する」と（正しく）理解する。この正しい理解は、「西洋人においては言語中の母音の処理がまず右脳を経てから左脳で処理される。その時間的遅れのために西洋人は主語や人称代名詞を必要とする」との月本氏の論理とは両立しない。角田氏オリジナルの図表5の「言語」が自らの理論構築にとって邪魔なので、月本氏は「言語」を削除したうえで引用したのである。

3）主語以外の要素の省略

月本氏の本には、他にも多くの問題があるが、本書の目的から外れるのでそれらについては省略し、もう1点だけコメントを追加すると、日本語で省略されるのは、主語だけではない。所有代名詞も、目的語も、単数か複数かの区別も、比較の相手を論理的に正確にするための代名詞もしばしば省略される。筆者は、第4章で、日本語におけるこれら多くの言語要素の省略の理由を単純明快に説明している。しかし、月本氏は、主語の省略しか説明していない。では、他の諸言語要素の省略はいったいどのように説明されるのであろうか。

コラム6　日本文化は右脳型文化？

　世界の国々を考えると，それぞれの国や地域によって，文化に特徴があるようです。例えばクラシック音楽は，バッハやモーツァルトを産んだドイツ語文化圏が，絵画はフランス，ファッションはイタリア，自然科学はニュートンやダーウィンを産んだ英国が最も得意なようです（もっとも最近では，世界中から優秀な人材を集める仕組みを持つ米国が圧倒的にリードしていますが）。

　では，日本文化は何が最も得意と言えるでしょうか。日本が得意なのは，昔は浮世絵や美術工芸品，戦後は，黒澤明監督の映画や宮崎駿監督のアニメーション，マンガや劇画，任天堂やソニーのゲーム，特に最近ではスマホを使った「ポケモンGO」のような，画像や映像文化が得意なようです。このような日本の画像文化の発達と，日本語脳の性質が関係している可能性があります。

　角田理論によれば，西洋人は左脳で言語を処理し，右脳で言語以外の音声や音楽を処理するのに対し，日本人は左脳で，言語だけでなく，言語以外の人声，動物の声，風や水の自然音，邦楽など，西洋人よりも多くの種類の音声を処理しており，右脳で処理する音声は西洋音楽と雑音だけです。その結果，日本人は左脳ばかりを酷使して，右脳を比較的利用していないように見えます。しかし，これは音声処理の話であって，右脳は音声処理以外に，画像処理という重要な機能を主に担当しています。日本人は，音声処理に右脳をあまり活用しない分，右脳を西洋人以上に画像処理のために活用している可能性があります。上に挙げた映像文化だけでなく，日本人の女性の和服のデザインの無限に近い種類の多さと美しさ，京料理に代表される日本料理の視覚的な美しさ，日本全国の駅弁の種類の多さと視覚的な美しさは，日本を訪れる外国人を驚嘆させます。また日本には春の花見，秋の紅葉狩りなど自然の美しさを愛でる国民的行事があります。大の大人が電車の中でマンガ週刊誌や，最近ではスマホやタブレット端末でマンガを読みふけっているのも，宮崎駿監督の一連のアニメーション映画が年齢を超え，国境を越えて世界中に受け入れられるのも，日本人のこの右脳の余剰能力のせいかもしれません。

第7章

日本語脳を持つことの意味

1．日本人のロゴスとパトス
1）日本人のロゴスとパトスは分離されていない？

　日本人は日本論が好きだと言われている。梅棹忠夫氏の「文明の生態史観」（1967年），中根千枝氏の「タテ社会の人間関係」（1967年），山本七平氏の「日本人とユダヤ人」（1971年）をはじめ，最近では，樋口清之氏の「梅干しと日本刀」（2000年），藤原正彦氏の「国家の品格」（2005年）や，内田樹氏の「日本辺境論」（2009年）まで，日本人の特異性を紹介した書物は多い。しかし，これら「日本人特殊論」は，すべて文科系の著者によるものであり，それなりの説得力はあるものの主観的で，客観的根拠が欠けていた。従って，これら文科系の「日本人特殊論」に対しては，「どの国民も他の国民と違っている。日本人だけが特に他の国民と違っていると考えるのは単に他の国民のことを知らないだけだ」という批判に対しては客観的根拠を挙げて反論できなかった。従って角田氏の研究は，「日本人の特異性」を計測データによって示した貴重な理科系の研究であるという意味で，画期的であった。

　角田氏の発見のうちで，日本人と非日本人（以下，「西洋人」という）との間の最も驚くべき相違は，「日本人はすべての非言語の人声（泣き声，笑い声，嘆き声，鼾（いびき），ハミングなど）を左脳（言語脳）で聞くが，西洋人はこれらを右脳（非言語脳）で聞く」という点であった。さらに驚くべきことは，日本人は非言語の人声だけでなく，自然音（動物の声，小鳥の鳴き声，虫の音，風音，水音，葉ずれの音など）も言語

脳で聞いているという事実であった。このことは、日本人と西洋人では、同じ声や音を聴いても、それらから受け取る意味が異なる可能性を示唆する。また、西洋人は同じ人声であっても、言語（＝論理）と、非言語（＝論理のない人声）を自動的に分離して、別々の脳で処理できるのに対し、日本人は言語と非言語の人声を同じ言語脳で処理すること、そればかりか、生物音、自然音までを言語脳で処理しているということは、日本人の脳の中では言語（＝論理）と非言語（＝感情）が分離されにくい可能性を示唆している。角田氏はこのことを、「西洋人はロゴス（理性）とパトス（感情）が分離されているが、日本人ではこれらが分離されていない」と表現した。

　この「日本人のロゴスとパトスの不分離」仮説は、極めて注目すべき仮説である。なぜなら、この仮説によって、日本人の一見不合理な様々な行動を的確に説明できるからである。以下、このような例をいくつか紹介し、考察を加えよう。

2）日本人はディベートができない

　日本では、職場でも家庭でも、人々の意見が異なる場合、純粋に論理的な議論によって問題を解決することが極めて困難である。職場や家庭だけでなく、日本人の議論は、国会やその委員会での質疑応答に代表されるように、多くの場合、議論をしているようでも、単にお互いの見解を述べているだけで、議論は少しもかみ合っていない場合がほとんどである。このような状況は本来、純粋に学問的な議論の場であるはずの学会でも同様である。女性として日本で初めて東大教授になった中根千枝氏は、そのことを次のように書いている：

「（日本では）一切の論争で、落ち着くべきところに落ち着いたりすることは決してない。論争は始まりから終わりまで、変わらぬ平行線である。」
（「タテ社会の人間関係」、講談社現代新書、178頁、1967）

第7章　日本語脳を持つことの意味

　理科系の学会では，決定的に説得力を持つデータを提示することで，議論に決着が付くこともある．しかし，文科系の学会や政治家の政策論争では，ある見解に対して反対の見解が示された場合，どちらの見解にも客観的なデータがないことが多い．その結果，日本では，どの意見や見解も中身の正しさとは無関係に，対等な「見解の相違」としてどちらの意見も温存され，議論が平行線のままに終わるのが常である．平和なときはそれでもよいが，非常時においては，いくら議論しても結論が得られ難い「日本的議論」は悲劇を生む．例えば，太平洋戦争の末期，日本の陸海空軍の戦力や補給能力がほとんど完全に壊滅した後も，政府は終戦交渉の開始が決定できず，手をこまねいている間にソ連の参戦や2度の原爆攻撃を受けることになった．これが「日本的議論」がもたらす悲劇の典型的な一例である．

　日本で純粋な議論が成立しない原因には，もう1つ日本語に敬語や謙譲語があることが大きく影響している．敬語を使うことで，日本人は会話や議論のときでも，相手との格上・格下意識から決して離れることができない．格上の者は遠慮なく意見が言えるのに対し，格下の者は格上の人に失礼がないように，敬語を用いて遠慮がちに発言しなければならない．このため日本では，年齢や地位や性が異なる相手と純粋に対等な議論を交えることは極めて困難である．特に，格下の者が格上の者の意見を批判したり，否定することは極めて困難である．若い人が正義感に駆られ，格上の人を真っ向から批判したりすれば，その内容が正しいかどうかは関係なく，無礼な行為と見なされる．格上の者に自制心があって，その場では平静を装って格下の者の意見を認めたとしても，内心では感情的な「しこり」が残り，その若い人は後で思わぬ形で仕返しをされることがある．この「仕返し」行為は，「無礼な」若者に「礼儀を教育する」という口実で，「教育的懲罰」として実行され，その若者は長期間にわたり「干され」たり，前途を閉ざされたりすることも覚悟しなければならない．

ICH（医薬品規制の調和国際会議）の専門家作業部会（EWG）の議長をしていたとき，欧州あるいは米国の産業側代表と政府側代表とが，それぞれの地域内での利害が一致せず，会議の場で激しい応酬をしている場面に何度も遭遇したが，欧米では政府と民間企業の代表が激しく議論したり，ときには民間企業が当局を告訴したりすることもあるが，日本では，許認可権限を持つ官僚と，許認可を受ける立場にある民間企業との間で対等の議論が成立することは困難である。民間人がお役人をあからさまに批判すると，後から思わぬ方法で仕返しをされることを心配するからである（昔からこれを「江戸の敵を長崎で討つ」と言う）。このような為政者や官僚に対する一般民衆の恐怖は，「泣く子と地頭には勝てぬ」，「長い物には巻かれろ」などの処世訓として，先祖代々から日本人の潜在意識に強く刻み込まれている。日本人がディベートを避ける傾向は，日本人の脳における「ロゴスとパトスの不分離」の何よりの証拠と言える。

3）「情理を尽くす」という表現

　日本人にとって，理（ロゴス）と情（パトス）が分離されていないことを物語る典型的な状況証拠の1つに，「情理を尽くして説得する」という表現がある。日本では，いくら論理に筋が通っていても，論理すなわち理屈だけで相手を説得することは極めて困難である。このような場合，日本では理屈による説得だけではなく，相手の「情に訴える」ことが有効であるとされる。例えば，「落としの〇〇」と言われるような，自白を引き出す名人と言われる刑事は，決して怖いだけの人ではなく，相手の情に訴えるのが上手と言われる。人質を取って立てこもる犯人の説得役として，日本ではしばしば犯人の母親が駆り出される。それを意識して，70年安保闘争の直前の第16回東大駒場祭のポスターに，「さくら吹雪」ならぬ「銀杏吹雪」の入れ墨を背中に,「止めてくれるなおっかさん，背中の銀杏が泣いている，男東大どこへ行く」とヤクザ風の男

がうそぶくポスターが人気を呼んだ。「理論」で行動しているはずの過激派が「おっかさん」を持ちだして「情」に訴えるのも，日本ならではの風景である。このように日本では，情（パトス）と理（ロゴス）が常に渾然一体であることを前提に，説得に際しては「情理を尽くす」ことが必要であると言われるのである。

2．日本人と「花鳥風月」

　角田氏の計測結果に関して，もう1つ驚くべきことは，日本人は動物や鳥の鳴き声，虫の音などの生物音，小川のせせらぎ，波音，風音，葉すれの音などの自然音も，すべて人の声と同じように左脳（言語脳）で処理しているという事実である。このことは，日本人が，動物が人間と同じような感情を持つ存在と受け入れながら動物の鳴き声を聴くことを意味する。また，もともと無意味な風の音や水の音のような自然音を，何らかの「意味」がある音として聞いている可能性を示唆している。日本人はしばしば，虫の音や風音のような自然音から，情緒，感興，趣（おもむき）あるいは「侘び・さび」といった，英語に翻訳するのが難しい感情にかられる。このことは，ロゴスとパトスが分離できない日本人特有の情報処理の結果かもしれない。日本人の脳においてロゴスとパトスが渾然一体となった情報処理が行われる結果と思われる現象を，以下にいくつか紹介する。

1）鳥の聞き做し

　日本には古くから「鳥の聞き做し」（とりのききなし）という風習がある。小鳥のさえずりを人の言葉に直して聞く風習である。日本人が鳥の声を「聞き做す」こと，すなわち「人のことばに見做して聞く」行為は，鳥の鳴き声を言語脳（左脳）で処理していることの何よりの証拠であろう。表17に鳥の聞き做しの例をまとめた。

表17　鳥の聞き做しの例

鳥の名	聞き做し
ホオジロ	「一筆啓上仕り候」 「でっちびんつけいつつけた（丁稚鬢付け何時付けた）」 「いつも付けぬが今日付けた」
メジロ	「長兵衛・忠兵衛・長忠兵衛」
ウグイス	「法・法華経」
コノハズク	「仏・法・僧」
ホトトギス	「天辺，翔けたか」
ヒバリ	（上り）「日一分・日一分」，（下り）「月二朱・月二朱」
ツバメ	「土食って・虫くって・渋ーい」
イカル	「お菊二十四」，「蓑笠着い」，「月・日・星」
コジュケイ	「ちょっと来い，ちょっと来い」
センダイムシクイ	「焼酎いっぱいぐいー」
ジュウイチ	「拾壱，拾壱」
カラス	「阿呆ー，阿呆ー」

2）ラジオ・テレビドラマの中の自然音

　NHKテレビでいわゆる「朝ドラ」や大河ドラマを見ているとき，画面に気をとられると気づきにくいが，音だけ聞いていると，人の声のバックに鳥の声や虫の音が頻繁に出てくることに気づく。例えそれが都会の情景であっても，鳥ならばスズメ，ヒヨドリ，モズ，カラスなどが登場し，農村ならヒバリ，ウグイス，シジュウカラ，コジュケイ，イカルなどが，漁村ならトンビかカモメが定番である。夏は各種のセミの声が定番で，秋は鈴虫や松虫，晩秋ならコオロギなどの虫の音が季節感を盛り上げる。また，大河ドラマなどのテレビドラマでは登場人物の不安や不

吉な予感を表す場合は，カラスやヒヨドリの群の騒々しい声や，モズの高鳴きのような不吉な鳴き声が使用される。ショッキングなシーンでは鳥の鳴き声では役不足なためか，稲光と雷鳴が加わる。日本人に不安や精神的ショックを伝えるには，非言語でありながら言語脳で処理される自然音を使うほうが感情を揺さぶりやすいため，と考えられる。

3）日本庭園と西洋庭園

　最近，島根県の足立美術館を訪れる機会があり，その広大な日本庭園の美しさに驚嘆した。学生の頃，京都大学教養部に接する古い吉田寮で3年間過ごしたが，寮の文化行事で比叡山の麓にある修学院離宮の広大な庭園を訪れたときの感動を思い出した。

　日本の庭園と西洋の庭園の設計思想を見れば，日本人と西洋人のロゴスとパトスのあり方，および美的感覚の違いがよく分かる。最も贅沢な日本庭園の設計思想は，17世紀前半に造園された修学院離宮でも，20世紀後半に造園された足立美術館でも全く同じである。人工的に森，林，小山，池，小島を作り，滝や小川を作り，それらの水音を再現する。人工の庭園ではあるが，そこでは人工を感じさせるもの，例えば直線は一切排除される。また，名園と言われる庭園は，例え狭くても，遠くの山まで借景として連続的に利用し，見る者と自然との一体感を生み出している。修学院離宮の池のほとりに立てば，池の堰堤の向こうに，京都盆地を隔てて遠く離れた北山から西山に続く連山まで借景として利用しているが，その間にあるはずの百万都市，京都の市街地も，堰堤のすぐ下に広がる田圃や農家も，完全に木立に隠されている。人工的なもの一切が排除されているため，見る者には深山幽谷の中にいるかのように感じられる。日本庭園の設計思想は，人工的設計（ロゴス）の極致でありながら自然との融合によりロゴスを消去し，自然そのものに見える世界を人工的に創造することであることが分かる。

　これに対し，西洋人が庭園を造るときの設計思想は，日本人とは正反

対である。西洋の大規模なフランス式庭園，例えばベルサイユ宮殿の庭園や，英国のバッキンガム宮殿の前の庭園，あるいは米国ワシントンDCのリンカーン聖堂とワシントンタワー周辺のような広大な庭園では，直線を多用し，ほとんどすべてを左右対称あるいは放射状に配置する。池や植え込みも長方形や円形や楕円のような幾何学的デザインが多く，水を流す場合も，日本庭園のように自然を模した滝や渓流を流すのではなく，噴水にしたり，わざわざライオンや怪獣の口から水を吐き出させるという不自然極まりないことをする。すなわち，西洋の庭園の設計思想は，あたかも人間の理性（ロゴス）が自然を完全に征服した証（あかし）を庭園として表現することであるかのように，人間のロゴスを表現した世界を構築しようとする。

筆者は，日本庭園と西洋式庭園の設計が，いずれも高度なロゴス（論理や計算）に基づきながら，日本庭園ではロゴスを感じないように隠し，西洋庭園ではロゴスをむき出しにするという，正反対の表現を取る理由に関して，1つの仮説を持っている。それは，このような設計思想の違いは，日本人が日本語脳を持ち，西洋人が非日本語脳を持つことに由来するのではないかという仮説である。

日本語脳を持つ日本人は，自然音（動物の声，小鳥の鳴き声，虫の音，風音，水音，葉すれの音など）も言語脳で聞いている。このことは，日本人がこれらの自然音から言語に等しい意味や情緒を見出している可能性がある。日本人はこれらの自然音に親しみを感じるため，自然の中にいることにあこがれる。日本庭園の造園にあたっても，人工物でありながら人工を排し，できるだけ自然を再現しようとする。これに対し，非日本語脳を持つ西洋人は，理性や論理的整合性を何よりも愛する。そのために，造園にあたっても，直線，長方形，正多角形，円，楕円形のような数学的・論理的な造形を多用し，そのような人工の極致に美を感じ，その中にいることに喜びを感じるのではないかと思われる。

3．英語に訳せない日本語
1）日本語とオノマトペ

　オノマトペ（Onomatopoeia）とは，自然の音や生物の音声を文字で表す修辞法を表す，フランス語由来の英語である。オノマトペには，擬音語，擬声語，および擬態語の3種がある。英語にも擬声語や擬音語は多数あるが，英語には擬態語はない。

　擬声語の例は，ワンワン（イヌ），メーメー（羊，ヤギ）など，動物の鳴き声の表現である。一方，擬音語の代表は，雷鳴を表す「ゴロゴロ」，水の流れを示す「サラサラ」，風の音を表す「ビュービュー」などである。英語の擬音語の例は，bang（バン）や pop（ポン），his（シューシューいう音）や thud（ドサリと重いものが落ちる音）などがある。

　日本のオノマトペを集大成した研究書である，小野正弘書「日本の擬音語擬態語 4500　日本オノマトペ辞典」（小学館，2007）に収録されたオノマトペは，4500語という驚くべき数である。日本語にこれほどオノマトペが多い理由は何であろうか。

　カミナリの音を表す場合を例に考えてみると，日本語でも「かみなり」，「いかづち」，「雷鳴」，「遠雷」のような抽象化された名詞がある。しかし，これらと「遠くでゴロゴロゴロと雷が鳴った」や「ガラガラガラ・ドシーンと雷が落ちた」などと表現するのとでは，どちらが真に迫った印象を相手に与えるであろうか。日本語ではこれらの擬音語を使い分けることにより，落雷点までの距離や，肌に伝わる空気の振動までを生き生きと表現できるが，抽象化した単語には，そのような生き生きとした切迫感は希薄である。日本人が擬音語をよく使う理由は，自分の経験と出来る限り同じような経験を聞き手に味わって貰うためであると考えられる。

2）日本語特有のオノマトペ：擬態語

　オノマトペとは，「擬音語」，「擬声語」および「擬態語」を言う。日本語と英語を比較する場合，日本語にあって英語にない「擬態語」に注

目しなければならない。

　欧米でオノマトペと言えば,「擬音語」と「擬声語」だけを指し,「擬態語」は存在しない。しかし日本語には,おびただしい数の「擬態語」がある。擬態語とは,もともと音声を発しない,動作,様子,状態,心理,感情などを擬似的に音によって感覚的に表現した言葉である。

　ただし,擬音語と擬態語は全く別のものではない。擬音語がそのまま擬態語として使用される例も多数ある。例えば「どんどん」は何かを叩く音,あるいは足音の擬音語であるが,「どんどん追い抜く」,「どんどん片づける」などの「どんどん」は音とは関係がないので,擬態語である。このように,擬音語と擬態語の境界はあいまいである。夕立の降り方に関する擬音語を例にとると,降り始めは「ぽつん,ぽつん」,「ぽつぽつ」,「ぱらぱら」,「ばらばら」などで表され,本降りになると,雨の強さに合わせて,「ザーザー」,「ジャージャー」,「ザンザン」などで表現される。これらは明らかに擬音語であるが,表現されるのは音だけではなく,音とともに,地面に落ちた雨粒の大きさまで実感できる視覚的要素をも含んだ擬音語である。

　雨の降り方に関するオノマトペには,他に「びしょびしょ」,「しょぼしょぼ」,「しとしと」などもあるが,音もなく降る「しとしと」になると,もはや擬音語というより擬態語である。

　典型的な擬態語は,人の動作や態度や気分など,全く音とは関係ないものを擬音的に表現する。日本語で擬態語が多用される理由は,擬音語とよく似た響きの擬態語を多用することにより,表現者の心情を,いわば効果音付きで描写し,それを聞いた相手の心象の中に元の表現者の心情をありありと再現させて,相手の強い共感を引き起こすことにあると考えられる。

　人の動作や態度に関する擬態語は無数にある。それらをアイウエオ順に思いつくままに並べてみると,「いきいき」,「いちゃいちゃ」,「いらいら」,「うきうき」,「うずうず」,「ぐずぐず」,「くよくよ」,「けちけち」,

第7章　日本語脳を持つことの意味

「けんけん」,「こせこせ」,「こそこそ」,「ごそごそ」,「ごろごろ」,「しずしず」,「じたばた」,「じりじり」,「すいすい」,「せかせか」,「そわそわ」,「だらだら」,「ちゃきちゃき」,「つんつん」,「てきぱき」,「てれてれ」,「でれでれ」,「どたばた」,「にこにこ」,「にやにや」,「のしのし」,「のらりくらり」,「ばたばた」,「はらはら」,「ひょろひょろ」,「ひりひり」,「ふらふら」,「ぶらぶら」,「ふらりふらり」,「へらへら」,「べらべら」,「ぼさぼさ」,「まじまじ」,「めそめそ」,「もじもじ」,「もそもそ」,「もぞもぞ」,「もたもた」,「もりもり」,「ゆうゆう」,「よたよた」,「よちよち」,「よろよろ」,「わくわく」,など，いくらでもあるが，大部分は2音の2回繰り返しである．

　オノマトペが活躍する日本文化の1つに，漫画や劇画がある．通常，会話以外の文章による説明がないマンガや劇画では，情景や心情を簡単に表現できる擬態語は，大変便利である．通勤電車の中でサラリーマンが漫画雑誌を読みふけっている風景は日本だけだと言われ，恥ずかしい情景であると捉える人もいるが，日本の漫画や劇画が描く世界の深さは，おそらく世界でも群を抜いており，その一部は十分に芸術の域に達している．

　劇画に近いものは米国にもあり，story comic とか strip cartoon と呼ばれる．しかし，それらの内容は，スーパーマン（Superman）とかスパイダーマン（Spiderman）のような単純な勧善懲悪ものが主流であり，内容の深さに欠けているようである．もっとも，最近日本の漫画や劇画が次々と翻訳されて外国に輸出されているので，事情が変わってきているかもしれない．ただし，劇画の中で多用されている擬態語の翻訳はほとんど不可能なため，日本人がこれらを読んだ場合と同じ情報や感動が外国人に十分に伝わるかどうかは疑問である．

3）英語に訳せない日本語

　英語に訳せない日本語の代表が上記の擬態語である．英語には擬態語

表18 日本語の擬態語が，英語ではどのような品詞に翻訳された
かの調査結果

動詞を用いた表現	74	(25.9 %)
副詞を用いた表現	59	(20.6 %)
形容詞を用いた表現	50	(17.5 %)
名詞を用いた表現	31	(10.8 %)
オノマトペを用いた表現	4	(1.4 %)
その他の表現	19	(6.6 %)
擬態語の訳なし	49	(17.1 %)
合計	286	(100 %)

は存在しないので，日本語の擬態語を英語に翻訳するときはその擬態語の内容を別の英語表現に置き換える必要がある。ところが，擬態語を完全に同じ意味の他の表現に置き換えることは日本人でもほとんど不可能である。ましてや，英語話者の翻訳者が多少日本語を勉強したぐらいでは，擬態語のニュアンスを完全に理解することは困難であり，例え意味を理解できたとしても，完全な英語に翻訳することはほとんど不可能である。日本語の擬態語の翻訳は，どのような英語表現をしても「隔靴掻痒」的であったり，完全な誤訳になったりする。

　英語には擬態語がないので，日本語の文章がネイティブの文学者によって海外向けの英語に翻訳された場合，他の品詞あるいは表現に変換される。日本語から英語への翻訳に際して，日本語の擬態語がどのような品詞の英語に翻訳されたかについて興味深い研究報告がある。

　ある翻訳書について，擬態語がどのような品詞に翻訳されたかを表18に示す（皆島　博，2003）。

　この結果によれば，日本語の擬態語の英語への翻訳においては，英語でもオノマトペで表現する例は極めて少なく，動詞，副詞，形容詞，名

詞などで表現される場合に分散している。しかも，日本語の英語への翻訳において，擬態語が訳出されていないケースが2割近くもある。この理由は，翻訳者にその擬態語の意味が分からなかったために訳出されなかったか，あるいは擬態語の翻訳が不可能なため，と考えられる。

皆島氏の論文の中に引用された例文の中から，日本語原文とその中の擬態語の翻訳を筆者が実際に照らし合わせてみたところ，擬態語の翻訳に明らかな誤訳や，誤訳とまではいかなくとも，全く不適切な翻訳が多数見受けられた。筆者は前著「誰でも書ける英文報告書・英語論文」(薬事日報社，2008)で，そのような誤訳あるいは不適切な翻訳の例をいくつか取り挙げて，より正しいと思われる翻訳案を示している。その誤訳された擬態語とは，例えば「ぱさぱさ」，「にこにこ」，「しみじみ」などであった。日本人でない翻訳者には，これらの擬態語を正しく翻訳できないのである。

英語に訳しにくい日本語には各種あり，以下の7種に分類できる：

①擬態語（前述）

②日本人特有の人間関係や心理状態を反映している日本語（例：「意地」，「義理人情」，「情理」，「遠慮」，「ひがむ」，「どうせ」，「無念」，「悔しい」，「しょうがない」など）。第5章1項で紹介した，下から目線の「えらい？」や，上から目線の「えらい，えらい」もここに入る。

③日本人特有の生活習慣に関係する決まり文句(例：「いただきます」，「ごちそうさま」,「行って参ります」,「よろしくお願いします」,「お言葉に甘えまして」, など)

④日本特有の文化と関係した日本語（例：「侘び（わび）」,「寂（さび）」「粋（いき）」,「いなせ」, など)

⑤日本の四季や自然，天候に関する表現（例：「五月雨」,「小糠雨」,「牡丹雪」など)

⑥鳥や昆虫の鳴き声に関する表現（例：「虫がすだく」,「蝉時雨」

など）
　⑦自戒のニュアンスを込めた，日本人特有の受け身表現（例：「女房に逃げられた」，「空き巣に入られた」，「財布をすられた」など）
（コラム7参照）

　日本人がものを考えるとき，日本語を使って考える。このとき，頭の中には通常，擬態語をはじめ，上記のような英語になりにくい多くの想念が飛び交っている。その思考内容を英語で表現する場合，1対1に対応する英単語や英語表現が存在しないため，そのような概念ごとに対応する英語表現を工夫しなければならない。それが簡単にできないことが，明らかに日本人の英語下手の原因の1つになっている。

　以上，本書の第1章では，「日本人は英語が苦手」と言われるが，それが客観的な事実かどうかを論じた。第2章では，一般に多くの日本人が「日本人の英語下手の原因は，自分たちが受けた学校での英語教育が悪いからだ」と考えているが，果たしてそれは事実かどうかを検討した。第3章から第5章では，日本人の英語下手の理由が，日本語と英語のあまりにも大きな違いにあることを，日本語と英語の起源と進化，日本語と英語の異質性，日本語のあいまいさ，および日本文化の異質性の各面から論じた。そして，第6章と第7章では脳科学の最新データから，日本語脳と英語脳の違いと，日本語脳を持つことの意味，すなわち日本語脳を持つこと自体が英語学習にとって不利であることを明らかにした。以上で日本人が英語下手である理由を多方面からほぼ完璧に明らかにできたと考える。続く第8，第9章においては，では我々日本人はどのようにして英語を学習すればよいのか，すなわち脳科学的に実践的な英語学習法について論じることにする。

コラム7 「女房に逃げられる」のは日本だけ？

　日本では，妻が他の男性と一緒になるために家を出て行ったりした場合，その夫が「女房に逃げられちゃってね」と友人に話したり，あるいは他人が「あの人は女房に逃げられた」などと噂したりすることがある。このような表現では，主語は夫であるが，行動の主体は夫ではなく妻である。この表現は妻の行動を，夫を主語にして受動系形で表現しているが，韓国出身の呉善花氏によれば，このような受け身表現（間接受け身，または迷惑受け身）は日本語独特の表現であり，韓国，中国，英米にはない，と書いている（「日本の曖昧力」，PHP新書，2009）。

　韓国では，このような場合，どのように表現するのかと言えば，受け身形でなく，「女房が逃げた」と，女房を主語にする。また，英語では"My wife left me."（女房が私の元を去った）と，やはり女房が主語である。

　では日本人はなぜ，このような間接受け身，または迷惑受け身表現を好むのであろうか。現象的には同じであっても，「女房が逃げた」と「女房に逃げられた」では印象が異なる。"wife"を主語にした英語の表現は，感情抜きの客観的表現であるが，日本語で「女房が逃げた」と言えば，逃げた女房を，「身勝手な悪い女だ，ケシカラン」と非難しているようなニュアンスがある。これに対し，「女房に逃げられた」には，「自分にも落ち度があるのだが」といった反省や自嘲，あるいは「女房に逃げられてつらい思いをしている」といった，感情的ニュアンスが加わる。「女房に死なれた」のような表現では，妻が死んだことよりも，それ以上に，「独り身になって，自分がつらい思いをしている」という自分の感情の表現の割合が一層大きくなる。

　同様の受け身表現に，「空き巣に入られた」，「スリに財布をすられた」などもある。空き巣がドアをバールで壊して侵入した場合のように，自分にはほとんど落ち度がない場合でも，日本人は「責任は自分にもある」という，自戒のニュアンスを込めた表現を好む。このような受け身表現も英語に翻訳しにくい日本語である。

第8章
英語学習に関する4つの幻想

　義務教育に英語教育が取り入れられてから，すべての日本人が英語を学ぶことになった。ところが，義務教育で6年間，あるいは大学でそれ以上英語を学んでも，ほとんど使い物にならないため，ほとんどすべての日本人は，自分は英語が苦手であると思っている。そして，それぞれの人が，自分が英語が苦手な理由を考えており，子供の教育に際して，自分たちの失敗を繰り返さぬようにその失敗の教訓を生かそうとしている。しかし，それらの理由の多くは，誤解や幻想に基づいている。本章では，英語学習に関する日本人の代表的な誤解や幻想を4つ取り上げる。

1．「バイリンガル」幻想
1）バイリンガルの定義

　第2章で述べたように，現在の日本の公的英語教育の目標は，2003年の『「英語が使える日本人」育成のための行動計画』に基づいている。実現の可能性は別として，その目標とするところは，カナダのフランス語地域における英語のバイリンガリズム教育の目標とよく似ている。では，日本の公的英語教育の目標は日本人をバイリンガルにすることなのだろうか。

　2011年から小学校での英語教育が必修化されたこともあって，世の親の英語教育に関する関心が，かつてなく高まっており，子供の英語教育に関する多くの書物が出版されている。それらの中には，「バイリンガルのすすめ」とか，「子供をバイリンガルに育てる方法」といった表

第8章　英語学習に関する4つの幻想

題の本がある。「自分の子供をバイリンガルにしたい」と考える親も多く，また，「学校での英語教育の理想は，子供をバイリンガルにすることである」と考える教育関係者もいる。

　しかし，ここで気になるのは，バイリンガルという言葉がどのような意味で使われているかである。バイリンガル（bilingual）の定義自体は単純で，「2ヵ国語を使用する～」という意味の形容詞，あるいは「2ヵ国語使用者」という意味の代名詞である。ただし，注意すべきは，「バイリンガル」という言葉が，国家と個人という全く異なるレベルで使用されており，しかも使う人によってこの言葉の意味が異なることである。

　「バイリンガル」という表現は，国家を対象とする場合には，しばしば「バイリンガリズム」という形で使用される。国家の「バイリンガリズム」とは，例えばカナダが英語とフランス語の2ヵ国語を同格の公用語としているように，「ある国家が2ヵ国語を対等の公用語として認め，公文書を2ヵ国で表示し，両言語の公的教育を推進すること」を意味する。このような国家としての「バイリンガリズム」には，意味の混乱はない。

　一方，「バイリンガル」を個人レベルで使用する場合は，意味の混乱が生じる。「個人が2ヵ国語を使用すること」あるいは「2ヵ国語を使用する個人」といった場合，この「使用する」の程度が，人によって，あるいは国によって大きく異なるからである。

　バイリンガルについて論じるためには，まずバイリンガルを正確に定義しなければならない。しかし，巷の書物では，ほとんどの場合，「バイリンガル」の内容をきちんと定義せずに使用している。例えば，唐須教光氏の「なぜ子どもに英語なのか　バイリンガルのすすめ」（NHKブックス，2002）には「バイリンガルの定義」という項がある。ところが，そこには「バイリンガル」の正確な定義は書かれていない。「バイリンガルの意味は2ヵ国語使用者であるが，バイリンガルと言っても2ヵ国語を全く同程度に使いこなせる人はいないであろう」とか，「海外旅行

の時に現地語で買い物をしたり道を尋ねたりする程度の人のことをバイリンガルとは言わないであろう」などとバイリンガルの定義に触れる記述があるだけである。それでいて、「自分はバイリンガルである」とか、「自分は3人の子供をバイリンガルに育てた」と明記している。

実は、「バイリンガル」という言葉は、実用的にはきちんと定義できない。この言葉が定義できない理由は、「2ヵ国語が使える」という場合の「使える」の内容が正確に定義できないことにある。例えば、日本語しか使えない「モノリンガル」の人でも、日本語を「立て板に水」のように喋る人もいれば、まるで石のように無口な人もいる。また、会話や人前での挨拶は達者でも、文章となるとまるでダメという人もいる。その逆で、じっくり時間をかければ優れた文章は書けるが、人前ではろくに挨拶もできない人もいる。これが2ヵ国語の組み合わせとなると、両言語の使用能力の組み合わせはさらに多様となる。従って、「バイリンガルとは、片方の言語をこれぐらい使用し、もう一方の言語をこれぐらい使用する人をいう」と、正確に定義することは不可能である。

本書では、「バイリンガル」を「母語以外の言語（第2言語）を、少なくとも日常会話では、母語と同様に使いこなす人」と定義して用いることにする。すなわち、この定義に従えば、東大の池谷先生のように、（専門の）英語の読み書きに不自由がなくても、日常会話に不自由な人は、バイリンガルには数えないことにする。この定義では、筆者も、もちろんバイリンガルではない。

2）子供をバイリンガルに育てる方法？

前述の唐須教光氏の著書や、木下和好氏の「子どもをバイリンガルに育てる方法」（ダイヤモンド社，2001）には、両氏がお子さんたちを「バイリンガルに育てた」経験が披露されている。我が子を「バイリンガル」にしたい日本の親たちは、これらの著書のタイトルから、この本には「我が子をバイリンガルに育てる素晴らしい教育方法」が書いてあるに違い

第8章　英語学習に関する4つの幻想

ないと期待して読むかもしれない。しかし，そのような読者の期待は裏切られる。これらの本には，「我が子をバイリンガルにするための教育方法」など書かれていない。ではなぜ両氏のお子さんたちは「バイリンガル」になったのか？　その経過をまとめると，以下のようになる：

①父親の長期海外滞在に家族ぐるみで同行した。
②就学期の子供たちは，その間何年か，米国の学校に通わざるを得なかった。
③帰国後も，子供たちは高校卒業までインターナショナルスクールに通った。
④高校卒業後は，米国の大学に進学し，卒業後は米国内で就職した。

　つまり，お二人のお子さんたちは，「バイリンガルに育てられた」のではない。父親の長期米国滞在に家族ぐるみで同行した結果，子供たちが現地の学校で英語の教育を受けざるを得なかった，その当然の結果として，自然に「バイリンガル」になってしまったに過ぎない。

　強いて言えば，米国から日本に帰国後に，子供たちを日本語で教育する学校に編入させず，「インターナショナルスクールに通わせたこと，および，その後も米国の大学へ進学させ，米国で就職させたこと」が，両親の「子供をバイリンガルに育てる」教育方針であったと言えないことはない。しかし見方を変えれば，何年かの米国滞在により，子供たちの日本語による学校教育が何年か中断してしまったために，帰国後，日本の普通の学校に編入しても，英語以外の学科の「落ちこぼれ化」が確実であり，また，日本の受験競争や就職戦争にも落伍する可能性が高いため，やむを得ず「インターナショナルスクールでの教育」や「米国の大学への進学」，「米国での就職」を選ばざるを得なかった，というのが真相であろう。

　「我が子をバイリンガルに育てる方法」が上記のような方法であるとするなら，我が子を「バイリンガルに育てる」ためには，まず親が米国

に長期留学や長期赴任する算段を立てる必要がある。そんなことは普通のサラリーマンでは無理であり，残念ながらこれらの本は，大多数の読者にとって，「我が子をバイリンガルにする」ためには，何の役にも立たないと思われる。

3）バイリンガルは幸せか？

　「子供をバイリンガルにする方法」といった本を書いた著者たちは，上記のような育ち方をした子供たちを，「バイリンガルに育てた」と誇っているように見える。しかし，肝心の「バイリンガル」に育てられた当の子供たちは，米国の大学に進学し，米国で就職した後は，普通の日系アメリカ人と同じように米国内で暮らしている。大局的に見て，何が起こったかと言えば，日本人の若者が何人か日本から米国に移住しただけのことである。このような「バイリンガル」に果たして何の意味があるのであろうか。バイリンガルになった結果，モノリンガルの普通の日本人にはできない，国際的な活躍をするというのでなければ，「バイリンガル」になっても，ほとんど何の意味もないような気がする。

　また，肝心の「バイリンガルに育てられた子供たち」は幸福だろうか？

　唐須氏の場合，3人のお子さんたちは，渡米時，それぞれ中学生，小学生，および就学前であった。彼らは，親の都合で日本の先生や友人たちと無理矢理引き離され，強制的に国外に「拉致」され，全く言葉が分からないクラスに放り込まれたのである。彼らにとってそんなことが幸福だったはずはない。現に最初のうちは，毎日学校から泣きながら帰ってきたと書かれている。学校で言葉が分かるようになるまでの数ヵ月から数年の間は，成績も惨憺たる状態であろうし，さだめし不幸な思いをしたはずである。

　さらに，英語も日本語も，日常会話は問題ないとしても，日本語の学校教育を受けていない彼らの日本語の実力は，「職業レベルの日本語の読み書き」に不自由ないレベルであろうか。例えば就学前に渡米したた

め，日本語の学校教育を全く受けていない末っ子のお子さんは，よほど特別な日本語教育を別途受けないかぎり，日本語で仕事ができる状態ではないであろう。つまり，もし彼が日本に帰りたくても，国内での職探しは困難であろう。

　米国留学中に筆者が感じたことであるが，日本以外の国からの米国留学生は，インド人，中国人，台湾人，韓国人，フィリピン人など，例外なく何とかして米国で職を見つけて米国に永住しようとしていた。ところが，日本からの留学生は全く違っていた。日本人は，留学期間が終われば，例外なくさっさと日本に帰国しようとする。日本国内に職がある人は当然であるが，日本に職がない人も何とか日本で職を探して帰国しようとする。その意味で，日本からの留学生は，他のアジア諸国からの留学生とは，全く異質であった。

　「最近の若い者は海外留学したがらない」とよく言われるが，大多数の日本人が「外国に永住するのはイヤ」と思っていることには昔も今も変わりがない。昔と今の違いは，昔は「海外留学して先進的な知識や英語力を身に付けて帰国したい」と考える若者が多かったのに対し，最近の若者は，むしろ「海外へ行っている間に国内での就職の機会を失うと損だ」と考えて，海外留学を躊躇する若者が多くなっただけである。このような日本人の一般的性質を考えると，「バイリンガル」に育てられたばかりに，米国に永住せざるを得なくなった日本人が，日本にいる日本人よりも幸せかどうかは大いに疑問である。

　一方，「バイリンガル」となって日本に帰国した，いわゆる「帰国子女」たちが幸せかというと，これまた大いに疑問がある。この点に関し，鳥飼玖美子氏が興味あるデータを紹介している。子供を持つ35歳以下の若い保護者（調査A）と，英米圏からの帰国子女（調査B）を対象にして「何歳から英語教育を開始すべきか」というアンケート調査をしたところ，集団Aと集団Bの調査で全く異なる結果が得られたというデータである。表19にこれらのデータを並べて示す。

表19　何歳から英語教育を開始すべきか」のアンケート結果

調査Ａ：子供を持つ３５歳以下の保護者対象		調査Ｂ：帰国子女に対する調査
３歳から６歳まで	39％	母語が確立してから　　　　105人（50％）
３歳未満	34％	聞き取りや発音の確立しやすい時期　　　　48人（23％）
小学校低学年	14％	
小学校高学年	5％	母語と同時（０〜３歳）　　　　23人（11％）
中学校	4％	興味を持つ時期　20人（10％）
わからない	5％	学齢期になってから　12人（6％）
（AERAによる調査，2004年3月8日）		（帰国子女の会調査）

出典：鳥飼玖美子「危うし！小学校英語」，文藝春秋新書，84-86頁

　質問文が異なるため直接の比較は難しいが，通常，３歳未満では母語が確立していないので，「３歳未満」と「母語と同時」は同じ回答と見なしてよいと思われる。保護者の「３歳未満」が34％であるのに対し，帰国子女の「０〜３歳」は11％と，３分の１しかない。他の数字からも，帰国子女の多くは，母語が確立しない３歳未満の外国語教育はよくないと思っていることを示している。すなわち，この結果は「バイリンガル」と言われる帰国子女たちの大部分が，「自分の母語（日本語）が確立していない」と感じ，母語（日本語）が確立しないうちに英語の洗礼を受けて「バイリンガルになってしまったこと」を，「不幸なことであった」と感じている可能性を強く示唆している。

　国際化が進んだ産業分野の企業では，英語話者や帰国子女も多数働いているが，帰国子女の働きぶりに関しては，必ずしも評判がよいとは言えない。「通訳としてはともかく，実務能力は期待はずれだ」とか，「日

第8章　英語学習に関する4つの幻想

本人顧客を相手にしたとき，不行き届きが多い」という評判もときに耳にする。帰国子女に関するこのような「芳しくない評判」と「母語（日本語）の確立」とは関係がありそうである。帰国子女たちが日本人の顔をしているため，日本人顧客は，当然日本人的な応対や仕事ぶりを期待するが，帰国子女たちのメンタリティーが日本人的でない場合に驚いたり，英語ができるほどには普通の仕事ができないと不満を持つのであろう。「母語の確立」は，単に「日本語がうまい」だけでなく，「日本人的メンタリティーの確立」をも意味しているのである。

　日本人の大部分は何年も英語を習っていても一向に英語が上達しないので，英語がよくできる人に対して強いコンプレックスを持つ。そのため，ネイティブの英語話者やバイリンガルの帰国子女たちの見事な英語の使いぶりにコンプレックスを感じるあまりに，彼（彼女）らが何か特別な能力を持っているかのごとく誤解する人もあるようだ。しかし，「英語会話がよくできるだけ」の人は，欧米圏に行けば「ただの人」に過ぎない。英語教育を論じる場合，英語がうまいだけでなく，肝心のしゃべる内容と，それを支える豊かな教養や実務能力がより重要であることを忘れてはならない。

2．「早期英語教育」幻想
1）赤ん坊の時から英語漬け

　日本にいながら子供を「バイリンガル」に育てる目的で，まだろくに日本語がしゃべれない赤ん坊に，暇さえあれば英語会話のCDやビデオを視聴させて英語漬けにする「早期英語教育」を施す母親が少なくないようである。ネットでは，そのような「早すぎた英語教育」によって，子供がバイリンガルに育つどころか，子供の言語発達が遅れたり，日本語も英語もうまく操れない「セミリンガル」に育ててしまったという，悲痛な失敗例が報告されている。

　母語が確立しないうちの「幼児外語学教育」の弊害に関する学術的研

究もある。2007年8月に発表されたワシントン大学の研究によれば，米国で早期語学教育（この場合は中国語）のビデオを毎日視聴する乳幼児は，全く視聴しない乳児に比べて，1時間の視聴当たり母国語（英語）の習得言語数が6〜8語減っており，早期教育ビデオに効果はなく，むしろ弊害がある可能性があることを指摘している（http://allabout.co.jp/gm/gc/189479/）。

　「セミリンガル」の幼児の言語能力の特徴として，「日本語と英語の単語の混合」，「発音の混乱」，および「語順の混乱」が報じられている。要するに「セミリンガル」とは，日本語脳も英語脳も確立していない状態である。第6章3項で，日本語を最初に覚えれば日本語脳になり，英語を最初に覚えれば英語脳になること，および日本語脳と英語脳には大脳の左右両半球の機能に様々な相違点があることを述べた。日本語と英語の語順は全く異なり，また日本語は音節数が少なく，日本語のすべての音節は等時的に（拍を明確にして）発音される。これに対し，英語は音節数が圧倒的に多く，リエゾンで音節の種類も発音時間も変わり，発音の等時性は全くない。日本語脳と英語脳はこれら全く異なる構造の言語を的確にかつ効率的に聞いて理解し，自らも使用できるように形成される。結果として，日本語脳と英語脳では右脳・左脳の使い分けも異なり，また英語脳には，言語以外の音声を言語脳（左脳）から締め出し，右脳で処理する能力が形成されるのに対し，日本語脳ではそのような能力は形成されない。これらの事実を知れば，日本語と英語という全く異質な言語の環境を，母語が確立しない赤ん坊のときに同時に与えることが有害であることは容易に予想できる。要するに，日本語脳でも英語脳でもない，中途半端な脳が出来上がる可能性がある。

　このことは最新の脳科学からも強く裏付けられる。大脳の機能の発達の過程は，ニューロン（神経細胞）の突起の伸張と，他のニューロンとの間にシナプス（神経伝達装置）を形成すること，すなわち，テレビや携帯電話の中の配線の基盤に相当する，脳内神経回路というハードウェ

アの形成過程である。この神経回路の形成は，同じ神経刺激が反復されることで形成され，強化される。従って，全く異質な構造を持つ複数の言語を赤ん坊に同時に聞かせると，この神経回路の形成に混乱が起き，誤配線や配線の遅れが起こると考えられる。乳幼児に２ヵ国語を教育すると，ほとんど例外なくしゃべり始める時期が遅れたり，単語や語順の混乱が見られるとの報告は，このような神経回路の誤配線や配線の遅れが実際に起きている可能性を示唆している。

さらに，言語は思考の道具であり，乳幼児の思考の発達には，思考の道具としての言語能力の確立が関連していることを考えると，日本語による思考も英語による思考も年齢相応にできない「セミリンガル」の乳幼児は，いわば「知恵遅れ」の状態にあるとも言える。子供の幸福を願って行われる乳幼児に対する「早期外国語教育」が，かえって子供の知能の発達を損なうとすれば悲劇であり，母国語が確立する前の早期外国語教育は避けるべきと思われる。

ただし，ヒトの脳の能力の発達の限界には未知の点も多く，乳幼児からの２ヵ国語教育は有害であると軽々しく断定もできない。例えば言語学者の酒井邦嘉氏は，国際結婚で母親が日本語話者，父親が英語話者の家庭の子供たちの例で，母親とは完璧な日本語で日常会話ができ，父親との会話は英語で行い，英語の能力もネイティブと変わりがない，理想的な「バイリンガル」に育った例を報告している（「言語の脳科学」，中公新書，2002）。通常，乳幼児に話しかけられる言語は，母親の母語である日本語が圧倒的に多かったと考えられ，従ってこの子供の場合，母語は日本語，脳のタイプは日本語脳であったと考えられ，バイリンガルになったのは父親の影響と，その後も英語環境に育っていることから，家庭の外の友人関係や学校教育の影響が大きいと考えられる。しかし酒井氏は，仮説として，幼児の脳は最初は日本語脳でも英語脳でもない混乱した状態にあるが，成長するにつれて次第に単語や文法が整理され，誤りが少なくなり，最終的には母親とは日本語脳で，父親とは英語脳で

会話するようになったと解釈する，段階的発達説を紹介している。しかし酒井氏は，母親が日本語話者，父親が英語話者の場合でも，子供が成長するにつれて母親との日本語での会話を嫌うようになり，通学期になると完全な英語話者になってしまうケースも報告しており，この場合は最初に形成された日本語脳が消失してしまい，英語脳だけになったと考えられる。このように，子供が英語話者になるかバイリンガルになるかは両親の教育方針だけでなく，子供の個性，および親子関係や友人関係も影響し，個人差が大きいようである。

2）6歳からの語学留学

前項で，母語が確立する前の2ヵ国語教育は有害である可能性が高いことを示した。では，母語が一応確立したと思われる，満6歳の日本人の子供を米国に単独で留学させると，その子はどのように育つであろうか。その有名な例が津田塾大学の創設者，津田梅子氏である。

津田氏の父，津田仙は，江戸幕府の幕臣で，幕府崩壊とともに失職したが，その後北海道開拓使の嘱託として復職する。彼は幕臣であった頃から英語に関心があり，明治新政府の呼びかけに応じ，当時満6歳であった娘・むめ（のちの梅子）を米国に留学させた。梅子はワシントンDCの役人の家に下宿しながら私立の女学校卒業までの11年間を米国で過ごし，1882年に帰国した。彼女は大学の英語教師をしたのち，1889年，24歳で再度フィラデルフィアのカレッジに留学して生物学や教育学を学び，3年後に帰国した。帰国後は英語教師をしながら，1900年に，後に日本最初の女子大学となった「津田塾大学」の前身である「女子英学塾」を設立してその塾長となり，生涯を女子教育に捧げた（斎藤兆史「日本人に一番合った英語学習法」祥伝社，2006）。

さて，6歳で渡米して11年後に帰国したとき，彼女の日本語の能力はどうだったであろうか。彼女は，日本語をほとんど忘れていて，会話には通訳が必要であった。その後も英語教師をしながら日本語を勉強し

たが，生涯日本語に不自由したと伝えられている。小・中・高等学校教育を日本語で受けていないことを考えると，日本語に不自由なのは当然のことである。そのような彼女が大学設立という立派な業績を残すことができたのは，彼女自身の優れた資質に加えて，教育熱心であった父・津田仙と，その上司の北海道開拓使・黒田清輝，一時家庭教師をしていた伊藤博文といった，高い志をもった明治の元勲たちの助力と，時代の要請があったからであろう。

3）14歳からの語学留学

　6歳から10年あまり語学留学すると日本語をほとんど忘れてしまうとすれば，中等教育を終えた頃からの語学留学の効果はどうであろうか。14歳で渡米し，幕末から明治にかけて活躍した，2人の有名人の例がある。

　その一例が，留学ではないが，ジョン万次郎である。万次郎は幕末の1827年に土佐の中濱村（現在の土佐清水市）の半農半漁の家に生まれ，8歳の頃に父を失い，貧しかったために，寺子屋に通うこともできず，読み書きはほとんどできなかったと伝えられている。彼は14歳のとき（1841年），漁に出て嵐に遭い，漂流して無人島の鳥島に漁師仲間4人とともに漂着した。約5ヵ月後に米国の捕鯨船に救助されたが，鎖国中の日本には帰国できず，ハワイに連れて行かれた。万次郎だけは船長に気に入られて，サンフランシスコに上陸，学校にも入れてもらい，英語，航海術，造船技術などを学んだ。その後数年間，捕鯨船で働くが，帰国を決意し，高給が得られる金鉱山で数年間働いて帰国費用を蓄え，渡米10年後の24歳のとき（1851年），上海航路の商船に小舟まで用意して乗船，琉球の近くで小舟に乗り替え，現在の沖縄県糸満市に上陸した。帰国後の彼は米国事情を知りたい薩摩藩や幕府の厳しい取り調べを受ける一方，英語に堪能で航海や造船の知識まで持つ唯一の日本人として重宝され，薩摩藩開成所や幕府の軍艦教授所で英語を教えた。1860年，

咸臨丸で勝海舟らが遣米使節団として渡米した際にも，通訳として一行に加えられた。従って，彼はこの間，勝海舟，後藤象二郎，福沢諭吉といった幕末から明治にかけた歴史の主人公達と何ヵ月間か行動をともにしたことになる。
　しかし彼は，その後，ほとんど歴史の表舞台に出ることはなかった。昭和12年に井伏鱒二が「ジョン万次郎漂流記」を書くまでは知る人も少なかったと言われている。その理由は何であろうか。土佐の貧乏な漁師だった万次郎と江戸幕府の幕臣たちとでは身分が違いすぎたことを原因として挙げる者もいるが，明治維新後は，真に有能な人物ならば平民でも頭角を現す機会がいくらでもあったはずである。従って，彼がほとんど歴史の表舞台に現れなかった理由は，身分の差ではなく，彼に発展期の国の指導者になるといった「志」がなかったためのようである。また，14歳で日本を離れるまでに，正式な教育を全く受けたことがなく，従って通訳をしても，外交や通商や学問に使用される英単語に対応する日本語の単語を全く知らなかったため，通訳すら満足にできなかったようである。このことは，日本人が国際的に活躍するためには，少年期・青年期にしっかりした教育を受けておくことが，いかに重要かを物語る一例であるとも考えられる。
　ジョン万次郎とは対照的に，幼少期から日本でしっかりした教育を受けてから14歳で語学留学したのが蘭学者・神田孝平の養子の神田乃武（ないぶ）である。父・神田孝平は，福澤諭吉に蘭学から英学に転向するよう勧められ，英語の勉強を始めたが，なかなか上達せず，養子の乃武に望みを託し，明治4年（1871年）渡米する森有礼（後の文部大臣）に当時14歳の乃武を預けた。乃武は8年後にアマースト大学を卒業して帰国した。彼は熱心な勉強家で成績も良かったことが伝えられているが，帰国したとき，彼はほとんど日本語を忘れており，養父・孝平に英語で挨拶したと伝えられている。帰国後も，生涯日本語に不自由したが，それでも彼は，大学予備門（現・東大教養学部），帝国大学文科大学（現・

東京大学文学部）などいくつかの大学の教授を歴任して英語やラテン語を教え，またその間，多くの英語教科書，参考書，辞書などを出版し，1910年には貴族院議員となった。また，実子の1人をアメリカ学者，もう1人を聖書学者に育てている（斎藤兆史，前掲，2006）。

　ジョン万次郎と神田乃武は，ほぼ同じ時代に，同じ年齢で，10年と8年間米国に滞在したにもかかわらず，帰国後の2人の活躍度がこれほど異なるのは，もちろん個人的な資質の違いもあるだろうが，最大の違いは日本を出国する14歳までに日本で受けた教育の違いであろう。ジョン万次郎が寺子屋にさえ通えなかったのに対し，神田乃武の養父神田孝平は教育熱心で，乃武を幕府の洋学教育研究機関であった「開成所」に通わせ，当時の最高の教育を受けさせていた。少年・青年期の教育がいかに重要かを物語る一例である。そしてまた，これらの例は，日本で活躍しようと思えば，できるだけ早く海外留学するよりも，まず日本でしっかり教育を受けてから留学することの重要性を物語っているようである。

3．「9歳の壁」幻想
1）言語習得に「臨界期」はあるか？

　「臨界期」とは，動物やヒトが学習する場合，「学習内容に応じた最適な年齢あるいは時期がある」という考え方である。動物の学習の「臨界期」に関する最も有名な例は，オーストリアの動物行動学者，コンラート・ローレンツ博士が野鳥の実験的観察から発見した「刷り込み」（imprinting）の発見である。彼はこの業績などでノーベル医学生理学賞を受賞している。発見の内容は，「ハイイロガンの幼鳥は孵化後一定の時間に見た動く物を母親と思いこんで付いて歩く性質がある」というもので，生涯続くこの記憶を「刷り込み」と呼び，この現象が一定の時期にしか生じないため，その時期を「臨界期」（critical period）と呼んだ。実際に湖に浸かって顔だけを出している彼の顔を「臨界期」に見たハイイロガンの幼鳥は，生涯にわたって彼を母親と信じてついてきたという。

同様の例は，ウイーゼルとヒューベルによるネコの新生児の視覚の研究でも知られている。ネコはマブタが閉じた状態で生まれ，生後1〜2週で開眼するが，生後3ヵ月までの時期に実験的に片目を種々の期間縫合し視覚入力を遮断すると，遮断した方の眼に視覚障害が起こる。これは，大脳の第1次視覚野の神経細胞のほとんどが，遮断した側の目の光刺激に反応しなくなり，開いていた方の眼の光刺激だけに反応するようになるからである。このように生まれてから一定の期間，視覚野の発達に正常な視覚刺激が不可欠な時期があり，この時期を「臨界期」または「感受性期」と呼ぶ。ネコの場合，このような感受性が最も高い時期は，開眼直後ではなく，開眼から2週間程度後の，生後4週から8週にかけた時期である。そして，生後3ヵ月を過ぎたネコでは，片眼の遮閉をいくら長く続けても，視覚の変化は起きない。感受性期が過ぎているからである。
　鳥やネコに見られるこのような明確な感受性期の存在を一般化すると，『ヒトの子供でも，脳の発達には，適切な時期に外部からの刺激が必要であり，その適切な時期，すなわち「臨界期」を過ぎると教育の効果が無くなる』ということになる。誰でも知っているように，2歳から6歳ぐらいまでの幼児の言葉の発達はスポンジに水がしみこむような自然な過程であり，特に教えなくても小学校入学時に使える単語は，約3000にも達すると言われる。その後は強制的に学校教育を受けるので，言語を自然に覚えるのか学習で覚えるのかが分かりにくくなるが，感受性の高い時期は思春期までで，成人になると学習効果が上がりにくくなる。
　例えば，米国への移民についての米国での調査によると，米国に入国した年齢と文法力テストの結果の相関を調べると，6歳までに入国した移民の成績は米国生まれの人と変わらなかったが，6歳を過ぎてから入国した者の成績は，入国の時期が遅くなるほど低下するという結果が得られている。すなわち，6歳を過ぎてから米国に入国した場合は，英語を完全な母語とするのは無理ということになる（酒井邦嘉「言語の脳科

学」中公新書，2007）。ただし，次項で述べるように，これを乗り越えることができない直立する「壁」と受け取るのは間違いで，能力が徐々に下がっていく，と受け取るべきである。

2）言語習得に「9歳の壁」はあるか？

前述のハイイロガンやネコのように，「ある時期を過ぎると，急速に言語獲得の能力が失われる」とする考え方がある。そして，その時期が8〜9歳頃であるとし，9歳を越えると，語学の学習能力が急速に失われるという考え方が，「9歳の壁」の考え方である。代表的な「9歳の壁」の主張の例を次に紹介する。

東京大学薬学部の准教授，池谷裕二氏は海馬の研究で世界的に有名な脳科学者であるが，日本人の常として（？）英会話が苦手である。池谷氏が米国コロンビア大学に留学するために初めて渡米したとき，研究室の誰のしゃべることも聞き取れず，彼がしゃべる英語も全く通じなかった経験を第1章で紹介した。池谷氏は日本人が中学生から10年以上も英語を勉強しても，本場の英語を話すことも聞くこともできない理由を，専門の脳科学の立場から以下のように説明している：

(1) 日本人は世界でも特に英語が苦手らしい。
(2) 従って他の民族以上に，努力と根性をもって勉強することこそが重要であって，それしか道はない。
(3) ところが，そう素直にはいかないのが脳の世界。なぜなら語学の習得には適齢期があるからである。<u>言葉を覚える能力は，一般に8歳までであると言われている。この年齢を過ぎると，新しい言語を覚える能力は急速に低下する。「9歳の壁」と呼ばれる脳の変化だ。</u>4〜8歳までの子供は，模倣本能が旺盛で，聞いたことをそのままマネをしようとする。その結果，<u>音声を聞き分ける能力が発達する。しかし9歳までにその能力が終結してしまう。</u>

(4) もし，あなたが幼い頃，日本語しか聞いてこなかったとしたら，英語力をネイティブ並みに高めようという期待はおそらく叶わないだろう。脳科学的にいうならば，それは不可能なのだ。

(5) もしあなたが「L」と「R」を聞き分けられなかったとしても，それはあなたの努力不足でも勉強不足でもない。私を含め，中学生になってから英語を習いはじめた人は手遅れなのである。

(6) 「La」という空気の振動が耳に届いても，残念ながら私の脳には「La」に反応する脳回路がない。しかたなく脳は「ラ」の神経を反応させる。となれば，それは私にとってその音は「ラ」以外の何者でもないのだ。本当は「La」であっても，そんなことは私に関係ない。音は脳の外側にあるのではなく，脳の内側で作られるのだから。同様に「Ra」が耳に届いたとしても，それも私にとっては同じ「ラ」である。脳とはわがままだ。事実は都合良くねじ曲げられる。外界はもはや私の感知の外である。実際の世界がどうなっているのかを脳は知ることはできないのだ。（以下略）(http://gaya.jp/english/katakana.htm)

さらに，筆者はニュージーランドのクライストチャーチ在住の友人T氏に，英会話習得の臨界期に関して，彼の周辺の日本人の子供たちについて，実際の様子を尋ねてみた（大震災の前のことである）。彼には幼い子供がおり，教育問題にも熱心なので，「英語学習に臨界期があると思うか」，および「日本の小学校5年生からの英語教育開始についてどう考えるか」を尋ねたところ，次のように書いてきた：

「こちらに住む日本人の子供たちを観察していると，5年生からの英語教育義務化では今の中学英語と何ら変わらないと思います。日本からこちらの小学校に5年生で編入した子供は大変苦労します。その苦労を乗り越えられればいいのですが，中には乗り越えられない子供たちもいま

すので，見ていて痛ましいです。一方，この国で生まれて大きくなる子供の多くは，両親が日本人で，家で日本語を話していても，時間の経過に伴って，英語優位になっていきます。『9歳？の壁』は，私の経験から間違いなく存在すると結論しています。よって，他言語教育は早期でなければ，無駄なエネルギーを必要とします。こうした無駄なエネルギーは，子供に機会損失を与えていることになります。」

このように，脳科学者の池谷氏は脳科学の立場から，またニュージーランドの友人T氏は，現地で働く日本人家庭の子供たちの実際の様子から，「9歳の壁」の存在を肯定している。

ところで，学者は，何かを主張するとき，その学問的根拠があればそれを引用して，その根拠を示す習慣がある。ところが，「9歳の壁」を解説した池谷氏の文章には，その学問的根拠が示されていない。ということは，この「9歳の壁」には学問的根拠がなく，単なる伝聞に過ぎない可能性もある。そこで，「9歳の壁」の学問的根拠を調査してみた結果，驚くべきことが分かった。「外国語習得のための時期的限界」という意味での「9歳の壁」には学問的根拠が全く見つからないのである。そして，見つかった情報によれば，確かに「9歳の壁」という現象はあったが，それは外国語学習における「9歳の壁」ではなかったのである。

3）「9歳の壁」の虚構

「9歳の壁」という言葉は，Googleでフレーズ検索（この4文字がこの順序で出てくる文献だけを選び出す検索）すると，2万5300件もヒットするほど広く流布している言葉である。この言葉の使い方を見ると大きく分けて以下の4つに分類できる：

①インターネットの英会話関係の商業サイトで「9歳の壁」が使用される場合

学問的根拠は一切示さずに，『英会話の習得には「9歳の壁」

がある。だから小学校低学年，小学校入学前，あるいは幼児教育としての英会話学習が必要である』と，英会話教材を宣伝する場合であり，数から言えばこれが圧倒的に多い。

②聾唖教育分野の教育心理学用語としての使用

　聾唖者は正しく教育すると小学校3～4年生までは健康な児童とほぼ同じような知能の発達が可能であるが，この年齢を過ぎると抽象的概念の扱いにおいて，聴覚が正常な児童と比較して，どうしても超えられない学力差が生じてしまうことが多い。この現象を指して「9歳の壁」という場合。

③聴覚に異常がない児童でも，学習態度などが原因で②と同じ現象が見られる場合の使用

　家庭でのしつけ，生活態度，性格，あるいは多動症のような軽度の精神障害などが原因で，抽象概念が登場する9歳頃に学習面で他の生徒たちに付いていけず，落ちこぼれが発生しやすいことを指して「9歳の壁」という場合。

④池谷氏のように，「外国語習得における臨界期」という意味での「9歳の壁」の使用の場合

　問題は，④の池谷裕二氏の「9歳の壁」の使用の場合に，学術的な研究論文が1つも発見できなかったことである。しかも，種々キーワードを変えて海外の文献を検索したが，海外では，語学教育分野はもちろんのこと，聾唖教育の分野にさえ「9歳の壁」という表現を全く発見できず，海外にはこの概念自体が存在しない可能性が高いことが分かった。すなわち，「9歳の壁」という概念が純粋に日本的な概念であり，しかも学術的研究の対象になっていない可能性が高いことが分かった。

　この問題は，順位の低い文献を時間をかけて検索することで解決できた。「9歳の壁」という述語を初めて使用した人物は，東京教育大学附属聾学校長であった萩原浅五郎氏であり，使用された時期は35年以上

も前である。当時の使い方は前述の②の意味，すなわち「聾唖者が9歳頃に遭遇する壁」の意味で使われていた（http://www.41kodomo.com/index.php/archives/356）。

以上の調査から判明したことは，「健康人の外国語習得のための臨界期」の意味で「9歳の壁」という述語を使用するのは，「誤用」である可能性が高いということである。

ただし，日常会話英語に関しては，年齢が低いほど上達が早いことは経験的によく知られている事実である。小学校からの英語教育の導入に強く反対している，大津由紀雄・鳥飼玖美子両氏による「小学校でなぜ英語？」（岩波ブックレット No.562，2002）にさえ，家族で渡米した日本人の中で，「真っ先に現地語の発音や日常会話ができるようになるのはまず幼児であり，数ヵ月遅れて小学生，さらに数ヵ月遅れて中学生，次いで高校生の順序であり，そして個人差はあるものの，成人は残念ながら殆ど進歩がない」と書かれている。一見すると，これは正に「臨界期がある」との主張に見える。しかし，大津・鳥飼両氏は，早期英語教育には反対で，上記の事実を，「9歳の壁」と言われるような「明確な臨界期」がないことの根拠として書いており，英語学習の開始時期が中学校以降であっても，英会話の達人になった人たちの実例を著書の中でもいくつも紹介している。

英語学習の開始時期が中学校以降であっても英語会話の達人になれることは，筆者自身の経験とも合致する。これは残念ながら自分が英会話の達人という意味ではない。筆者は，これまで海外や日本で英会話が達者な日本人たちに出会ったときに，「何年外国におられましたか」と尋ねてたびたび確認した経験から，中学生から英語を習った日本人でも，英語圏に5～6年以上滞在すれば，ほとんどの人はネイティブ並みに英語会話ができるようになることが分かった。すなわち，脳科学者の池谷氏が「9歳の壁」の存在を強く信じているのは，池谷氏の米国滞在期間（2年3ヵ月）が短すぎたことによる。しかも筆者の場合と同様，理科系の

研究者である池谷氏は，その滞米時間の大半は無言で実験に没頭していたと思われるので，彼の英語圏への滞在期間は，英語を自由に話せるようになるには短すぎたことは明らかである。

もし語学習得に，ハイイロガンやネコのような厳然とした「臨界期」があり，それが池谷氏の言う「9歳の壁」であるなら，9歳を超えてから渡米した日本人が，数年後に英会話の達人になって帰国するというようなことはあり得ないことになる。しかし実際には，前節で述べた，14歳で渡米したジョン万次郎や神田乃武は，ネイティブ並みに英会話が上達して帰国している。あるいは国際化時代の現代，9歳を過ぎてから家族ぐるみで海外へ渡った子供たちが数年後に，ネイティブ並みに英会話に上達した帰国子女となって帰国する例がいくらでもいるが，この事実も説明できない。従って，語学習得に関し，「9歳の壁」というような明確な障壁は存在しないと結論できる。ヒトの場合は成人後でも，強い学習意欲を持ち，努力すれば，語学の学習は十分に可能である。学習意欲も努力も知らないハイイロガンやネコとヒトを，同列に論じることは，ヒトに対して失礼である。

学習の最適期に関して，理化学研究所は，注目すべきニュースをプレスリリースしている。これによれば，物体の輪郭を認知する脳の機能の発達をマウスで検討したところ，急速に発達する時期が2回あることが明らかにされた。最初のピークは生後4週から8週にかけて見られ，もう1つは生後12週から15週にかけて見られた（理化学研究所，2012年7月7日プレスリリース資料）。最初のピークが子供から青年期にまたがる時期であり，2つ目のピークは繁殖年齢に達してすぐの時期である。このことは，マウスには，子供のときに発達する脳機能と，成体に達してから発達する脳機能があることを示唆している。ヒトの場合も，例えば日常会話が発達する時期と，読み書きが発達する時期とが数年から10年ぐらいずれていることは，言語学習の感受性が高い時期が二峰性であると考えれば説明が付く。

第8章　英語学習に関する4つの幻想

4．「本物の英語」幻想
1）「本物の英語」と「ニセモノの英語」

　オーストラリア人の英語，フランス人の英語，ドイツ人の英語など，それぞれ特有の訛（なまり）がある。インドや香港など，一部の元植民地であった地域の人々の英語には，特有の強い訛りがある。日本人は通常，英国または米国で使われている英語だけが「本物の英語」であると思い，なまりが強い他の国の英語は下手な英語，あるいはニセモノの英語と考えている。このため，日本人は英語を学習するための留学先と言えば英国か米国が本場であり，カナダやオーストラリアやニュージーランドに語学留学する人はちょっと肩身が狭い思いをしたりする。ましてや，インドに英語の語学留学をするという話はあまり聞かない。

　このように，「本物の英語・ニセモノの英語」意識が強い日本人は，自分の英語に対しても，日本訛りの，発音が悪い「ニセモノ英語」であるとの意識が強い。例えば，RとLの使い分けがうまくできないことを恥ずかしく思い，また，文法的な誤りを犯さないようにと思い過ぎるあまりに，英語を話すときに顔が引きつるほど緊張し，かえってスムーズに英語が出て来ない人が多い。しかし，自国訛りの英語を恥ずかしく思うのは，どうも世界でも日本人に特有な現象らしい。他の国の人たちは，お国訛りや文法的間違いを気にしないで，堂々としゃべる傾向がある。

　英語を母国語あるいは公用語とする国は驚くほど多い。英語を母国語や公用語とする国の多くは，イギリス連邦（British Commonwealth）に加入している。加盟国は5大州のすべてに広がっており，ヨーロッパに3ヵ国，北米・中米に12ヵ国，南米に1ヵ国，アフリカに21ヵ国，アジアに8ヵ国，オセアニアに9ヵ国と，総数は54ヵ国に達している。

　イギリス連邦に加盟する国には4種類ある。①英国，②英国の初期の植民地で，大英帝国構成国（カナダ，オーストラリア，ニュージーランドなど），③英国の旧植民地または支配下にあった地域，④他国の旧植民地，である。英語を母国語とする国でも，米国，アイルランドなど4ヵ

国はイギリス連邦に加盟していない。また，中東地域では，元英国の支配下にあった，イスラエル，パレスチナ，イラク，エジプトなど，13ヵ国はイギリス連邦に加盟していない。また，アジアにも元英国の支配下にあったアフガニスタンとミャンマーは加盟していない。これらの国々では薄れつつはあるが，英国の支配下にあった影響が残り，英語話者も多い。以上のように，英語を母国語ないし公用語とする国はイギリス連邦加盟国を中心に，総数70ヵ国以上に達する。これほど多くの国で，それぞれのお国訛りの英語が使われているのである。この現状を捉えて，「世界で最も多くの人々に使用されている言語は，英語ではない。ブロークン・イングリッシュである」と言う人もいる。

英国の上流階級や知識人の標準語であるKing's (Queen's) Englishを標準にするならば，アメリカ英語（米語）は，下品な発音が目立つ英語の方言に過ぎない。ところが，その本家本元の英国にも，普通の日本人が知らないだけで，数多くの英語の方言がある。英国の英語の方言の多様性を知るには，ミュージカル映画「マイフェアレディー」が絶好の教材になる。ロンドンの下町生まれの花売り娘イライザが妙な事情から短時間で上流階級のお嬢様に仕立て上げられることになり，言語学者のヒギンズ教授から徹底的に下町なまりを修正されて苦労する話である。そのイライザが使っていた英語が，ロンドン下町の方言「コックニー」であり，上流階級からすれば「下品な」英語である。Today（今日）を「トゥダーイ」と発音するオーストラリア英語は，この「コックニー」の影響が強いと言われる。

英国英語には，標準語と見なされている数種類の英語のほかに，多数の方言がある。口語英語に関する限り，実は広大なアメリカ大陸で話されているアメリカ英語の地域差よりも，小さな島国イギリスの中の英語の方言の地域差のほうがはるかに大きい。米国の英語が比較的均一なのは，①米国が多国籍の移民からなる若い国家であり，言語的な統一が必要であったため，アメリカ英語の標準語教育が強力になされたこと，②

第8章　英語学習に関する4つの幻想

アメリカ英語には数百年の歴史しかないため、地域的な変種が生じる時間がなかったこと、および、③米国社会では人の流動性が高く、言語の地域的孤立が起こりにくいこと、などが原因である。

　これに対し英国は島国でも数千年の歴史を持ち、先住のケルト民族に、後からアングロ・サクソン民族、ゲルマン民族、ラテン民族などの異民族が異言語とともに武力で侵入して、その後も長く民族的あるいは地域的反目が続いたため、英語の方言が多様化した。このことは最近、スコットランド独立運動が根強いことでも分かる。イギリスの主な「標準語」および方言の名称、成立年代、話されている階層や地域、主な特徴を、多数の文献およびネット情報から表20にまとめた。

　イギリスから世界に目を転ずると、世界には多くの英語話者がいる。「英語話者」の定義にもよるが、英語を公用語とするか、あるいは公用語としなくても英語を義務教育として教育している国は中国、日本、韓国などを含め約80ヵ国、その程度に差はあるが、約20億人が英語話者であると言う人もいる。この中でネイティブの英語話者を英米人に限定すると、人数は約3億人で、残りの17億人は「英語の方言」をしゃべっていることになる。主な英語の方言の呼び名、話される地域、主な特徴を、多数の文献およびネット情報から表21にまとめた。

2）ニホン英語は世界に通じるか？

　表21には、「ニホン英語」（Japanese English）を含めていない。これにはいくつかの理由がある。第1の理由は、日本では「ニホン英語」という言葉がまだ市民権を得ていないと思われるからである。普通の日本人は、日本なまりの強い「ニホン英語」は単に勉強不足の、恥ずかしい英語と思うだけで、オーストラリア英語やインド英語と同じような意味での「ニホン英語」が存在するとは考えていない。

　ところが、兵庫県立大学名誉教授の末延岑生氏は、日本には昔から「ニホン英語」が存在していたという。末延氏は、この「ニホン英語」が世

表20 イギリス英語の標準語と主な方言の名称，成立年代，話されている地域，主な特徴

標準語・方言の名称	成立年代	話されている地域等	注
King's (Queen's) English	中世〜現代	王室，政治家，上流階級	標準語の1つ。女王の治世ではQueen's Englishと言う。
Standard English	新しい	教科書	標準語の1つ。人口の12〜15%が使用。英語には標準語はないという説もある。
容認英語 (Received Pronunciation, RP)	古い	BBC（放送局）	伝統的標準語。使用者は減少傾向にあり，人口の3%との説もある。
コックニー (Cockney)	古い	ロンドンの下町方言	/eɪ/ が [aɪ] に (day → [daɪ])，/iː/ が [əi] に (keep → [kəip])，単語中の /h/ が発音されない，などの特徴がある。
河口域英語	1980年代以後	ロンドン南西部の河口域（新開地）方言	容認英語とコックニーの融合で使用者人口が増加中。
その他のイギリス英語方言	古い	イングランド英語，ウェールズ英語，スコットランド英語，アイルランド英語など	さらに細かく方言に名前が付いている（例：Scouse：リバプール方言，Mannc：マンチェスター方言など）

第8章 英語学習に関する４つの幻想

表21 英国以外の世界の主な英語の方言の呼び名，話される地域，主な特徴

方言名	地域	主な特徴
アメリカ英語	USA，リベリア共和国	・イギリス英語と異なる使い方の英単語やイディオムが，少なくとも数百はある（説明は省略）。発音の最大の相違点は，英国英語の単語の語尾の"r"は通常発音しないが，米国英語では"r"音を巻き舌でしっかり響かせるところである。ただし英国人はこれを下品と感じる。語尾の子音を発音しないフランス語の発音の影響と考えられる。
カナダ英語	カナダ	・カナダは元英国領であったため英語が公用語であるが，その前はフランス領であったためケベック州は主としてフランス語が使用され，国家としては英語とフランス語を公用語とするバイリンガリズムを実施している。発音はアメリカ英語に近い。
オーストラリア英語	オーストラリア大陸	・Dayの"a"の発音が「エ」よりも「ア」に近い。 ・コックニーとアイルランド英語の影響があると言われるが，最近では米語の影響も強い。
フィリピン英語	フィリピン群島	・米国の植民地であったことから，独立後も公用語として教育されている。現地語のタガログ語の訛があり，Tanglishと呼ばれることもある。発音は，V→B，F→Pなど，ポリネシア人や日本人と共通するなまりが見られる。
中国英語	中国沿岸部	・17世紀に始まる英国と中国の商人の交流から生まれた中国訛の英語。語彙は3300もあり，3億5000万人が話すという。漢文をそのまま英語にしたような，Long time no see!のような漢文調の英語も多い。中国語の動詞が活用しないため，三人称単数現在の動詞に付ける"s"や，完了形などの時制がいいかげんという特徴を持つ。

219

インド英語	インド,パキスタン,バングラデシュなど	・大英帝国の植民地になったため広まり，独立後も公用語として教育が英語で行われたため，2億5000万人が使用する。発音にインド英語特有の強いなまりがあり，"r"音を強く発音するが，英語よりも日本語の「ル」に近い，二重母音の間に子音を入れる，"th"を"t"と発音する（think → tink），単語中の無声音を綴り通り発音する（Wednesday →ウエドネスデイ）などの特徴がある。
韓国英語	韓国	・Conglish ともいう。日本の敗戦後に米国の支配を受けたこと，朝鮮戦争に米国が全面的に介入し，現在なお休戦期間中であることなどから米国との関係が強く，英語とキリスト教が普及した。韓国語には受動態がないために受動態と能動態の誤用が多い。また自動詞と他動詞の誤り，否定疑問文への受け答えの Yes・No の誤りなど，日本人と共通の誤りも多い。
シンガポール英語	シンガポール	・Singlish とも言う。英国の植民地であったこと，中国系，マレー系，タミル系（インド）の3ヵ国の住民がいて，共通語として英語が必要であったことから，国民のほとんどは英語が話せる。
インドネシア英語	インドネシア	・独立後に共通言語として作られた人工言語のインドネシア語とよく似た特徴があり，名詞に格変化がなく，動詞に活用がない。時制は動詞に「明日」とか「昨日」を付けて区別するなど，会話英語の特徴がみられる。

界に通じること，特にインドや東南アジアやポリネシアでは，ネイティブの英語よりも「ニホン英語」の方が通じやすいこと，日本人はこの「ニホン英語」をもっと自信を持って堂々と世界中で使用すべきだ，と主張

している（「ニホン英語は世界で通じる」，平凡社新書，2010）。
　末延氏によれば，ニホン英語とは，次のような特徴を持つ英語である：
　　①発音が単語ごとに区切られ，リエゾンがほとんどない。
　　②冠詞を気にしない。
　　③3人称・単数・現在の動詞の末尾の"s"を気にしない（同上）。
　　④単数・複数の数の一致を気にしない（同上）。
　　⑤動詞の活用を気にしない。
　　⑥時制を気にしない。

　上記の「気にしない」の意味は，気にしてもよく間違うと言うほうが正確である。もともと「ニホン英語」には上記のような日本人特有の特徴や文法的誤りが多いが，英会話ではあまり文法的に正確でなくても意思の疎通は十分に可能であり，文法の誤りは気にしなくてよい，という意味でもある。テレビで「ニホン英語」の恰好の例を見ることができる。例えば，月に一度，日曜日の午後4時から東京テレビ系列で長期放送されていた，「日高義樹のワシントン・リポート」という報道番組があった。この番組は，ハドソン研究所主任研究員の日高義樹氏が，キッシンジャー元国務長官を始め歴代の政府高官，軍人，経済人などにインタビューする内容であった。日高氏の英語は米国滞在40年以上とは思えないほど日本語なまりが残り，お世辞にも流ちょうとは言えない。しかも，日高氏の英語を注意して聞いていると冠詞や数の一致や時制に関する細かい文法的間違いがしばしば含まれている。しかし，細かい文法的間違いは，全くインタビューの妨げになっていない。インタビュー自体は高度な内容のものであったが，質問に主語がないような場合は，相手か主語を確認してから答えるし，時制や数が間違っていても，前後関係から，全く障害にならない。

　末延氏が細かい文法的誤りを気にしない「ニホン英語」の「認知」と，その「市民権確立」にこだわる理由は，彼が世界の30数ヵ国を旅して，

英会話では細かい文法的誤りなど全く気にする必要はないと感じた経験から来ている。そして，その経験から，「生徒の間違いの指摘と試験ばかりが優先する日本の英語教育は根本的に誤っている」と彼は主張する。

赤ん坊が言葉を話し始めるとき，その「片言」は極めて不完全で，語順もおかしいが，母親はその片言を単純に喜び，その誤りをいちいち矯正したりはしない。幼児の話し始めの言葉が不完全なのは当たり前で，そのうち自然に正しく話せるようになる，と知っているからである。

ところが日本の英語教育では，この当然の理屈が全く通らず，英語を習い始めたその日から，教師は生徒の誤りを厳しく指摘し，矯正し，テストでは，些細な誤りに大きな×が付けられ，減点される。これではまるで，生徒を英語嫌いにするために教育しているようなものだ，と末延氏は言う。彼はその反省から，大学では誤りをいちいち指摘しない英語教育で実績を挙げ，定年退職後も私塾でそのような英会話教育を継続している。

筆者の留学中の経験でも，インド系や中国系や台湾系や韓国系の留学生の話しぶりは，発音や文法の誤りも何のその，会話のスピードと声の大きさと度胸の強さに辟易させられた。かたや日本人留学生は例外なく，声が小さく，抑揚もアクセントもほとんどなく，全く迫力も説得力もない英語を話すように感じた。日本人に一番欠けていることは，アジアの他の国の人たちのように，もっと自信を持って，間違いを恐れずにしゃべる積極的姿勢である。

日産自動車の相談役名誉会長の小枝至氏は，日経新聞のコラムに，「世界共通語」と題して，次のように書いているが，全く同感である：

「ある資料によると，世界の母語人口の言語別の順位は中国語，英語，スペイン語，ヒンディー語の順で，日本語は9位で，1億2000万人が日常日本語を使っているそうである。ビジネスの世界では16世紀以後の英国の台頭により英語がコミュニケーションの手段として使われるこ

第8章　英語学習に関する4つの幻想

とが多い。当社も連結の従業員数では日本人は50％以下であるし，最高経営責任者（CEO）以下，本社在籍の執行役員の国籍も6ヵ国になっているので，会議その他に使われる共通言語は英語となっている（むろん，必要に応じて優秀な同時通訳を活用している）。

　この体制になって以来，日本人はもとより，余り英語が好きでないフランス人やスペイン人も英語でのコミュニケーションに努めているわけだが，いわゆるブロークンイングリッシュを皆堂々と話すようになった。特に，アジア系従業員の堂々たる話しぶりには文法的正確さはさておき敬意さえ感じる。

　また，言語能力と業務遂行能力との関係であるが，日本人の場合，業務遂行能力があり，日本語がきちんと喋れれば，何かと批判の多い，長年に亘る学校での英語教育の成果？と自分自身の努力で，何とかなるようである。最悪は言語能力は抜群だが，業務遂行能力に疑問がある場合で，この手の人材は会社のマネジメントには全く不要である（後略）。」
（小枝至，2008年7月1日，日本経済新聞夕刊，コラム「明日への話題」）

3）グロービッシュの意義と将来

　グロービッシュ（Globish）とは，フランス人のジャン・ポール・ネリエール氏によって，ネイティブ英語圏ではない地域での共通言語として提唱された簡易英語の1種である。彼は1975年から27年間IBMに勤務し，中東，日本など非ネイティブ英語圏で販売を担当した。彼は，IBMの販売部門の副社長として日本で勤務していたとき，英米人と会話するときよりも，日本人と会話するときのほうがコミュニケーションしやすいことに気づいた。英米人は一般に相手が非ネイティブでも，「分からんやつが悪い」とばかり，遠慮会釈なく，彼らにとって自然なスピードで話そうとする。教養のない英米人ほど，その傾向が強い。非ネイティブはもともと速くしゃべれないし，難解な表現や難解な単語をあまり知らない。そして自分も英語に苦労しているので，やさしい表現で話そう

とするからであろう。ネリエール氏はこの経験を生かし，1989年に英語を母国語としない者が国際ビジネスに適応するための英語である「グロービッシュ」の概念に到達した。

　ネリエール氏の提唱する「グロービッシュ」の語彙には，使用頻度の最も高い英単語1500語が使用され，文法は標準的な英文法が使用される。ネリエール氏は「英語は今や，約20億人の非ネイティブ話者たちによって使用されており，約3億人のネイティブの英語話者は，むしろ少数派である。そして，非ネイティブ話者たちの英語の使用目的はほとんどビジネスなので，ビジネス英語として，もっと合理的でやさしい英語を使用するほうがより良いコミュニケーションが可能である」と主張し，新しいビジネス英語「グロービッシュ」を体系化し，その普及を事業化した。

　彼のホームページの動画では，彼は「我々すべてが共通の限界を持っているとき，そのことは我々が何の限界も持たないことと同じだ」と述べている。この表現は哲学的に聞こえるが，言っていることは単純で，例えば我々は呼吸をしないと生きていけないという限界を持っているが，人間は誰でも同じ限界を持っているので，我々はそのことを意識しないで対等に会話ができる，というのと同じである。非ネイティブの英語話者は，発音が悪い，英語のジョークが分からない，砕けたイディオムがほとんど使えないなどの限界を持っているが，そのことはネイティブとのコミュニケーションの妨げにはなるかもしれないが，非ネイティブ同士のコミュニケーションの妨げにはならない，と彼は言う。彼はさらに，次のような重要なことを言っている：

　　『完璧な英語を学ぼうとすれば，一生涯かかっても足りないであろう。私たち非ネイティブ話者は，英語の習得において，完璧なレベルではなく，必要十分なレベルを目指すべきだ。不必要に難解な単語・文法や，ネイティブのように完全な発音の習得に時間をかけるよりも，プロ

フェッショナルとしての自分のスキル（例えば医者なら医学のスキル）を磨くほうが賢明である。もちろん，英語ネイティブのなかにはグロービッシュをブロークンだと馬鹿にする人もいる。しかし，ネイティブを除けば世界の人口の9割はブロークン・イングリッシュを使っている。誰だってブロークンだと馬鹿にされるのはいやだ。そこで私は，この簡易型英語をグロービッシュと名づけた。グロービッシュは，「英米文化を持たない英語である」と定義される。英語ネイティブもグロービッシュを学ぶとよい。そのほうが世界中の人に理解され，成功へと近づける。』

ただし，ネリエール氏の気持ちは分かるが，筆者はグロービッシュの将来に関して，あまり楽観的になれない。グロービッシュの特徴は，①限定された数の語彙，②正式な文法，そして，③英米文化に基づいたイディオムやジョークは使わない，の3つであるが，ビジネスといってもその内容は千差万別であり，使用語彙を1500に限定することは無理であろうし，各分野の専門的用語も当然必要であろう。また，英米圏の人たちが，グロービッシュを程度の低い英語だと「感じること」を禁じることはできない。非ネイティブでも，長く英米圏に滞在した人たちは，グロービッシュの必要性を感じないかもしれない。それに，彼は「ネイティブもグロービッシュを学べばよい」というが，ネイティブの英語話者がグロービッシュを学ぶということは，それまでの生涯に身に付けた英米文化を捨てる練習をすることを意味する。それは容易なことではないであろう。それに，エスペラント語という人工語の失敗の前例がある。一時かなり流行した国際言語のエスペラントが今やほとんど絶滅したように，これまでの人類の歴史において，国際的に成功した人工言語は，コンピュータ言語しかない。このことは，グロービッシュの将来を暗示しているように筆者には思える。

コラム 8　いい加減な人ほど英語ができる？

「いい加減な人ほど英語ができる」は，大阪府立大学教授の堀江珠喜氏の著書のタイトルである（詳伝社，2009）。堀江氏によれば，日本人の英語下手は日本人が真面目すぎることが原因である。堀江氏は，「多くの日本人は英語会話の到達目標を高く置きすぎるために挫折してしまう。所詮英語は道具なのだから，もっと不真面目に遊びながら学べばよい」と書いている。また，「辞書は引くな」，「中学レベルでOK」，「会話は単語を並べれば通じる」，「文法は気にしなくてよい」など，真面目な英語学習者がやりそうなことはすべて「しなくてもよい」と言い，「不真面目な人ほど英語は上達する」と言う。ただし，堀江氏が言う「英語」とは，「会話英語」であり，読み書きする英語については，何も書いていない。

全く同趣旨の本に，斎藤哲之進氏の「英語なんか通じりゃいい」（現代書林，2003）がある。この本は見開き2頁が1セットになっており，左のページに解説，右のページに会話文の実例が掲載されている。この実例には2種あって，文法的に正しい英語が「上等すぎる英語」，文法を気にしない英語を「これで十分英語」と，両者を並べて表示している点がユニークである。

この「これで十分英語」には，次のように書かれている：

　①文法的間違いは無視してよい，②単語は並べるだけでよい，③時制はすべて現在形でよい，④3人称単数現在の動詞の後ろの"s"など不要，⑤語順は日本語の語順でよい，⑥難しい表現はするな，⑦慣例表現（イディオム）など無用，⑧発音も日本式でよい，⑨英語が下手と相手に思わせた方がビジネスもうまくいく。

この最後の⑨には問題がある。上記はあくまでも「日常会話英語」の話である。英文の業務契約書がどれほど分厚く，どれほど難解な英語が使われているか，また，契約書では文法がどれほど重要で，文法に不注意だと契約書の内容が相手方に有利に書かれていても分からず，騙されて損をする可能性が高い，といった，彼の理論に不利なことは一切触れていないことに注意すべきである。

第9章

脳科学的英語学習法

1．英語学習法と脳科学
1）子供より大人のほうが英語の習得が早い？

　日本の英語教育の時期や方法に関しては，国論を二分するような異なる考え方があり，また，英語の学習に関しても，様々な誤った常識や幻想があることを第2章と第8章で述べた。英語の教育や学習に関する上記のような混乱した状況は，最近急速に発達しつつある脳科学の知見の応用により整理することが可能である。

　年齢が低いほど言語獲得の速度が速いことは事実であり，読者の多くは，外国語を学習する時期は，早ければ早いほどよいと考えているであろう。ところが必ずしもそうとは言えない。母語が確立しない乳幼児期に無理に第2言語を学習させることはリスクを伴うことは第8章1項で述べた。また，学習する英語が，日常会話英語か読み書き英語かで，学習に適した時期が異なることは経験的にも知られている。

　西海光氏は，自らの体験に基づき，「子どもより大人のほうが英語の習得が早い場合がある」と書いている。西海氏は日本で生まれ育った普通の日本人であるが，米国人男性と結婚して渡米し，ロサンジェルスに住むようになった。ところが離婚したため，子供を抱えて生活に困り，外で働く必要が生じた。そこで彼女は資格を取り，語学補習校で主にメキシコ系住民の子供たちやその親たちに英語を教えるようになった。語学補習校とは，英語ができない移民やその子供向けに，週日の放課後や土曜日に英語を教育する語学学校を意味する。彼女の発音には当然日本

なまりがあり，現地の子供から"Your English is different."と言われて落ち込んだりしながらも，がんばって英語を教えていたが，この人がメキシコ系住民の子供や親に英語を教えた経験に基づいて，「子供より大人の方が英語習得力において優れている」と書いているのである（「アメリカの子供に英語を教える」，光文社，2003）。

この場合のメキシコ系の子供たちの母語はスペイン語であり，子供たちは家庭内や近所の遊び友達とはスペイン語で会話し，テレビもスペイン語放送を見ている。彼らは米国にいて，公立学校に通って英語の教育を受けているので，英語の日常会話はできるが，英語の読み書きがなかなか上達しない。従って，彼女の教育の目標は，スペイン語を母語とする子供たちに英語の文章力や読解力のような，読み書き英語，あるいは「将来仕事に役立つ英語力」を身に付けさせることであった。しかし，これがなかなか思うようにうまくいかない。西海氏は，メキシコ系の子供の場合，英語の文章力や読解力を身に付けさせるには，うまくいった場合でも5〜7年かかると書いている。ところが，彼女は「スペイン語話者の大人でも熱心な学習者は，子供より早く英語の文章力や読解力が上達する」と書いているのである。このエピソードは，以下の4つのことを意味している：

①「大人のほうが子供より早く英語の文章力や読解力が上達する場合がある」ことから，英語の「読み書き」の学習には明白な「臨界期」がないこと
②第2言語としての英語の読み書きの修得は，年齢よりもむしろ，本人の学習意欲に依存すること
③「日常会話英語」の習得と「読み書き英語」の習得は，脳の中の異なる機構で行われている可能性が高いこと
④従って，「日常会話英語」と「読み書き英語」の学習は，区別して議論すべきであること

上記のような発言は，教育現場での実体験に基づいているだけに貴重であり，日本の英語教育の開始時期や教育内容を考えるうえでも貴重な情報である。

2)「日常会話英語」と「読み書き英語」

前項で「日常会話英語」と「読み書き英語」の習得は，異なる機構で行われる可能性が高い，と述べたが，その根拠は少なくとも3つある。

第1に，会話と読み書きでは，関係する入力・出力装置（器官）が異なる。通常の会話では，入力装置は耳，出力装置は口であるのに対し，読み書きの入力は目，出力は手，または口（音読の場合）である（黙読の場合は入力だけで出力はない。また，聾唖者の手話では入力は目，出力は手および顔の表情，盲人の読書では入力は指の触覚である）。このように入力や出力の経路が異なれば，脳内の処理経路も異なって当然である。

第2に，会話と読み書きでは，学習に適した時期が異なる。会話の場合，子供は，個人差はあるが，3〜4歳になれば，一応正しい文法の母語を自然に話せるようになる。しかし，読み書き能力は，その後で発達する。読み書き能力は，年齢的に会話能力よりも数年以上遅く始まり，小学校の高学年以後に急速に発達し，思春期に発達速度が最大となり，成人になっても続く。しかも日常会話は通常，特に教育しなくても自然に身に付くが，読み書き能力は意識的な教育，時には強制的に教育しなければ身に付かない。

第3に，もともと音声としての言語と，文字としての言語とは関係がなかった。現代では言語と文字は不可分なように思われているが，日本語を例に取れば，日本列島に原日本人が居住し始めたのはおそらく数万年前の中期旧石器時代であるが，日本人が文字を知ったのは，ほんの1500年ほど前のことである。1万6500年は続いたと言われる縄文時代以後をとっても，日本語に文字が用いられるようになってからの期間の

10倍以上の期間，日本語には文字がなかった。

　読み書き能力の発達が，歴史的にも，個人的にも会話能力の発達よりも遅く始まる理由は，脳科学的に説明できる。言語はまず音声として始まり，文字は後から言語に加わった。文字は単純な音を表す記号であるだけでなく，これらの記号の組み合わせによって作られる具体的あるいは抽象的概念を表す記号でもある。すなわち，大脳内では，文字による情報処理は，音声による情報処理よりも1段階高度な情報処理を行う必要がある。ゆえに読み書き能力は，大脳が各種の概念や文字記号を扱う能力の発達に依存して発達するより高度な機能であり，会話能力と比較して，時期的にもより後から発達する，と考えられる。

　以上から，英語の学習を論じる場合，「英語の学習」とひとくくりに扱うのは誤りであり，「会話英語」と「読み書き英語」の学習を，別個に論じる必要があることは明らかである。

3）「母語の獲得」と「第2言語の学習」

　前項で，「日常会話英語」と「読み書き英語」の学習は，別個に論じる必要があること述べたが，もう1つ注意すべきことがある。それは，「日常会話英語」も「読み書き英語」も，日本人にとっては第2言語であるという点である。第2言語の学習法は，時期的にも方法論的にも，母語の学習法とは当然異なるはずである。

　言語学者の酒井邦嘉氏は，英語学習法を論じる場合，「母語」と「第2言語」を区別して論じるべきことを，脳科学の観点から述べている。彼の著書「言語の脳科学」（中公新書，2002）には，「母語」と「第2言語」に関して，多くの相反する特徴が挙げられている。最大の相違点は，母語は（自然に）獲得されるものであるのに対し，第2言語は（意識的に）学習されるものである点である。酒井氏の同著から，「母語の獲得」と「第2言語の学習」の異なる特徴を**表22**に引用する。

　このように母語の習得と第2言語の習得とは性質が大いに異なるので，

第9章 脳科学的英語学習法

表22 母語の獲得と第2言語の学習に関係する諸性質の比較

母語の獲得	第2言語の学習	母語の獲得	第2言語の学習
自然的	意識的	必然的	偶然的
生得的	後天的	創造的	模倣的
遺伝的	環境的	規則的	連想的
成長的	教育的	普遍性	特殊性
言語能力	認知能力	演繹的	帰納的
特殊性	一般性	無意識的	意識的
音声・手話	文字	潜在的	顕在的
文法的	意味的	手続き的記憶	宣言的記憶
文法	単語		

　酒井氏は，母語の習得を「獲得」と呼び，第2言語の習得を「学習」と呼んで区別している。表22の各項目は，様々な異質な概念を含んでおり，互いに反対の概念である場合と，同質の概念の程度の差である場合とが混在しているが，個々の項目についての詳細は，紙数の都合で原著を参照されたい。いずれにしても，同じ「言語習得」といっても，「母語」と「第2言語習」とでは，これほど多くの正反対の性質が指摘されていることは承知しておくべきであろう。

　日本人が英語の習得を論じる場合，「日常会話英語」と「読み書き英語」に分けて論じるべきであると述べたが，これらはいずれも第2言語の習得に関する議論であって，母語の習得とは区別して論じる必要がある。ところが，世に氾濫している英語学習本の多くは，「日常会話英語」と「読み書き英語」の区別も，「母語」と「第2言語」の区別も明確にしないまま英語学習を論じている。例えば，次のような宣伝をする教材がある：

「赤ん坊は周囲の人たちがしゃべるのを聞いているだけで，何の努力もなしに自然に何語でもしゃべるようになる。従って，この聞いているだけという方法こそ本来の英語学習法である。この英語教材（CD）は，誰でも流しっぱなしにしているだけで，英語が上達する。」

上記の論理は，一見すると正しいようでも，会話英語と読み書き英語，母語（日本語）と第2言語（英語），および学習に適した時期など，すべてを無視した乱暴な主張である。

従って読者は，「日常会話英語」と「読み書き英語」，および「母語」と「第2言語」の区別を十分に意識してこれらの書物を読むべきであり，そうしなければ誤った情報を受け取り，無駄な努力をすることになる。

4）日本人に一番合った英語学習法？

斎藤兆史氏は，「日本人に一番合った英語学習法」（詳伝社黄金文庫，2006），および「英語達人列伝」（中公新書，2000）と題する2冊の本の中で，明治時代の英語の達人たちが，どのようにして英語を身に付けたかを解説し，日本人に一番合った英語学習法は英語の書物を多読することである，と結論づけている。彼は，これらの書物の中で，明治時代の英語の達人として，10数人の人物を取り上げているが，なかにはラフカディオ・ハーンのように帰化した日本人も含まれているので，それらを除くと，以下の10人となる：

ジョン万次郎，新渡戸稲造，岡倉天心，鈴木大拙，斎藤秀三郎，
伊藤博文，森有礼，神田乃武，津田梅子，南方熊楠

斎藤兆史氏が挙げたこれら明治の英語の達人10人のうち，彼が特に高く評価している，新渡戸稲造，鈴木大説，岡倉天心，南方熊楠，斎藤秀三郎の5人について，彼らの英語学習法が英書の多読であったかどう

第9章　脳科学的英語学習法

かを見てみよう。

　新渡戸稲造に関しては，クラーク博士の講義を受けたときの筆記ノートが北海道大学図書館に保存されている。これは彼が昼間受けた講義の筆記を，夜の自習時間に清書したもので，ペン習字の手本のようにきれいな筆記体で書かれている。当時の英語学習法が，ライティングも重視していたことがこれで分かる。斎藤氏によれば，新渡戸は図書館にある英語の本をすべて読んだと伝えられるほどの多読によって英語を身に付けたという。その後，彼は米国のジョンス・ホプキンス大学に留学し，7年後に米国人の妻とともに帰国し，母校北海道農学校の教授に任命された。斎藤氏は新渡戸が英語の達人になったのは，英語の書物の多読であると言うが，筆者は先に「5〜6年も英語圏で生活すれば誰でも英会話の達人になれる」と書いている。従って，新渡戸稲造が英語の達人になったのは，英語の本の多読だけでなく，7年間の米国および英国生活，そして米国人の妻をめとったことも大きいと思われる。彼の最大の業績と讃えられるのは，1900年（明治33年），38歳にして英文の著書「武士道」（*BUSHIDO: The Soul of Japan*）を出版して海外に日本人の精神文化の高さを紹介したこと，およびその後国際連盟の事務次長に任命されたことである。特に後者の業務は，会話能力の比重が高く，これは書物からの知識よりも，英米圏長期滞在経験がより役立ったと考えられる。

　次に鈴木大拙は旧金澤藩の藩医の家に生まれ，第4高等学校中退後，英語の教師をしていたが，英語で身を立てるため上京し，東京帝国大学専科に学んだ。在学中に鎌倉で参禅し，禅に興味を持った。東大卒業後米国に渡り，東洋学者ケーラスが経営する出版社オープン・コート社で東洋学関係の書籍の出版にあたりながら，禅についての著作を英語で著し，日本の禅と仏教文化を広く海外に紹介した。斎藤氏によれば，鈴木大拙も英語の書物の多読によって英語の達人になったというが，鈴木大拙は11年もの米国出版社勤務の経験があり，これも大きく寄与していると思われる。

次に，岡倉天心は，7歳から外人教師に英語を習い，11歳で東京外国語学校に入学，13歳で東京開成学校（東大の前身）に入学，18歳で卒業後，役人となり，22歳からフェノロサの助手として，彼と主に京都・奈良の仏教美術を調査・研究し，日本の仏教美術を海外に紹介するための英語の美術書をフェノロサとの共著で出版した。岡倉天心は43歳のとき，フェノロサの招きでボストン美術館に赴任し，1年の半分ずつを，米国と日本で過ごす二重生活を始め，翌44歳のとき，英書「茶の本」を出版して日本文化を欧米に紹介した。斎藤氏によると，岡倉天心も多読によって英語を身に付けたというが，日本にフェノロサとの6年間の共同出版事業を含む長期の交流，およびボストン美術館勤務の影響も大きいと思われる。

　次に南方熊楠は，大学予備門（現在の東大教養学部の前身）に入学するが，校風が合わず中退して米国に渡り，5年半過ごした後，ロンドンに渡り，大英博物館に日参して，片端から英書を書き写しながらNatureに論文を発表している。斎藤氏は彼の場合も英語の達人になったのは英語の本の多読と筆写であったというが，米国および英国での長期滞在も当然彼の英語の達人化に寄与している。

　次に斎藤秀三郎は，明治・大正時代を代表する英語学者である。彼は一度も外国に行ったことがないにもかかわらず，数多くの英語の教科書，文法書，辞書を編纂した。彼の勉強方法は文句なしに多読で，例えば今の東大工学部の前身の工部大学校の図書館にあった英語の本をすべて読み通し，特にブリタニカ大百科事典全35巻を端から端まで2回も通読したという。百科事典は35巻で合計7万頁以上になり，1日に50頁ずつ読んだとしても，4年もかかるという驚くべき多読である。

　さて，斎藤氏によれば，上記10人の英語の達人のうち，ジョン万次郎，神田乃武，津田梅子の3人は，英会話の達人ではあったが，真の英語の達人というには問題があった。彼らは日本語による高等教育を受けずに渡米し，約10年という長期海外生活をしたために，帰国時は日本語が

第9章　脳科学的英語学習法

不自由であり，そのため日本語の著作がないか，少ない。その点で彼らは英語学者である斎藤氏の理想と合致しなかったのであろう。他の7人はいずれも英語の書物を多読していたことと，著書や翻訳書も多いことから，斎藤氏は「日本人に一番合った英語学習法は英語の書物を多読することである」と結論づけたのである。

しかし，筆者は彼の結論に単純には賛同できない。なぜなら上記の10人のうち，斎藤秀三郎を除く9人までが英米への留学あるいは滞在体験を持ち，その滞在期間も数年から10年以上に及ぶが，不思議なことに斎藤氏は英語の達人となる条件として，彼らの長期留学体験に全く触れていないからである。彼が挙げた英語の達人10人のうち9人までが数年から10年以上の英米圏長期留学あるいは滞在を経験している以上，彼らが英語の達人になれたのは，長期の留学体験が寄与するところが大きいと素直に解釈すべきであり，例外は斎藤秀三郎だけである。

斎藤秀三郎はただ1人，留学を経験せずに英語の達人となったが，彼がどうやって英語の達人になれたかを調べることには意義があるであろう。

調べてみると，斎藤秀三郎は5歳のときから仙台藩の英学校「辛未館」で外人教師から英語を習い始め，8歳から東大予備門に入学する13歳までの5年間，宮城英語学校で英語を学んでいることが分かった。つまり彼は留学こそしていないが，5歳のときから8年間も外人教師による英語の英才教育を受けていたのである。

では，なぜ斎藤兆史氏は，明治の英語の達人たちの長期海外留学，あるいは外人教師による長期英才教育の事実を無視して，「日本人に一番合った英語学習法は英語の本の多読である」と主張するのであろうか。それには理由がある。彼は英語学者であり，彼の「英語の達人」の定義は，「英語学者として後世に残るような立派な英語学上の業績や，日本文化を欧米に紹介する立派な英文の書物を出版した人物」であること，という尺度で判定しているからである。

本を書くような人物は例外なく書物の多読者である。従って，斎藤兆史氏にとっては英語の達人は英語の多読者であるとしか考えられないのであろう。このような基準では，貧乏ゆえに寺子屋に通ったこともないジョン万次郎は真っ先に落第であり，大学の教授や学長を歴任した神田乃武も，津田塾大学を創設した津田梅子も，日本語での高等教育を受けていないので，日本語の著作がないか，少ないことから，彼の尺度では本当の英語の達人とするには問題があった。しかし我々のすべてが英語で本を書くわけではない。英語の達人になるために英語の多読が必要という斎藤兆史氏の見解は偏っており，英語の達人になるには長期海外留学や外人教師による長期英語会話教育によって豊富な英語会話体験をもつことが有効であると理解すべきである。
　第2章4項で述べたように，日本人が英語を身に付けるということは，実に大変な時間と労力と持続力を要することである。それでも，筆者がそうであったように，職業上，英語が必要になれば，英語を身に付けるという途方もない試みに挑戦しなければならない。筆者が中学1年生で初めて英語に触れてから60年以上になる。その間に出会った多くの英語の達人たちと，多くの書物，筆者自身のささやかな体験，そして脳科学の最新の知見から，実際に効果があった英語学習法を，以下「英語会話上達法」と「英語の読み書き上達法」に分けて紹介しよう。

2．英語会話上達法
1）留学のすすめ
　前項で述べたように，最良の英会話学習法は，学生なら英語圏への海外留学，職業人なら海外赴任である。海外留学や海外赴任の経験者なら，このことに異議を唱える人はないであろう。筆者自身は2年間しか留学できなかったが，留学前と留学後では英語会話能力は比較にならないほど上達した。留学した当初は研究室の中での会話にも苦労したが，2年後には，少なくとも研究室の中では不自由なく会話できるようになって

いた。ただし大学の外の普通の人たちとの会話は，場所が南部訛の強いテキサス州であったこともあり，まだ不自由であった。また，映画の中の会話も，昔の名作映画のテンポの遅い会話はほとんど分かるようになったが，現代のアクション映画のようなスラングが飛び交う早口の会話は依然としてほとんど分からない。米国滞在中に，現地の人と同じぐらい流ちょうな英語を話す日本人に出会うたびに，何年留学しているかと尋ねたが，大抵は5〜6年以上の留学歴がある人たちであった。もっとも，英会話能力の発達は，当人が英米圏滞在中にどれだけ英会話に時間を使うかで決まる。一般に研究目的で留学する理科系の研究者の場合，昼間の時間はほとんど無言で1人で実験していることが多いので，理科系の研究者の英会話能力は，例えば対人折衝の多い商社マンの海外赴任の場合よりも上達が遅い。また，夫婦や家族で留学した場合，学校に通う子供たちのほうが先に英会話が上手になるのが普通であり，また，奥様が語学学校に通ったり，社交好きであったりする場合は，当人よりも奥様のほうが先に英会話に上達する。

　外国留学の意味は，日本の英会話学校であれば1時間当たり数千円もかかるネイティブの英語話者との会話が，無料でいくらでもできることにある。しかし，海外留学の意味はそれだけではない。海外留学の最大の意義は，俗な表現であるが，英語をしゃべることに対する「度胸がつく」ことにあると思われる。「度胸がつく」とは，英語をしゃべるときに特に緊張することなく，何とか意思を伝えられる，ということである。そのような「落ち着き」は，1年なり2年なりの間，日本語が通じない英語圏で，「何とか生きてこられた」という事実から生じる。「いざとなれば何とかなる」という場数を踏むことにより自信ができるのであろう。留学をしてきた人は例外なく，大なり小なり，この自信を持っている。

　前述の斎藤兆史氏は，明治の英語の達人たちが例外なく英語の書物を多読していたことから，「日本人に一番合った英語の学習法は英語の書物の多読である」と結論したが，彼の「英語の達人」の基準には，英語

で本を書く人物という条件が含まれている。筆者は斎藤兆史氏の基準には従わず，素直に「最善の英語学習法は英語圏への留学・海外赴任である」と主張する。

　留学すれば英語会話が上達するのは当然であるが，英語の読み書きも上達する。その理由は，英米圏に行くと，身の回りのすべての文書は英語であり，新聞も英語，本屋に行ってもよほど大きな書店でなければ日本語の本も雑誌も売っていない。このような環境では否応なしに，自然に英語の新聞，本，雑誌などを読まざるを得なくなる。また職業上や，日常生活でも種々の書類を英語で読んだり書いたりする必要があり，自然に読み書きも上達するのである。

2）留学の時期について

　日本人の多くは，外国語習得の時期は早ければ早いほうがよいと思っているので，「海外留学の時期も早ければ早いほどよく，留学期間も長ければ長いほどよい」と信じている人が多いようである。しかし，本当にそうであろうか。第8章2項で取り上げた，6歳あるいは14歳で渡米した3人は，約10年の米国滞在後，ほとんど日本語を忘れて帰国した。もちろんこれは幕末から明治の初期の，今から140年も前のことであり，今は電話も電子メールも，テレビの国際放送もあり，昔よりも周囲に日本人が多いであろうから，日本語を忘れることはないであろう。しかし，それでもなお問題がある。その問題とは，就学期の児童が，現地の学校に入学すると，日本にいれば受けたはずの，日本語による教育が受けられないことである。我々が，小学校の6年間と，中学校・高校の6年間の合計12年間に，どれほど多くの日本語の単語や，漢字や，各教科の日本語の術語を学び，記憶するかを考えてみればよい。就学期に日本語による教育の機会を放棄して英語の世界での教育を受けることは，将来，普通の日本人が備えている普通の日本語の単語や表現を獲得する機会を放棄することになる。その結果として，普通の日本人ならば備えている

日本語と，日本人としての常識をほとんど持たない人間になることを意味する。つまり，海外留学時の年齢が若すぎ，しかも米国滞在期間が長すぎると，英会話の達人にはなれても，日本語の学術用語をほとんど知らない，ジョン万次郎のような日本人になることを覚悟する必要がある。

　それでもなお，英語を習得して，言葉も心も米国人のようになること，すなわち日本人でなくなることに高い意義を認めるのであればそれはそれで結構であろう。しかし，将来日本に帰国した後も日本人であり続けたいと思うのであれば，海外留学の時期を慎重に考慮すべきである。留学の時期をもっと遅らせ，例えば学生であれば大学卒業後に海外の大学院に進学するとか，あるいは就職後，企業の海外部門に志願して海外赴任するなどの方法を採ったほうが，留学による日本語の能力低下に悩む可能性は当然低くなるはずである。

3）留学できない場合の英会話上達法

　最善の英語会話学習法が留学あるいは海外赴任であることは確かであるが，誰もが留学や海外赴任ができるわけではない。チャンスがなくて，あるいは経済的理由から留学したくてもできない人も多いであろう。また，企業の中で，いつかは海外赴任させられるかもしれないので，それに備えて，ある程度の会話力を付けておきたい人や，留学から帰ってきて，せっかく身に付いた英語会話力を保ちたい人もいるだろう。そのような場合，出来るだけ留学に近い環境に身を置くことが，海外留学に次ぐ次善の策であろう。俗に，英語話者を恋人や配偶者に選ぶのが，最善の英会話上達法であると言われるのも，それが留学に近い環境を用意するからである。また，「駅前留学」のような英会話学校に入り浸ってネイティブの教師と毎日長時間会話するという手もある。しかし前者は下手をすると「60年の不作」になりかねないし，後者はとにかくおカネがかかるという重大な欠点がある。

　筆者が医科大学で助手をしていたとき，ESS（英会話サークル）を自

分で立ち上げ，相手になりそうな人物なら誰彼かまわず英語で話しかける学生がいた。彼は発音には少々難があったが，とにかく流ちょうに英語がしゃべれるようになっていた。従って，厚かましいと思われることさえ気にしなければ，これも優れた英会話上達法と言えよう。

しかし，「駅前留学」に入り浸る経済力も，誰彼なしに英語で話しかける厚かましさも持ち合わせない普通の人にお勧めしたいのが「ヒアリングマラソン」である。これは筆者自身が数年間続けたことがあり，確かな効果を体験したので，自信を持って勧めることができる。

「ヒアリングマラソン」は英語教育業界の大手，アルク社のヒアリング力養成のための教材で，1982年から続く老舗の教材である。内容は，最新のニュースや時事問題，有名人のインタビュー，ドラマ，新作映画の紹介や英語の歌などがあり，話題の分野も政治・社会・経済，科学，文化・芸能方面など多彩な教材（CDとテキスト）が毎月1回送られてくる。時事問題は興味深い時の話題を取り上げ，ドラマはスリルやしゃれたオチまである興味深い内容である。ヒアリングマラソンには，内容の新鮮さとバラエティーの豊富さで，興味を失わずに続けられるという大きな特徴がある。

「ヒアリングマラソン」には，2つの特色がある。1つは，すべての教材が手加減のないナチュラルな速度の英語であること，もう1つは，ナチュラルな速度の英語が聞き取れない人のために，音声教材の内容を完全に文字化したテキストが付いていることである。他社の多くの英会話教材は，英会話専用の教材として，空港，税関，商店などの情景を設定し，比較的聞きやすい発音で，ゆっくりした速度のものが多いが，それだけに無味乾燥かつ紋切り型の内容が多く，砂を嚙むような面白みのないものがほとんどで，せっかく大金を払って教材を手に入れても，興味が続かず，最初の方だけやって中断する人が多い。しかし，「ヒアリングマラソン」の場合は，すべてが現実世界から切り取られたリアルな内容である。英語の種類も他の教材の多くが標準語的で訛がない英語であ

第9章 脳科学的英語学習法

るが,「ヒアリングマラソン」の場合は,英語話者の国籍も様々で,イギリス英語あり,アメリカ英語あり,英米以外の欧州や元植民地の英語ありで,様々の訛のある英語を聞き取る能力も身に付く。

　筆者がこの教材を勧める最大の理由は,この教材を以下に述べる学習法で勉強すれば,聞き取りの能力が確実に進歩していることが自分で実感でき,そのことが学習を長期継続するための強力なインセンティブになったという自分自身の体験があるからである。その学習方法とは,

　①最初はテキストを絶対に見ないで,教材（CD）の音声だけを通して聞く。

　②完全に分かればその教材はやさしすぎるので,自分の能力に満足して次のレッスンに移る。もし分からない場所があれば,その部分を分かるまで繰り返して何度も聞く。

　③何度聞いても分からなければ,それ以上聞くのは時間の無駄なので,テキストの翻訳を読み,分からなかった部分の英単語あるいは文節の意味とスペルを推定する。

　④推定した英単語あるいはフレーズの意味とスペルが正しかったかどうかを,英文テキストやテキスト付属の単語の説明,あるいは辞書で確認する。

　⑤最初に耳から聞いただけでは理解できなかた理由は,単語の意味が分からなかったか,あるいはリエゾン（単語の連続）が単語に分解できなかったためなので,すべての英単語の意味と,すべてのリエゾンを伴う会話内容が単語に分解でき,意味も完全に分かるようになるまで上記①～④の手順を繰り返す。

　⑥こうして,その月の教材の端から端まで,聞いただけで意味がすべて分かるようになれば,最初にテキストを見ないで音声だけを聞いたとき,意味不明の場所が例えば10ヵ所あったとすれば,少なくともその10ヵ所については,聞いて分からなかった表現がすべて分かるようになったこと,すなわちその分だけヒアリン

グ能力が確実に進歩したことを意味する。このように，自分の進歩が確実に分かることが，次の教材にチャレンジする強力なインセンティブになる。

　以上のような学習を長期間続ければ，分からない単語や表現が確実に減っていくので，一応の目標の1000時間をクリアする頃にはヒアリングの実力は確実に付いている。筆者は国際会議の専門家作業部会（EWG）の議長をしていた3年間，英会話能力を維持するためにこのヒアリングマラソンを聞き続けたが，十分に効果があったと実感している。
　以上の勉強方法で伸びるのはもちろん主としてヒアリングの能力であるが，リエゾンを伴う口語英語を単語に分解し，分からない音声の単語のスペリングをテキストで確認する訓練を積んでいるので，聞いた英語を書くライティングの訓練にもなっている。
　一方，少し工夫をすれば，ヒアリングマラソンを教材にして，積極的にスピーキングやライティングの実力を伸ばすことも可能である。
　スピーキングに関して言えば，テキストの英語を聞きながら，同時に同じ内容を真似てぶつぶつとしゃべりながら聞く「オウム返し作戦」が非常に有効である。「オウム返し作戦」を繰り返して，テキストの話者と全く同じスピードで残らず真似できるようになれば，少なくともその内容については，ネイティブ並みにしゃべることができたことになる。「オウム返し作戦」では，慣れないうちはしゃべることに気を取られて，聞く方が疎かになったりするので，最初からネイティブの現代英語にオウム返しで付いていくのは初心者には困難かもしれない。その場合は，別のできるだけやさしい教材でこの方法に慣れるとよい。例えば「カサブランカ」や「風と共に去りぬ」のような古典名作映画のDVDが500円程度で売られているので，それらを教材に選べば，会話のスピードがゆったりしていて「オウム返し」が容易である。それに，歴史的な名作映画には，

イルザ（イングリッド・バーグマン）：
"Where were you last night?"（ゆうべはどこにいたの？）
リーク（ハンフリー・ボガード）：
"That's so long ago. I don't remember."（そんな昔のことは憶えていない）
イルザ："Will I see you tonight?"（今夜逢ってくれる？）
リーク："I never plan that far ahead."（そんな先のことは考えたこともない）

などというキザな歴史的名セリフに出会えるという楽しみも味わえる。このような「オウム返し作戦」を長期続けておれば，英語のスピーキング能力は飛躍的に伸びることは間違いない。

　若い人たちなら皆やっている方法であるが，英語の歌（ヴォーカル）が好きな人なら，歌で口語英語を覚えるという方法もある。ただし，英語の歌は慣れないうちは相当英語力がないとリエゾンで繋がれた英語の単語が分離できず，意味が分からないので，必ず歌詞カードの付いたCDなどを選び，分からない所は辞書で調べて，聞いただけで完璧に単語が分離でき，自分でも歌えるようになるまで練習を繰り返すことが肝心である。この方法は，英語特有のリズムやイントネーションを身に付けるのに非常に有用である。教材として，カーペンターズを例に取ると，最初は発音が明瞭でテンポが遅い"Sing"や"Yesterday Once More"で練習し，慣れてくれば"Jambalaya"のような，まるで早口言葉のような歌で口を訓練すればよい。

4）インターネットの活用

　上で、古い映画のCDや音楽のCDが英語のヒアリングやスピーキングの教材に最適だと書いたが、世の中のいろいろな活動がインターネットを介して行われるようになってきている。インターネットで見られる

有料・無料の映画も多い。例えば：

「お気に入りの映画・ドラマを期間限定で合法的に無料視聴できる裏ワザを教えます！」
(http:// 映画・ドラマ・無料視聴 .com/)

　YouTube の動画も英語学習の教材の無限の宝庫である。英会話教材として作られたものもあるが、多くは報道番組や、企業の宣伝や社会貢献として提供されたものである。YouTube の動画を英会話学習の教材とすることには、以下のような利点がある：
　①インターネット環境さえあれば無料で学べる。
　②聞いて分からなければ何度でも戻って、どこからでも聞き直すことができる。
　③なかには、英語と日本語の両方の字幕付きで、しかも字幕の片方あるいは両方を消すことができるので、実力に応じて、4 通りの聞き方ができる優れた動画もある。
　④有名人の感動的なスピーチも多数ある。

　上記③の代表的例を 1 つだけ挙げると、次の動画は現代の生命科学の最先端を知るうえでも、生物学に興味がある人には最適であろう：

『TED 日本語 - クレイグ・ベンター：「人工生命」について発表する』
(http://digitalcast.jp/v/13229/)

　④の代表例を 1 つ挙げるなら、次の動画であろう。優れたスピーチとはどういうものかが学べる絶好の教材でもある。1 人でも多くの若者にこの動画を勧めたい：

「スティーブ・ジョブズ・スタンフォード大・卒業式スピーチ・2005年」
（https://www.youtube.com/watch?v=VyzqHFdzBKg）

3．英語の読み書き上達法
1）教材に何を選ぶか

　英語の読み書きに上達したい場合，教材として何を読み書きすべきかは，その人が学生であるか，研究者であるか，社会人であるかや，専門によってケースバイケースである。一般的に言えば，①その人が面白いと思うもの，すなわち興味が持てるもの，あるいは，②何らかの理由で自分の業務に必要な内容を選べばよい。これらの条件は，いずれも学習のインセンティブに関係している。①は，英語教師の間で，あるいは世間的に，いかに評判のよい教材であっても，興味が持てない教材は，すぐに飽きてしまい，折角の教材が無駄になってしまうからである。従って，学生なら自分の専門の分野から，また職業人なら自分の業種に関係した，出来るだけ面白い解説書などを選べば，興味を持って学習を継続できるであろう。

　一方，②は，多少面白くない教材でも「必要性」がインセンティブになって継続できるからである。学生や研究者なら，最新の論文を選び，多読することが重要である。そのためにはグループを作ってセミナー形式で順番に要約を紹介するなど，何らかの形で自分に勉強を強制するシステムを構築することが有効である。

　前項の「ヒアリングマラソン」の教材を用いてライティングの学習をすることも可能である。ヒアリングマラソンのテキストの英語を聞きながら，それを片っ端から筆記するのである。もちろん，しゃべるのと聞くのとではスピードが異なるので，頻繁に音声を止めては書くことを繰り返す必要があるが，ヒアリングマラソンの場合，音声を完璧に文字化したテキストが付いているので，何度でも聞き直して，正しく書けたかどうかをテキストで検証することができる。

「継続は力なり」の格言が語学の習得ほど当てはまるものは他にないと思われる。いかにしてインセンティブを長期間維持するかが最も重要なポイントである。

2）英文法を知っていますか？

第8章4項で，「英語をしゃべるときは少々の文法的ミスなど気にするな」と強調する何人もの著者を紹介したが，不思議なことに，彼らは書き言葉については全く触れていない。その理由は簡単で，彼らは「書き言葉」の場合にも文法は気にするなとは決して書けないことを知っているので，論旨が矛盾することを恐れて，書き言葉には触れることができないのである。

書き言葉については，話し言葉の場合とは全く異なり，あくまでも文法を重視しなければならない。なぜなら，文法を守らなければ，表現したいことが正確に表現できないからである。英語で論文を書いたことのある理科系の研究者であれば誰でも，文法を守らなければ正確な論文を書けないことを知っている。筆者も拙著「誰でも書ける英文報告書・英語論文」（薬事日報社，2008）において，日本人研究者の英文が文法的誤りのゆえに論旨があいまいになったり，あるいは間違った意味になっている実例を多数紹介している。

上智大学名誉教授の渡部昇一氏は，英国における英文法の歴史を次のようにまとめ，英文法の重要性を強調している：

> 『英文法は，イギリス人の（ラテン語に対する）劣等感という土壌の中に胚胎し，アカデミーフランセーズの刺激によって促進され，18世紀の半ば頃に「規範」の概念が確立し，18世紀の末にアングロ・サクソン法的な発想に従い「慣習」と「理性」の妥協により，ほぼ完成し，国家や政府の権力によらず，商業ベースで世界的規範となり，20世紀後半から新言語学の批判を受けながらも，立派な文章を読み書きできるよ

うにしてくれる唯一の王道である。』(「英文法を知っていますか」,文春新書,2003)

　この本により,英語研究の大家の渡部昇一氏が「英文法を知っていますか」という本を書いて,改めて英文法の必要性を説かねばならないほど,日本では英文法教育が軽んじられていることを知り,改めて日本の公的英語教育の現状に驚かざるを得なかった。
　ICHのEWG(専門家作業部会)の議長をしていたとき,興味ある事実を知った。会議で日・米・欧共通ガイドライン案が完成したとき,米国だけはその案を本国に送信し,専門家が文法的誤りおよび関係する規制類との整合性を確認するlegal check(リーガル[法的]チェック)というステップを踏んでいた。このため会議が終わった後,最終的にこの案でよいという政府の方針を公表するまでに米国だけが余分な時間を要したのであるが,さすがは論理を重んじる国だけある,と感心した。正確な英文を書くということは,これぐらい難しいことであり,正確な英文を書くためには古典的英文法に精通することが絶対に必要である。

3) 英文法の確認はGoogle USAで

　英語の文章を書くには正確な文法の知識が必要である。受験勉強を経験した人なら基本的な文法は身に付いているはずであるが,もともと日本語にない冠詞や前置詞については,学校で習ったり受験勉強でしごかれたりしても,完璧な英語のセンスを身に付けることはほとんど不可能である。それに冠詞や前置詞の用法は,ネイティブの英語話者でも微妙な個人差がある。そこで筆者が英語の文法に関し判断に迷ったときに常に行っている文法の確認法を説明する。
　第2章のコラム2で,英語のセンスのない普通の小学校のクラス担任によって,とんでもない英語教育が行われている実例を取り上げた。その事例の1つに挙げた「アイ・アム・バナナ」(I am banana.) という

英文（?）を取り上げる。この英文は英語としてはあり得ないものであるが，身近にネイティブの英語話者がいない場合，どうすればそのことが客観的に確認できるであろうか。書物の文法書を開いても，一般的なことは書いてあるが，特定の文が文法的に正しいか間違いかは書いてない。ところが，Google USA を使えば数秒でこのような英文があり得ないことが分かるのである。方法はごく簡単で，I am banana. を Google USA で検索するだけである。すると出てくるのは "I am a banana." または，"I am bananas." という文例ばかりで，"I am banana." という英文は出てこない。従って，"I am banana." はあり得ない英語であることが判断できる。"I am apple." もあり得ない英語で，"I am an apple." が正しいことがすぐに分かる。

　なぜ普通の「Google 日本」で検索しないで Google USA で検索するかと言えば，日本のサイトには，例の小学校の先生が作った "I am apple." のような，日本人が作った，文法的に間違った「ニホン英語」が氾濫していて，それらが検索で引っかかってくる確率が高いからである。Google USA では確率的に米国人のサイトのほうが日本人のサイトよりも圧倒的に多いので，少なくとも上位に出てくる英文はネイティブによる，文法的に正しい英文である可能性が高い。

　このように，自分の作った英文の文法に自信がなければ，その文章を Google USA で検索してみて，同じ文章の頻度が高ければ，文法的に正しいことが分かる。

　別の方法として，「フレーズ検索」を用いる方法がある。「フレーズ検索」とは，文章の前後を半角のクォーテーションマーク（"）で挟んで2つの文章を検索し，どちらの表現が正しいかを，ヒット数を比較して判断する方法である。その際，日本の固有名詞など，米国では検索で出てくるはずのない特殊な単語は，あらかじめ半角のアスタリスク（*）で置き換えておく。この方法は「ワイルドカード検索」といって，「*」にあたる単語あるいは文節は無視して検索してくれる。例えばある単語

の前の前置詞が"on"か"in"かに迷ったとき，"on"にした文章と"in"にした文章を検索して，より多く出てくるほうを文法的に正しいと判断すればよい。

　以上のような特殊な検索方法については，拙著「誰でも書ける英文報告書・英語論文」（薬事日報社，2008年）に詳細に解説している。筆者は，英文の論文も，メールなどのビジネス英語，あるいは上記のような著作も，すべてこの方法で検定しており，英文を書く場合に，事実上，ネイティブの校閲者を必要としなくなっている。

コラム 9　英語力と経済力の関係

　日本でも 2011 年から，小学校 5 年生以上で英語が必修化された。小学校からの英語教育がなぜ必要なのかについては，「国際感覚を持った人間を育てる」といった耳触りのよい目標が叫ばれているが，本音は韓国，中国，台湾などのアジアの国々が 10 年以上前から次々と小学校からの英語教育を導入し，しかも小学校低学年から英語教育を開始する傾向が強まっているのに対抗して，英語ができないとアジアの他の国々ばかりが経済発展して，日本だけが世界の経済活動から取り残されるのではないか，といった不安を日本国民が感じて，浮き足立っているからであろう。しかし，このような風潮に対して，数学者の藤原正彦氏は，渡部昇一氏との対談の中で，国民全体が英語ができるかどうかとその国の経済力は関係がないことを，次のように述べている：

『2011 年度から小学校 5・6 年生からに英語教育が必修化されることになってしまいました。（中略）「英語が上手くなれば経済が発展する」と言う人まで出る始末。しかしこれには見事な反例があります。英語が世界で一番上手いのはイギリスですが，イギリスは 20 世紀を通してずっと斜陽でした。そして，サブプライムローンに端を発したデリバティブの破綻で，経済が最も深く傷ついているのはアングロサクソンの国，つまりアメリカとイギリスで，イギリスはアメリカよりもずっと悪い状況です。デリバティブの破綻が起こる前の数年はイギリスの経済は好調でしたが，それでも一人当たりの GDP は日本の半分程度，私がケンブリッジにいた頃，ノーベル賞を取った同僚でも私のお茶の水女子大学の月給の半分程度しかもらっていませんでしたから，誠にお気の毒でした。あるいは，アジアで TOEFL の受験者数が 1000 人以上の国を見ると，成績のトップ 3 はインド，パキスタン，フィリピンの順になります。（中略）しかし，インド，パキスタン，フィリピンの経済が良いかと言えば，1 人あたりの GDP が日本の 10 分の 1 から 100 の 1 という単なる発展途上国です。英語と経済が何の関係もないというのは，これらを見ただけでも明らかです。むしろ，英語ができない日本やドイツが戦後すばらしい成長を遂げました。』(「小学校の英語必修化は愚民化の最たるもの」，渡部昇一・藤原正彦，Will，7 月号，2009)

附　論
「日本人の脳」と「日本文明」

　第9章の次に来る本稿を第10章とせず，「附論」とした理由は，本稿が内容的に独立しているからである。すなわち，第1章では，「日本人は英語が苦手」は本当か，という問題提起を行い，それが客観的事実であることを論証した。第2章から第5章では，日本人が英語を苦手とする理由を，日本の公的英語教育，日本語と英語の言語学的距離，日本語のあいまいさ，日本文化の特殊性などとの関連で徹底的に論じた。そして，これらがいずれも日本人の英語下手と深く関連していることを明らかにした。しかし最も本質的な理由は日本人が日本語を習得する過程で形成された「日本語脳」にあり，これこそが，その後の英語（外国語）習得を困難にする最も本質的な原因であることを脳科学的最新情報から明らかにした（第6・7章）。そしてこの事実を踏まえた上で，実践的な英語学習法を提案した（第8・9章）。すなわち，本書は第1章から第9章までで一応完結している。

　附論で語りたいのは「日本文明」についてである。「日本文明」は，「日本語脳」すなわち「日本人の脳」が，日本の自然，歴史，文化，および地政学的諸条件と相互作用することにより，1万数千年前の縄文時代から現代までの，長い年月をかけて形成されたものである。なぜ日本文明について語る必要があるかは，日本文明とは何かを論じた上で，本稿の最後に述べることにする。

1. なぜ日本文明だけが1国1文明なのか？
1）文明の定義

　最初に，これから扱う「文明」と「文化」の定義をしておく。ある集団，民族，地域，国家，あるいは国家群（以下，集団という）の，社会，経済，宗教，民俗，風習，芸術などが他の集団のそれらと明確に区別される場合，それら個々の側面を「文化」と呼び，それら「文化の総体」が，他の集団の「文化の総体」と明確に区別される場合，その「文化の総体」を「文明」と定義する。

2）ハンチントンの文明論

　ハンチントンは，地球上の文明を8つに分類した。彼は欧米の数十ヵ国を「西欧文明」として1つにまとめたのと対照的に，日本を「中華文明」の1構成国とせず，日本1国を「日本文明」として文明の1つに数え，他の7つの文明と区別している（「文明の衝突と21世紀の日本」，集英社新書，2000）。

　1991年にソビエト連邦が崩壊して，米国が世界で唯一の超大国となったとき，米国のフランシス・フクヤマをはじめ，世界中の多くの歴史学者や経済学者は，これで資本主義が世界で唯一の経済システムとなり，唯一の超大国アメリカのもとに世界の秩序が保たれ，世界は平和になると考えた。しかし，ハーバード大学のサミュエル・ハンチントンは，逆にこれから世界は不安定化し，「文明の衝突」が起こると予言した。この予言は旧ソ連崩壊後のロシアのチェチェン紛争，旧ユーゴスラビアのコソボ・セルビア紛争，2001年9月11日の米国に対する同時多発テロ，そしてその後の米国によるアフガニスタンやイラクにおける復讐戦争，あるいはいわゆる「アラブの春」が民主国家の成立とならず，シリアの内戦や「イスラム国（IS）」による中東全体にテロの頻発を招き，さらに現代の民族大移動を思わせる難民の群れが中東やアフリカから欧州に押しよせる，という事実によって完璧に証明された。その結果，ハンチ

ントンは未来学者として高く評価されている。

　ハンチントンは，著書「文明の衝突」（集英社，1996）および「文明の衝突と21世紀の日本」（文藝春秋社，2000）の中で，現代の世界の文明を以下の8つに分類している：

　　①西欧文明，②東方正教会文明，③中華文明，④イスラム文明，⑤ヒンドゥー文明，⑥ラテンアメリカ文明，⑦アフリカ文明，および，⑧日本文明

　そして，ハンチントンは日本文明の特徴として，次の5つを挙げている：
　　①日本は，文化と文明の観点からすると孤立した国家である。他のすべての主要な文明には必ず複数の国家が含まれるのに対し，日本文明には日本しか含まれない。すなわち日本は，文明と国家とが一致する，世界で唯一の国である。
　　②日本が特徴的な点は，最初に近代化に成功した最も重要な非西欧の国家でありながら，西欧化しなかったという点である。日本の社会は，近代化の頂点に達しながら，基本的な価値観，生活様式，人間関係，行動規範においてまさに非西欧的なものを維持し，おそらくこれからも維持し続けると考えられる。
　　③アメリカと日本は議論の余地はあるが，世界の主要な社会のうちで最も近代的である。しかしこの2国の文化はどちらも近代的とはいえ，全く異なっている。日米両国の相違点は，個人主義と集団主義，平等主義と階級制，自由と権威，契約と血族関係，罪と恥，権利と義務，普遍主義と排他主義，競争と協調，異質性と同質性といったものの間の差異として数え上げられてきた。
　　④日本の近代化にはもう1つの特徴的な点がある。日本の近代的文化が革命的な大激動を経験せずに成し遂げられたことだ。イギリ

ス，アメリカ，フランス，ロシア，そして中国には革命があったし，ドイツにはナチズムという形の革命があった。しかし日本には革命がなかった。

⑤他の国との間に文化的なつながりがないことから，日本にとっては難題が生じ，また機会がもたらされる。日本が何らかの危機に見舞われたとき，他の国が結集して助けてくれることを当てにはできない。一方で，他のいかなる国に対しても，文化的な共通性に基づいて支援をする責任がなく，従って自国の独自の権益を思うがままに追求できる。

2．すべてを相対化する日本文明
1）すべてを相対化するとはどういうことか

　ハンチントンが日本文明を他の文明と区別した前述の5つの特徴の中で最も重要な点は，④の，日本が東洋の国でありながら西洋的近代化を成し遂げたこと，そしてその大変革が西洋諸国と異なり，革命や大規模な内戦を伴わずに達成された，という点である。大規模な内戦や革命がなかったため日本には世界最古の家系である天皇家や，世界最古の木造建築や，様々な古い文化やしきたりがタイムカプセルのように存続している。しかし，ハンチントンは，日本にはなぜ革命がなかったかを説明していない。そこで改めてこの理由を考えてみよう。

　漢語の「革命」は，中国における政権交代を正当化する思想を表す言葉であった。「革命」とは「天命が革（あらた）まる」ことを意味し，腐敗した旧政権に代わって，「天命」を受けた「有徳者」が新規に支配者となることを意味する。中国では何千年も前から，国家が衰退し治安が乱れて民衆が飢えると，全土で内乱が起こり，地方の軍閥のうち最も有力な者が内戦を勝ち抜き，最終的に新政権を樹立することを繰り返してきた。また，元や清のように，強力な北方の異民族の侵略によって，全く新しい政権が誕生することもあった。

附　論　「日本人の脳」と「日本文明」

　このような全く新しい政権は，旧政権の支配者とその一族を皆殺しすることが多い。そのほうが政権が安定化するからである。また，旧政権が復活しないために，旧政権を支えてきた旧秩序も徹底的に破壊されることがある。これらの殺戮や破壊を正当化するために，中国では新政権の支配者は「天命を受けた有徳者」であり，新政権の安定のためには何をしても許されるという思想で飾られる必要があった。中国の現共産党政権の成立も典型的な「革命」の例に漏れず，毛沢東を主席とする「中華ソビエト共和国」が江西省の瑞金に建国された1931年から数えて，1949年の「中華人民共和国」の建国まで18年間も革命戦争が続き，この過程で革命政権は，旧地主階級を殲滅して土地を国有化したが，この間におびただしい人命が失われた。また，この共産党政権の混乱期に起きた文化大革命でも，多くの人命と貴重な文化財が失われた。

　西欧諸国でも民主主義が普及する前は，イギリスの清教徒革命や名誉革命，フランス大革命，ロシア革命，あるいはアメリカ南北戦争に代表されるように，政権交代時に大規模な流血を伴う「革命」や「内戦」が起こるのが普通であった。市民革命がなかったドイツでも，民主化されるまでにナチスによる独裁やユダヤ人虐殺を含む第2次世界大戦を経験する必要があった。

　ところが日本には，革命がなかった。日本においても，政権の交代時には小規模で短期間の内戦は起きたが，これらは反乱であって「革命」ではなかった。なぜなら，日本の最高権威である天皇家の権威は失われることなく，現在まで続いているからである。

　日本に革命がなかった最大の理由は，日本が建国以来，国家の神聖な最高権威者と，軍事的な最高実力者とが分離されていたためである。すなわち，祭事や神事や叙勲のような国家的行事（まつりごと）は天皇家や公家が担当し，軍事や徴税や治安維持のような，世俗的な「汚れ仕事」というべき現実的行政は，征夷大将軍や幕府のような世俗的政権，あるいは政府が分担するという形で国家の権威と権力が分離されていた。そ

して，時の政権の世俗的権力は叙勲によって天皇家から委任されたものという形を常にとっていた。聖なる権威と世俗的権力が互いに相手をチェックし，相補って国家を統治するという二重権力構造が権力の相対化であり，これが約1500年間にわたって機能してきた。この間，軍事的な権力者が神聖な権威者である天皇家を武力で滅ぼすことは，その気になればいつでも可能であったが，そのようなことは一度も起こらず，かえって天皇家の権威を脅かすまでに強力になった織田信長は，天皇家による叙勲を辞退し，天皇の交代を示唆した時点で暗殺され，天皇家への脅威は除去された。

明治維新のときも，大政奉還という他国に例がない平和的方式で政権交代が行われ，大規模な内戦が起こらず，旧政権の徳川家は滅亡を免れた。大政奉還が可能であったのは，「国家がもともと最高権威者である天皇家に帰属すべきもの」であり，「政権は最高権威者である天皇家から軍事的最高実力者に叙勲によって一時的に委任されているに過ぎない」という権力の相対化に対する国民的理解があったために，「国難に際して，時の政府に国家を統治する能力がなければ，天皇に政権を返還すべきである」という論理が機能したからである。

日本国の歴史が始まって以来，初めて外国に敗北を喫した太平洋戦争の終結時にも，この権力の相対化の国民的な暗黙の理解が機能した。世俗的権力である軍部の横暴によりほとんど統治能力を失っていた日本政府は，終戦を決定できず，聖なる権威である天皇の「ご聖断」を得て終戦の方針を確定させ，天皇の「玉音放送」によって終戦宣言を放送することにより，全国民は冷静に敗戦を受け入れた。そして，太平洋戦争の敗北を経てもなお，天皇家は国民の意思により，国家の象徴として聖なる最高権威者の地位にとどまり，現在に至っている。

このように日本において，建国以来，一貫して「国家の最高権威」と「国家の最高権力」が分離・相対化されてきた理由は何であろうか。筆者はその理由を，「すべてを相対化する，日本固有の文明力による」と

考えている。すなわち日本人は，中国の歴代政権や，西欧における絶対王政，旧ソ連や中国の共産党による一党独裁のような，政治権力と軍事力の両方を独占する絶対的独裁政権を伝統的に嫌ってきた。そして，暗黙のうちに，国家の権威力と武力という2つの力を相対化し，互いに不当な権力の行使をチェックし，欠陥を補完し合うような国家の統治システムを持つという智恵を1500年以上も前から持っていた。このような相対化は，日本文明の1つの側面であり，同様の相対化は他の側面でも至るところに認められる。このことを筆者は「すべてを相対化する日本文明」と呼ぶ。以下，いくつかの例を挙げて「すべてを相対化する日本文明」とは何かを見ていこう。

2）動物慰霊祭と針供養

　「絶対化」を避け「相対化」を好む傾向は，日本文明の最大の特徴であり，日本社会のあらゆる側面に現れている。例えば，西欧キリスト教社会ではローマ法王庁，イギリス国教会，ロシア正教会などが，またイスラム国家では，シーア派またはスンニ派のような，特定の宗教の，特定の宗派がいわば国教化するのが普通である。しかし日本では，歴史的に1つの宗教が絶対化し，国教化することはなく，神道と仏教が平和的に共存してきた。すなわち日本では，宗教においても相対化現象が見られる。

　日本文明の最大の特徴である「すべての相対化」の例として，人と動物の相対化がある。「動物慰霊祭」がその例である。製薬企業や，製薬企業から動物試験を受託する受託研究機関は，新薬開発の過程で多数の実験動物を犠牲にする。このような施設はその敷地内に必ず「動物慰霊碑」を備えていて，毎年その前で「動物慰霊祭」を催すことが恒例となっている。「動物慰霊祭」では人間世界の法事と全く同様に，僧侶を招いて読経し，関係者一同は動物の霊の成仏を祈り，焼香する。動物愛護運動がどれほど強力であろうと，西欧社会やイスラム世界には，動物「慰

霊」祭はあり得ない。霊性（Spirit）を持つのは人間だけとされるからである。

　日本人が「動物慰霊祭」を行うということは，日本人が霊性に関して，人と動物に絶対的な差を認めていないことを意味する。つまり人間と動物の生命を相対化している。このような考え方は，仏教における「輪廻」の考え方とも関係がある。仏教では「人は前世や来世では人であるとは限らず，来世では動物に生まれるかもしれない」と考える。

　法隆寺の国宝，玉虫厨司には「捨身飼虎図」が描かれている。この絵は釈迦の前世のサツタ王子が狩りに行ったときに，7匹の子虎を抱えた飢えた母虎に逢うが，母虎は飢えのため動けないので，哀れに思った王子が身を投げて自分の体を食べさせる姿を描いたものである。仏教のこの「捨身飼虎」の考え方も，動物と人の命を区別しない点で，両者は相対化されている。

　日本文明の「相対化」傾向は，生き物だけでなく，無生物にも及ぶ。これは，人形や針や筆のような様々な無生物が「タマシイ」を持ち，従ってその物の用が済んだとき，単なるゴミとして捨てるのではなく，この物がもつ「タマシイ」に対して「供養」が必要である，と考えることで明らかである。供養は，人形供養，針供養，鋏供養，鏡供養，写真供養，表札供養，仏壇供養，経典供養，印章供養など，様々なモノに対して行われる。これらは生物と無生物の相対化と言える。

　すべての命を対等とする考え方は，決して迷信とか古いだけの考え方とは言えない。生態学，自然環境の維持，環境破壊の防止，野生動物の保護，生物多様性の維持など，現代の最新の考え方ともつながり，今後ますます重要となる考え方である。

3）八百万（やおよろず）の神

　すべてを相対化する日本文明の最大の特徴は，「神々の相対化」，すなわち「八百万の神」の考え方である。

附　論　「日本人の脳」と「日本文明」

　世界の宗教は一信教と多神教に二分することができる。ユダヤ教，キリスト教，イスラム教のような一神教の世界では，「自分たちが信じる神以外の神は偽りの神である」と考える。従って，他の宗教の存在を肯定したり，共存を図ること，すなわち自らの神と異教の神を相対化することは，自らの神に対する冒涜であり，裏切り行為であって，絶対に許されない。そのため一神教は概して戦闘的であり，異教徒や異民族を滅ぼすことを正義であるとする傾向が強い。古くは十字軍，今ではイスラム国（IS）のテロがその代表例であり，テロが聖なる行為とされ，テロ実行者は殉教者であると宣伝される。

　人類の進化の歴史において，おそらく最初に発生したのはアミニズム的多神教であり，一神教は後から発生したが，より戦闘的な一神教が宗教間の生存競争において，勝ち抜いてきたと考えられる。一神教はおそらく，他の民族を絶滅させてでも，自らの民族だけは生き延びねばならないような，環境が極めて厳しく，従って生存競争が激しい乾燥地帯で発生し，欧州のような半年間雪や氷で閉ざされる厳しい気候風土における激しい生存競争に有利な宗教として発展してきたと考えられる。

　しかし，「自分たちが信じる神以外の神は偽りである」，「偽りの神を信じる異教徒を滅ぼすことは神の意志であり，そのための戦いは聖戦である」とする考え方は，一神教が１つの地域に１つしか存在しない場合は問題がないが，１地域に複数の一神教が存在すれば，悲劇を生む。異なる一神教同士の間では，政治的な妥協（＝休戦）はあり得ても，教義的な両立の余地が全くないからである。ゆえにユダヤ教，キリスト教，イスラム教など，すべての一神教国家の間では，宗教戦争が絶えなかった。相手の宗教の信者を自分たちの領土から排除したり，抵抗する異教徒を皆殺しにすることが神の名で正当化された。有史以来，ユダヤ教とキリスト教の争いやキリスト教徒とイスラム教との間の争いが続き，キリスト教信者の間でさえも，中世から近代にかけて，カソリックとプロテスタントの間の宗教戦争があり，第２次世界大戦中にはユダヤ教徒に

対する大量虐殺，インドとパキスタンの間の印パ戦争，戦後の中東戦争，イラン・イラク戦争，湾岸戦争，現代の9.11同時多発テロや，報復としてのアフガニスタンや，イラク戦争，最近のシリア内戦まで，昔も今も一神教世界およびその周辺では，宗教紛争が絶えることがないし，今後も絶えないであろう。

　これに対し日本では，約1500年前の飛鳥時代以来，宗教紛争らしいものがない。宗教がからんだ紛争としては，戦国時代以後の一向一揆や江戸時代の島原の乱があったが，これらは，異なる宗教間の宗教紛争ではなく，特定の信仰者の集団が時の権力者に対して暴動を起こして鎮圧されたに過ぎない。日本に宗教戦争がなかった理由は，日本人の大部分が一神教を信仰しなかったことにある。日本には数多くの種類の宗教が存在しているが，それぞれが相対化されており，1つの特定の宗教が時の権力と結びついて圧倒的に強力になり，他の宗教を弾圧するようなことがなかった。

　日本には多くの種類の神が共存しているため，しばしば多神教の国と言われる。しかし日本の宗教は，古代ギリシャ，古代ローマ，北欧，あるいはヒンズー教のような，体系化された多神教とは本質的に異なる。日本の「やおよろずの神」は，単に起源を異にする多種の神仏がいわば「雑居」しているに過ぎない。日本で信仰の対象となっている神仏の中には，例えば太陽（お天道様），山，泉，川，滝，岩，老木などの自然物，氏神，鎮守神，産土神などの日本古来の神々，恵比須・大黒天・毘沙門天・弁財天などを含む七福神，神農様，お不動様，明神様，帝釈天，道祖神のような中国やインド伝来の神々が含まれる。要するに，何でもありの「やおよろず」の神である。

　日本では人間も神になる。天皇は死後はもちろん，存命中も現人神として祭られ，また，菅原道真，豊臣秀吉，徳川家康，乃木大将など，死後に神として祭られる例は多い。また，明神様，天神様，権現様，お稲荷様のように，古過ぎて起源が不明であったり，特定の人物や動物と結

びついた信仰もある。また，日本の神社には，お参りをすると御利益（ご りやく）が得られるとされる神社もあり，神社によってそれぞれ主要な 御利益が異なり，縁結びや子孫繁栄，学問，経済的利益，交通安全であっ たりする点も，一神教の神の信仰とは全く異なる。

　キリスト教徒など一神教の信者を除き，ほとんどの日本人は自分が信 仰している神を絶対的とは考えていない。個人的に特定の宗教を強く信 仰していたとしても，他の宗教に対しては極めて寛容であり，「さわら ぬ神にたたりなし」という態度で接し，お互いに他人の信仰には干渉し ない。正月には毎年7000万人もの日本人が押し合いへし合いしながら, 神社・仏閣に初詣し，クリスマスには国中でツリーやイルミネーション を飾る。結婚式は神式でもキリスト教式でも無宗教でもこだわらない。 さらに日本人は宗派を問わずお伊勢参りをし，四国八十八ヵ所のお遍路 をし，熊野古道を歩く。大抵の大会社の敷地内や本社ビルの屋上には稲 荷神社が祭られ，動物試験を行う施設では動物慰霊碑を備え，動物慰霊 祭を行う。また，建築を開始する場合は近代的な超高層ビルでも神主を 呼んで神式で地鎮祭を執り行う。このように日本人の宗教との関わり方 は一神教の国から見ればあきれるほど支離滅裂で多様である。

　京都の伏見稲荷大社は，日本人と宗教の関係を一目で納得できる，印 象深い場所である。平地にある本殿の左後方に，稲荷山に続く小道があ り，朱色の鳥居が隙間なく並んだ有名な千本鳥居のトンネルが続いてい る。この鳥居は企業や個人がかなりの大金をかけて奉納したもので，そ の総数は1万基を超えると言われている。この鳥居のトンネルは枝分か れしながら稲荷山の山中や山上を巡っており，すべてを歩くとおそらく 半日は要するだろう。その小道の所々に，テニスコート数面分程の広さ の敷地があり，記念碑状の自然石の石造物が数百基，迷路のような細い 通路を挟んで密集している。注目すべきは，その石造物の1つ1つに「〇 〇大神」と刻まれていることである。驚くべきことに，その「〇〇」の 名はすべて違っている。宮司さんに質問したところ，そこは信者が建設

した「プライベート神様」たちの団地であった。その中にある一際大きな石造物には，多数の小型の赤い鳥居やお供え物が供えられているが，これは「共同プライベート神様」である。このような「神様の団地」が十ヵ所ほどあるので，稲荷山一帯にある神様の総数は悠に数千にも達すると思われる。そのほかに，参拝路沿いの数ヵ所に社務所風の建物があり，内部の壁一面に数段の神棚がしつらえられ，清酒のミニボトルやお供えを載せた20センチ四方ほどの小型の三宝が無数に並んでいる。これらは，石造の「プライベート神様」を作る経済力のない人々のための，「簡易・プライベート神様」たちの団地である。従って，これらの社務所風の建物もまた数知れない神様たちが鎮座する神様たちの団地である。このように，稲荷山全体では数千とも数万ともつかない，名前が異なる神様たちがひしめいている。稲荷山は日本が「八百万の神」の国であることを一目で納得させる，特別な場所である。筆者は日本の宗教に関心をもつガイジンがおれば，この稲荷山を案内することにしている。

　日本人は，明確な戒律を伴う特定の宗教を信仰する者が少ないという意味では，一見「無神論者」や「無宗教者」が多いように見える。しかし，もし日本人が見かけ通りの無神論者であるとすれば，上記の伏見稲荷にひしめく無数の神様たちの存在は説明できない。また，正月に7000万人も初詣に行くことも，伊勢神宮や大仏様が，建設されてから1300年以上も再建を繰り返しながら維持されてきたことも，全国に無数にある神社・仏閣が何とか維持されていることも説明できない。さらに，奈良の薬師寺のように，昔失われた仏塔や金堂などの巨大な寺院建築が，貫主の呼びかけに応じた一般からの浄財により次々と再建されつつあることも，また，新興宗教の巨大な建築物が次々に新築されていることも説明できない。さらに，日本人が死亡したとき，仏式，神式，あるいはキリスト教式など，何らかの宗教的な様式に従った葬式を必ずすることも説明できない。これらすべてを説明するには，日本人の大半が信仰を持っているが，各宗教の戒律や信者としての行動が海外の一神教

国における信者たちの戒律や祈りの行動と全く異なるため，日本人の信仰の形が客観的に捉えにくいだけであることを物語っている。

　このような日本人の「やおよろずの神」信仰は，どのようにして形成されたのであろうか。

　日本はもともと神道の国であり，天皇は神道の祭司でもあった。従って，6世紀に初めて日本に仏教が持ち込まれたとき，おそらく宗教がらむ深刻な部族対立が国内に起こったものと想像される。しかし，もともと神道には，明確に成文化された教義や教典がなかったこと，また，仏教が宗教であると同時に，平和な哲学思想でもあったことが幸いした。そして，特に天武天皇以後の天皇家が自ら神道と仏教を相対化し，神道の祭司でありながら，同時に仏教の保護者にもなるという立場に立たれたことが，その後の日本の歴史に一貫する，宗教の相対化をもたらしたと考えられる。

　こうして日本人は，天皇の権威のもとに，1400年以上もの昔に国内の宗教的対立を根絶した。このことは現代西欧社会もイスラム社会もいまだに達成していない人類史上の最大の課題を，日本人が賢明にも，1400年以上も前に解決していたことになる。日本人はこの誇るべき日本文明を声を大にして世界に伝えることにより，世界の宗教対立の解消に貢献すべきと考える。

3．日本文明の世界貢献
1）日本文明は古代文明のタイムカプセル

　エジプトのピラミッドをはじめ，世界の古代遺跡のほとんどは現在の文明とは無関係な，単なる遺跡か廃墟であって，観光の役にしか立っていない。それらの遺跡も，アフガニスタンのタリバンによるバーミヤンの大仏の破壊や，イスラム国によるシリアの壮大なパルミラ神殿の破壊などにより，廃墟化が加速しつつある。これらの例とは対照的に，日本では神社仏閣は利用状態で保存される。建造当初と利用目的が変わらな

い現存の世界最古の建造物は、607年（推古15年）に創建された法隆寺であろう。木造でありながら法隆寺が今でも残るのは、すべてを相対化する日本文明が、基本的に平和であった結果である。

日本文明は古代文明をタイムカプセルのように保存する力が大きい。これは日本文明が、文化面で世界に貢献していると言ってよいであろう。以下、いくつかの例を選んで、日本文明がタイムカプセルであることを見ていこう。

(1) 奈良の大仏と正倉院

奈良の大仏の正式名称は「盧舎那仏坐像」、大仏殿の正式名称は「東大寺金堂」であるが、ここでは「大仏」、「大仏殿」と呼ぶ。東大寺の大仏は聖武天皇の発願で745年（天平17年）に制作が開始され、7年後の752年に完成して開眼供養会（かいげんくようえ、魂入れの儀式）が行われた。以来、大仏殿は何度も地震で破損したり兵火で炎上したが、何度破壊されても、廃墟となることはなく、その都度復元されて、現在に至っても利用されている。その意味で、大仏と大仏殿は、日本人が信仰と伝統を1300年近く保存し続けてきたタイムカプセルである。

この大仏殿の北西すぐ近くに、正倉院がある。正倉院は、東大寺の倉庫群の一部であり、大仏と大仏殿を建設した聖武天皇と光明皇后の遺品を中心とする、天平時代を中心とした多数の美術工芸品を収蔵する宝物殿をいう。建設は、大仏完成の4年後の756年で、光明皇后が、夫聖武天皇の遺品約650点と、約60種の薬物を東大寺の盧舎那仏（大仏）に奉献したことに始まる。正倉院の建築様式は木造高床式の校倉造り（あぜくらづくり）である。校倉造りは、三角形の材木を組み合わせて壁を作る建築で、耐火建築ではない。このような木造建築が、1300年近い歳月に耐えて大量の宝物を理想的な状態に保存してきたことは、奇跡的なことである。

正倉院の宝物には日本の工芸品もあるが、唐やシルクロード、遠くは

附　論　「日本人の脳」と「日本文明」

ペルシャからの輸入品を多数含むため，正倉院はシルクロードの東の終点と呼ばれる。収納品は，絵画・書跡・金工・漆工・木工・刀剣・陶器・ガラス器・楽器・仮面・錦などの織物類など，古美術工芸の粋を集めた作品が多く残るほか，奈良時代の日本を知るうえで貴重な史料である文書類（正倉院文書），古代の医薬品，香木なども所蔵され，古代文化財の一大宝庫である。

　正倉院の価値は，その収納物が当時の世界的な文化財がそのまま保存されているという，タイムカプセルとしての価値ももちろんある。しかし，特筆すべきことは，木造建築でありながら，数々の戦乱時にも，一度も正倉院が焼失することがなく，収納物が略奪されることもなかったという事実である。大仏殿が焼け落ちたことは何度もあったことを考えると，そのすぐ近くの正倉院が一度も焼かれることも財宝が略奪されることもなかったことは奇跡と言うしかない。この奇跡が起こった理由について，大川周明は次のように書いている：

「正倉院は人の知る如く，奈良東大寺の後ろにある皇室の宝蔵で，今を距てる約千百八十年の昔に建てられたる木造の建築である。奈良朝の天子は，一つに大仏への寄進のため，また一つには，かくして永く後世に伝えるため，皇室の御物をこの宝蔵に格納した。而して建物も，またその中の御物も，共に些かも変わりなく今日まで残っている。世々の民はこの中に比類なき珍宝が蔵められていることを知っていた。もしも戦国時代，またはその他の時代に於いて，横暴なる人間がいて，これを破って宝物を盗み出そうとすれば，容易に破りうる木造の建物なるに拘らず，未だかつて左様なこともなく，中に納められた火鉢の中には奈良朝時代の灰までがそのままに残っている。而してこの不思議は，皇室の尊厳をもってせずば何によって解きうるか。皇室の力は見えざるに働く。」（大川周明，「日本二千六百年史」，復刻版，毎日ワンズ，p.30，2008）

このように正倉院は，大仏を建造した皇室への日本国民の尊敬の念が戦乱時に失われることなく1300年経っても変わらずに続いているために，タイムカプセルとして存続可能であったことを示している。

(2) 万葉集と歌会始

　万葉集とは，20巻からなる日本最古の歌集であり，編者は諸説あって確定していない。最初に成立したのは759年，その後8世紀後半頃にかけて，約1世紀にわたり何度かに分けて編纂されたと考えられている。編纂された頃にはまだ「ひらかな」が作られていなかったので，漢字の発音を，意味とは無関係に用いた「万葉仮名」と呼ばれる独特の表記法を用いている。

　万葉集の特筆すべき特徴は，編纂を計画・実行した当事者，すなわち天皇，皇族，高級官吏だけでなく，下級官吏や一般庶民の歌まで収録していることである。庶民の歌は作者の出身地も記録されており，関東や中部地方の方言が含まれた東歌（あずまうた）や，兵士の歌である防人歌（さきもりうた）と名付けられている。収録された歌の総数は4500首以上に及ぶ。

　千数百年も前の日本に，支配階級や知識人だけでなく，一般庶民までが詩歌を作る文化があったこと自体が驚嘆すべきことである。しかし，もっと驚くべきは，当時の支配階級が身分の差を問題とせず，庶民の歌まで万葉集に収録しようとした，その身分の差を相対化した「民主的」とも言える編集方針である。

　この皇室と一般民衆の，相対化された関係の伝統は千数百年の時空を超えて，現代に受け継がれている。毎年正月に宮中で執り行われる「歌会始」には，小中学生を含め一般庶民が誰でも応募できるからである。

　この，庶民までが歌を読む伝統が，万葉集の時代から今もなお日本社会に受け継がれていることは，経済専門紙の日本経済新聞や産経新聞を含む，どの商業新聞にも，毎日曜日に歌壇，俳壇の頁が今なお存在する

附　論　「日本人の脳」と「日本文明」

ことでも明らかである。2008年12月22日の産経新聞の「産経抄」がこの伝統に触れているので，引用しておく：

- ▼「工員が歌人に戻る入口か　職場出でたる空に夕月」（大阪・忠岡町田中成幸）。きのうの産経歌壇にあった一首。大勢の「歌人」たちが，新聞で自分の作品を探したことだろう。コピーライターの吉竹純さんもそんな歌人の一人だ。
- ▼3年前，小紙主催の「与謝野晶子短歌文学賞」で，文部科学大臣奨励賞を受賞した作品を，コラムで取り上げたことがある。短歌をつくり始めたのは，電通を早期退職してまもなくの平成13年から。現在は新聞6紙の歌壇に投稿している。

（中略）

- ▼「万葉集」の時代から，歌は日本人にとってなくてはならない存在だった。外国の新聞には，歌壇や俳壇のように，読者から詩歌を募集して，掲載する欄はほとんどないらしい。危機に瀕（ひん）する日本語を支える，最後の砦（とりで）のひとつかもしれない。

　　　　　（後略）　（2008年12月22日，産経新聞，「産経抄」）

(3) 伊勢神宮と式年遷宮

　海外の古代遺跡のほとんどが廃墟となって残っているだけで，古代にそれらを作った人々と，現在その近辺に住んでいる人々とは，宗教的にも文化的にも断絶している。しかし日本には，石造の古代建築遺跡こそほとんどないが，古代建築とこれを支える周辺の人々の経済的・文化的関係が，古代の建造当時のままに現代まで完全に受け継がれているという，世界にも稀な古代建築がある。その典型例が伊勢神宮である。この伊勢神宮の「永久保存」を保証しているシステムが「式年遷宮」である。

　伊勢神宮には内宮・外宮があるが，それぞれの正殿には東と西に同じ広さの敷地が隣接しており，一方は玉石を敷き詰めた空き地になってい

る。新しい社殿ができて20年が経過すると，その隣接する空き地に，元の社殿と全く同じ形の社殿が新築され，元の敷地は更地とされる。解体された古い社殿の資材は，他の神社や橋などの建築材料として，再利用される。これを式年遷宮と言う。式年とは定められた年を意味する。

伊勢神宮が最初に建設された年は不明であるが，記録された最初の遷宮は第41代持統天皇の4年（西暦690年）と伝えられ，以来，応仁の乱から戦国時代にかけての戦乱の時代を除き，20年に一度の頻度で式年遷宮が繰り返されてきた。最近の第62回目の遷宮は，平成25年（2013年）に行われている。

遷宮の頻度が20年に一度である理由は分かっていない。社殿が古くなることが理由ではないことは，伊勢神宮の最初の遷宮よりもさらに80年ほど前の607年に創建された法隆寺が，世界最古の木造建築として現存していることがその証拠である。では，なぜ20年に一度遷宮する必要があるのだろうか。遷宮制度が始まったときには当然遷宮する理由が明確であったはずである。しかし，千数百年の間にその理由が不明になったか，あるいは何らかの理由でその理由が秘密にされた可能性もある。筆者は後者の可能性が高いと考えている。その根拠はかなり突拍子もない話になる。この20年という建て替え期間は，全く別の宗教に由来している可能性があるからである。20年で隣の敷地に建て替えられるということは，社殿が新築されてから解体され，また元の敷地に新築されるまでの1周期は40年である。この40という数字は，キリスト教およびユダヤ教においても聖なる数字である。これらの宗教では，40は「何かが終わる」という意味の聖なる数である。論より証拠，40で終わる例を以下に集めてみた：

①旧約聖書は第40章で終わる。

②旧約聖書におけるノアの箱船の話の長雨は，40日40夜。その後の洪水も40日間。

③旧訳聖書の出エジプト記で，モーゼに率いられた民が砂漠を放浪

附　論　「日本人の脳」と「日本文明」

　　した期間が 40 年。
　④その放浪の間の，シナイ山におけるモーゼの修行も 40 日間。
　⑤新約聖書の荒野（あらの）の誘惑で知られるキリストの修行期間
　　も 40 日間。
　⑥キリストが十字架上で死に，葬られた後に復活し，再昇天するま
　　での期間が 40 日間。
　⑦中世のベネチアでは，流行病地区から来た船で帰国した旅行者は
　　40 日間隔離された。
　⑧検疫に当たるイタリア語 quaranta，英語の quarantine の意味は
　　40 日。
　⑨西欧では婚約公示・異議申し立て期間を 40 日間。
　⑩硬式テニスの勝敗のカウントは，15 → 30 → 40。

　上記は，伊勢神宮の内宮と外宮をつなぐ道路の両側にある石灯籠（そ
れほど古くはない）に，正三角形を逆に重ねたダビデの星（イスラエル
の国章）が刻まれている事実と合わせ，興味深い。
　さて，式内遷宮の時に新たに造営される殿舎は，両宮正殿だけでない。
宝殿外幣殿，御垣，鳥居，御饌殿，14 の別宮等諸殿舎計 65 棟に及ぶ。
五十鈴川に架かる宇治橋と，その前後の 2 つの鳥居も更新される。これ
らの建築に使用される木材（ひのき）の生育には，百年から数百年かか
るので，式年遷宮制度の維持には数百年単位の計画とおびただしい人々
が関与している。さらに驚くべきことは，建築物のほかに，約 800 種
1600 点の御装束・神宝類も古式に則り新しく作り直され，殿内に納め
られることである。これらは，古式のままに，その時代時代の最高の刀
工，金工，漆工，織工などの美術工芸家群によって調製される。これら
のことは，以下の 2 つのことを意味する：
　①式年遷宮には多数の国民の参加が必要であること
　　式年遷宮には多額の費用と人手がかかる。今回の 2013 年は約

580億円と言われている。戦前は国家が費用を負担していたが，戦後の政教分離で，費用は宗教法人の伊勢神宮と，一般からの浄財寄付で賄われた。

②式年遷宮は古代文明維持のための巨大なシステムであること

　式年遷宮で，65棟の建築物のほかに，約800種1600点の御装束・神宝類が古式の通りに新調されるということは，古代の織物，絵画・工芸品，宝物類の作成技術など，古代の技術を半永久的に維持し続ける必要があり，数多くの芸術家，技術者，職人集団の職業と生活が昔通りに維持されている必要がある。戦国時代のような戦乱機に式年遷宮が行えなかったのは，戦乱によって建築費が調達できなかったことのほかに，職人たちの職業や生活が破壊されたことにもよる。式年遷宮を行うためには，何よりも平和な社会が維持される必要がある。従って伊勢神宮と式年遷宮は，伊勢神宮という神社が廃墟となることを永遠に防ぐだけでなく，伊勢神宮信仰という古代日本の信仰と伝統と技術を永遠に未来へと引き継ぐことを目指し，そのために日本社会の政治的・経済的安定までも目指した，巨大な複合システムであると考えられる。この複合システムは，日本人が世界に誇ることができる日本文明の一面である。

2）日本文明の世界貢献

前項で日本文明が基本的に平和な文明であり，古代の建造物やシステムを生きたまま保存する力が高く，文化的な面で世界に貢献してきたことを示した。本項では，我々が現代において持つものの世界貢献の可能性を見ていきたい。

(1) 日本の「ものづくり」

1985年に製作された米国のSF映画「バック・トゥー・ザ・フューチャー（Back to the future）」に，タイムマシンで誤って30年前の1955年に

附　論　「日本人の脳」と「日本文明」

送られた少年マーティー（Marty McFly）が，自分を過去に送ったタイムマシンの発明者である若き日のドク（young doc）のガレージで，オープンカー型のタイムマシンを修理してもらいながら，次のような会話を交わすシーンがある：

> Young Doc: "No wonder this circuit failed. It says "Made in Japan".
> 「この回路が故障するのも道理だな。メイド・イン・ジャパンと書いてある。」
> Marty McFly: "What do you mean, Doc? All the best stuff is made in Japan."
> 「何いってんのドク。最高にイカすものはみんなメイド・イン・ジャパンだよ。」
> Young Doc: "Unbelievable."
> 「信じられん。」

　これらの会話から分かることが3つある。1つは，敗戦から10年後の1955年にはすでに日本製品が米国に氾濫していたこと。ただし，若き日のドクの印象では「安かろう悪かろう」の安物の輸出であった。2つ目は，その30年後の1985年頃の米国人マーティーは，「いいものと言えば何でもMade in Japanだ」と信じていたこと，すなわち，日本製品の品質が米国製品の品質を凌駕していたことである。そして3つ目は，日本人は，「ものづくり」に秀でた国民だということである。

　日本人がそれまで日本になかった物を外国から輸入して，すぐに国際レベルを超える製品を作り出す例は，昔から知られている。約2000年前からの弥生時代の銅鐸，約1700年前の古墳時代の三角縁神獣鏡，さらに1300年前の奈良の大仏の建造もその例である。

　奈良の大仏は，建造当時，世界最大の鋳造仏であり，大仏殿は世界最大の木造建築であった。当時の世界の最先端技術によって建造された。

271

大仏の鋳造に使用された原材料は、銅約500トン（台座を含む）、錫（すず）約8.5トン、水銀約2.5トン、金（ゴールド）約440キログラムと言われており、当時これだけの金属を用意する国力があったことに驚かされる。世界最先端の技術を取り入れ短時間で世界一の製品を作ってしまう日本人の能力の原型がここに見られる。

出雲大社も、古代日本の建設技術が信じられないほどの高度なものであったことを示している。2000年の発掘調査で発見された9本の柱の太さが、直径1.4メートルの杉の丸太3本を鉄の帯で束ねた、2.84メートルもの太さがあり、出雲大社の創建当時の高さが、伝説の16丈（48メートル）または32丈（96メートル）もある、世界最高の高さがあったことを裏付けている。

約1000年前からの平安末期・鎌倉・室町時代の日本刀や甲冑は、実用的な武器であると同時に、世界に誇れる美術工芸品でもあった。そして、戦国時代の火縄銃こそ日本的ものづくりの典型的な例であった。火縄銃が種子島に伝来したのは1543年であったが、鉄砲の生産は戦国時代の日本各地に瞬く間に広がり、鉄砲伝来のわずか32年後の長篠の戦いでは、織田・徳川連合軍が3000丁の鉄砲で武田の騎馬軍団を壊滅させた。このような大規模な鉄砲戦は世界史でもこれが最初であり、大前研一氏は、「1600年の関ヶ原の戦いの当時、日本の鉄砲の保有数は、ヨーロッパ全体を上回っていた。鉄砲伝来から50年で日本はヨーロッパよりも工業化が進んで、世界最強の武器保有国になっていたのである」と述べている（『経済没落の日本しか知らない若者にもう一度「進取の精神」を』、SAPIO、2009年8月19・26日号、No.14、p.108、小学館）。

戦国時代に一度花開きかけた日本の科学技術はその後の鎖国、武器開発禁止令および大型船建造禁止令により停滞した。しかし、明治維新からわずか37年後の1904年、日本は日露戦争における日本海大海戦に勝利するほど急速に科学技術を発展させていた。

日本の科学技術のレベルが当時どれほど優れていたかを知るために、

附　論　「日本人の脳」と「日本文明」

　日本海大海戦における日露の損害をデータで比較してみよう。ロシア側の損害は，バルチック艦隊36隻のうち，撃沈16隻（戦艦6隻，他10隻），自沈5隻，被拿捕6隻で，目的地のウラジオストクへ到達できた艦船は36隻中3隻のみであった（他に6隻が中立国へ逃亡）。ロシア兵員の損害は戦死4830名，捕虜は提督2名を含む6106名であったのに対し，日本側の損失は小型の水雷艇3隻沈没のみ，戦死117名，戦傷583名で，ロシア兵の死者数が日本の45倍という圧倒的な完勝ぶりであった。大艦隊同士の決戦としては人類史上最も一方的な勝利であったと言われている。戦艦三笠は，太平洋戦争の敗戦後，スクラップとなることが決まったが，海外の戦史愛好家たちの「人類史上最も一方的な勝利を収めた大海戦の旗艦がスクラップになるのは忍びない」との思いから始めた保存運動がきっかけになり，世界海戦史の記念艦として，現在も横須賀に保存されている。

　ただしこのとき，日本海海戦に参加した26隻の日本の軍艦のうち旗艦三笠をはじめ，主な大型艦は英国で建造されたもので，国産の軍艦はわずか6隻のみであり，しかもすべて小型艦であった。しかし，その後間もなく日本は軍艦を完全に国産化し，35年後の1941年には世界海軍史上最大の46cm主砲9門を備えた戦艦大和および武蔵を完成するに至った。しかし，同年の太平洋戦争開戦時に日本軍自体が真珠湾攻撃やインド洋での英国海軍の戦艦プリンスオブウェールズおよびレパルスを撃沈して証明したように，時代はすでに航空基地や航空母艦から発進する航空機による航空戦の時代に移行していたため，戦艦大和は完成した時点ですでに時代遅れであり，常に後方に留まらざるを得ず，「大和ホテル」と呼ばれる無用の長物となり，最後は沖縄への無意味な特攻で海の藻屑と消えた。

　しかし，戦艦大和を建造した造船技術は，敗戦後，日本を世界一の造船大国へと導き，日本の復興に大きく貢献した。戦後日本のものづくりは，造船，繊維，鉄鋼産業などにはじまり，化学工業，家電，自動車産

業に移り，トヨタ社の生産台数は現在世界一となり，トヨタと本田のハイブリッド車は，燃費の低さで世界をリードしている。

日本はまた，新幹線，瀬戸大橋，世界一の自立電波塔である東京スカイツリーなども作った。特に，世界最長の海底トンネルである青函トンネルは，海水の流入など幾多の困難のため，先進導坑の開通までに19年もかかり，2016年の北海道新幹線の開通までに25年の歳月を要した。今後は，東京－大阪間のリニア新幹線の建造も決まった。地下鉄などの車両はすでに世界中の大都市に輸出されており，新幹線も台湾などに輸出されている。東日本大震災と原発事故で中断していた原子力発電所の輸出も再開された。このように，奈良時代に始まった，世界最高品質のMade in Japan製品や建造物を造る伝統は，脈々と現在に受け継がれている。

日本の「ものづくり」は，敗戦後の日本の発展に貢献しただけではない。旧植民地諸国の人々に日本型経済発展モデルを提供することで，これらの後進国の発展に大きく貢献した。この「ものづくりによる国家発展のモデル」は，かつて日本の一部であり，日本語教育が行われたことのある韓国と台湾で最初に開花した。次いで，やはり日本が数年間占領したことがあるシンガポールとマレーシアが続き，遅れて中国，ベトナム，タイ，インドネシア，インドなど，アジアの発展途上国に受け継がれた。かつて日本領土であった韓国と台湾から近代化が始まり，次いで日本の占領地域が続き，日本が占領しなかったか占領が短期であった地域の発展が最後になったことは偶然ではないと思われる。日本の占領下での日本システムの普及が，日本撤退後も残ったことがその後の発展につながったと考えられ，日本文明が持つ力の影響と考えられる。

東南アジアの多くの国々が日本型経済発展モデルに従って日本の後を追いつつあり，韓国，台湾，中国などは，テレビ，冷蔵庫などの白物家電，パソコン，スマホなど一部の製品分野ではすでに完全に日本を追い越した。こうして日本は，世界の大半を占める有色人種の国々に経済発

附　論　「日本人の脳」と「日本文明」

展のモデルを示すことで，これらの国々の経済的・政治的地位の向上に貢献している。

(2)「美の大国」日本

　日本人は自分自身を褒めることを自画自賛といって嫌うので，日本人が「美の大国日本」などと言えばキザと思われるだけだが，日本を「美の大国」と呼ぶのは韓国出身の呉善花拓殖大学教授である。呉氏は，日本人と日本以外のアジア人との間では「美の基準」が全く異なり，むしろ正反対であると述べている。呉氏は，日本人が持つ特有の美意識として，「もののあはれ」，「わび・さび」といった言葉で表される心情を挙げる。具体的には，「中間色や曖昧な色の美」，「鈍色にくすんだ色彩の美」，「左右非対称の美」，「たえず生成変化をやめない未完成の美」，「地肌（生）のままの美」にあるとしている。これに対し，韓国を含む日本以外のアジア人に共通する美の基準は，「鮮やかな色彩」，「きらきらとした輝き」，「左右対称の美」，「完成された不動の美」であるとし，韓国人や中国人のこのような美的感覚はインド人や西欧人とも共通するとしている（「日本人の曖昧力」，PHP新書，2009）。この指摘は，第6・7章で述べた，日本人だけが「日本語脳」を持ち，一切の直線や対照的なものを排除した日本庭園を好むのに対し，韓国人を含むすべての外国人が「英語脳」とも言える別の脳の機能を持ち，幾何学模様の庭園を好むことと完全に一致しており，非常に興味深い。

　日本人の美的感覚と言えば，和服の訪問着の世界は，世界でも独特である。世界には美しい民族衣装が無数にある。しかし諸外国の民族衣装の美しさは，呉善花氏も指摘するように，ほとんど色やデザインの美しさであるのに対し，日本の和服の美しさは，自然の四季折々の美しい花鳥風月をデザインした，絵画的な模様の美しさに特徴があり，その図柄は無限のバリエーションを持つ（もちろん和服にも一定のパターンの反復を楽しむものもあるが）。

日本人の美的感覚と関連する文化と言えば，冬の雪見や観梅，春の花見，秋の紅葉狩りや観菊があるが，欧米ではそのような季節ごとの自然観賞行事があるとは聞かない。

　日本人の美的感覚とものづくりの結合の1つの典型が，日本のアニメーションである。日本経済の成熟期に出現した宮崎駿監督とスタジオジブリの作品の美的レベルは，ディズニー映画をはるかに引き離した。「風の谷のナウシカ」（1984年）から，「天球の城ラピュタ」（1986年），「となりのトトロ」（1986年），「魔女の宅急便」（1989年），「紅の豚」（1992年），「もののけ姫」（1997年），「千と千尋の神隠し」（2001年），「ハウルの動く城」（2004年）など，すべての宮崎アニメは絵画のような背景の細部描写と，登場人物の滑らかな動きで諸外国のアニメーションを圧倒し，日本や欧米の数々の映画賞を総なめにした。また，2016年に公開された最新の米国映画「スターウォーズ」では，巨大宇宙船の映像が，どれほど拡大しても次々と細部が現れるほど徹底的に細かく作られているが，これも1人の日本人技術者が手書きによってどこまでも細部を細かく描き上げたもので，日本人特有の徹底した職人精神が発揮されている。これらは広い意味で日本文明の持つ力の一部である。

　呉善花氏は，このような日本人の美的感覚は，日本の美術工芸品だけでなく，日本人の生活環境や，日本人の生き方にまで及んでいると指摘しており，彼女が日本を「美の大国」と呼ぶのはこれがゆえんである。例えば，日本を訪れる外国人，特に東南アジアからの旅行者の多くが「日本は美しい」という感想を漏らす。日本人にとっては，これは意外なことである。未開の大自然の自然美は日本にはほとんど残っていないし，西欧の市街地の屋根の色彩まで統一された建築美と比べると，日本の市街地は建物も雑然としており，電柱が林立し，広告や看板が多く，少しも美しくない。東南アジアの人たちが言う「日本は美しい」は，公共の場所や，町中，住宅地などの道路が清潔で，ゴミや紙くずが散乱していないこと，建物の内部の掃除や片づけが行き届いていること，特に伝統

附　論　「日本人の脳」と「日本文明」

的な和室の物を置かない簡素な美しさを言っている。

　海外に行って気づくことは，洋の東西を問わず，日本以外の国では，掃除人が絶えず働いている場所を除き，つまり市街地のほとんどの場所は，大抵薄汚く，紙くずや泥が散乱していたり，イヌの糞が転がっていたりすることである（ただし，シンガポールを除く）。

　日本の生活環境が清潔な理由は，日本人が世界でもとりわけ清潔好きだからである。最近の若い者は必ずしもそうでないが，多くの日本人は毎日風呂に入り，家の内外を見苦しくない程度に片づけ，家の回りの道路や町内の公園を自主的に掃除する伝統文化を持っている。高齢化時代で年金生活者が増え，元気な老人がボランティアとなって早朝道路や公園を掃除するため，都市環境は以前よりも一層清潔になっているように思われる。

　海外旅行をして特に強く感じるのは日本のトイレ文化の高さである。日本ではほとんどのホテルや旅館に普及し，一般家庭でも普及したウォシュレットは，欧米では一流ホテルでさえまだ普及していない。また，有料トイレ以外は汚かったり，トイレットペーパーがなかったりする。

　日本ではウォシュレットの普及だけでなく，公共のトイレの手洗いはほとんど蛇口に触れずに自動で水が出るが，この自動水栓も海外より日本の普及率が高い。これらの製品は日本人の清潔好きとものづくり精神が結合したものであり，日本文明の持つ力の側面の1つである。

(3) 日本料理と駅弁文化

　日本料理と駅弁文化も，日本人の美的感覚とものづくり文化の結合の一例である。

　NHKテレビの特集で放映していたが，日本を訪れる外国人旅行者は例外なく，日本の駅弁文化に驚く。外国人が驚くのは，駅弁の種類の多さだけでなく，それらが視覚的な美しさを競っていることである。外国人旅行者の1人が「エキベンは食べられる美術品だ！」と興奮して語っ

ていたが，それは過言ではない。筆者は米国，欧州，および中国で，旅行会社や航空会社から日本の弁当に相当するランチボックスを支給された経験があるが，いずれも視覚的な美しさなど微塵もない，実用一点張りのしろもので，味もよくなかった。

　トルコを旅行したとき，添乗員が世界の三大料理はフランス料理，中華料理，トルコ料理であるとトルコ料理を自慢していた。しかし，料理の視覚的美しさにかけては，これら世界の三大料理は日本料理の足元にも及ばない。日本料理では，料理自体の形や配色にもこだわるが，料理ごとに器の形や配色にこだわり，さらに季節感を演出するために，「つまもの」と言われる，食用でない植物の葉，花，木の実などの彩りを添える。小さな折り紙作品を料理に添える場合もある。徳島県の山里，上勝町はこの「つまもの」の一大産地であり，春は100種類以上，年間で300種類もの「つまもの」を出荷していると言えば，外国人は信じないに違いない。

(4) 「安全大国」日本

　「安全大国」日本については誰もが異論がないであろう。2015年に日本を訪れる外国人観光客が2000万人に迫ったというが，外国人観光客を相手の犯罪は聞いたことがない。その反対に，日本人観光客は海外でしばしば犯罪に巻き込まれる。日本を訪れる外国人観光客は，日本の「おもてなし」だけでなく，「世界で最も安全な日本」を楽しんでいる。

　世界のキリスト教国とイスラム教国は例外なくテロの恐怖に怯えている。国内にイスラム教地域を抱えているロシアや中国も同様で，先進国中，テロの脅威が低いのは日本だけである。

　人間の安全を脅かす最も深刻な犯罪は殺人であるが，2015年の世界の人口10万人当たりの殺人発生率は日本が世界の218ヵ国中211位の0.28件，世界トップの南米ホンジュラスは84.29件で日本の実に約300倍，米国は3.82で日本の13.6倍，英国は0.95で，約3.4倍，韓国は0.84で

3倍多い。銃規制が弱い米国は，先進国中では最も殺人が多い。日本よりも殺人率が低い国は，リヒテンシュタイン，モナコ，サンマリノなど人口が極めて少ない都市国家のような国であり，殺人件数ゼロのため順位が日本より低いが，普通の国家としては日本が最も殺人件数が少ない。同様に日本は強盗や性犯罪の凶悪犯罪でも世界の最下位クラスであり，しかもこの14年間連続して減少している。

　日本は生活環境も安全性が高い。例えば都会では池という池，水路という水路にフェンスや手すりが作られ，池や水路に子供や老人が転落すれば，自己責任は問われず，自治体の管理の不備が非難される。エスカレーターは1日中「良い子は遊ばないように」とアナウンスを繰り返し，交差点には信号機があっても陸橋が作られる。日本の安全は過剰なほどであるが，これも日本文明の力の側面の1つであろう。

(5)「日本人の脳」と「日本文明」

　日本において，美しい生活環境，美しい和服，花見や紅葉狩りのような自然美を求めての野外行事，美しい日本料理，漫画や劇画，精密なアニメーションなどの視覚文化など，日本人の美的感覚および視覚に基づく文化が日本で発展しやすい理由は，第6・7章で詳細に述べたように，日本人が画像処理を分担する右脳に余力のある「日本語脳」を持つためであり，この「日本語脳」を持つことが日本文明の持つ力の本体であると考えられる。

　この「日本文明の持つ力」は，西洋文明の影響が少ない昔ほど強かったと考えられる。その根拠は，過去に日本を訪れた外国人が，異口同音のように日本人の持つ品性が美しい，あるいは好ましいと感動して語っているからである。例えば，日露戦争の際，戦時国債の約4割を引き受けるという高いリスクを取って，日本の戦勝に貢献したアメリカのユダヤ人銀行家ジェイコブ・シフが1906年に日本に招かれ，日本各地を視察した際，京都で高等女学校を訪問したときの印象を次のように日記に

記している：

「小学校を出て、それほど離れていない高等女学校に向かった。校長が出迎えて案内してくれた。学校は大きく、35学級ほどあって、女学生の年齢は十四歳から十八歳ぐらい。とても知的な顔立ちの女性たちだ。とりわけ興味深かったのは料理の教室で、日本料理と西洋料理を教えていた。音楽の授業ではピアノの伴奏で声楽を教えていて、少女たちは我々のために国歌を歌ってくれた。体操の時間では徒手体操が正しく行われていた。裁縫教室やいろいろな学科も覗いてみたが、生徒たちがあらゆることに真剣な態度で取り組むのには感動した。少女たちの慎み深さ、機転、礼儀正しさは際だっていたが、庶民さえも例外なく、親切で謙虚で行儀の良い日本人、と言う従来の印象が深まるだけという印象であった。(後略)」

また、1922年、ノーベル賞受賞が決まったアルベルト・アインシュタインが、雑誌「改造」の招きで日本を訪問したが、訪日の2週間後に「日本における私の印象」と題し、次のようなメッセージを改造社に送っている：

「〔日本の芸術について〕私はとうてい、驚きと感嘆を隠せません。日本では、自然と人間は一体化しているように見えます。・・・この国に由来するすべてのものは、愛らしく朗らかであり、自然を通じてあたえられたものと密接に結びついています。

　かわいらしいのは、小さな緑の島々、丘陵の景色、樹木、入念に分けられた小さな一区画、そしてもっとも入念に耕された田畑、とくにそのそばに建っている小さな家屋、そして最後に日本人みずからの言葉、その動作、その衣服、そして人びとが使用しているあらゆる家具等々。」

附　論　「日本人の脳」と「日本文明」

　また彼は，1ヵ月あまりの日本滞在を終えて離日する直前に，次のようなメッセージを大阪朝日新聞に送っている：

「予が1ヶ月に余る日本滞在中，とくに感じた点は，地球上にも，また日本国民の如く爾（しか）く謙譲にして且つ篤実の国民が存在してゐたことを自覚したことである。世界各地を歴訪して，予にとつてまた斯くの如き純真な心持のよい国民に出会つたことはない。又予の接触した日本の建築絵画その他の芸術や自然については，山水草木がことごとく美しく細かく日本家屋の構造も自然にかなひ，一種独特の価値がある。故に予はこの点については，日本国民がむしろ欧州に感染をしないことを希望する。」

　アインシュタインは慧眼にもその後の日本が本来の日本らしさを失って西欧文明に「汚染」されていく運命を見通していた。しかしそれでも，ハンチントンが21世紀初頭において，日本文明を他の文明と区別できる程度には日本文明は残っている。

3）日本文明はすでに人類に大きく貢献している

　H.G. ウェルズが1920年に著した「世界文化史大系」は，宇宙の始まりから人類の進化までを概観した名著である。ところで，今から1000年後の未来に「世界文化史大系」のような人類の歴史全体を俯瞰した歴史書が書かれたとすれば，20世紀の人類の歴史はどのように書かれるであろうか。1000年後を選んだ理由は，日本が第2次世界大戦で歴史始まって以来の完敗を喫して以来，日本人はまともに日本の歴史，特に近現代史や，日本文明を客観的に論じることができなくなっているからである。

　日本文明が人類史に与えた貢献を客観的に評価するために，話題としては少々古くなったが，20世紀の10大事件を取り上げてみたい。20世

紀は「戦争の世紀」と言われ，多くの戦争や大事件が起こったが，事件の影響を受けた人数，その後の歴史に与えたインパクトなどから，20世紀の10大事件を選ぶとすれば，次のように選んでも大きく誤ってはいないであろう：

20世紀の10大事件（生起した年代順）

①第1次世界大戦（1914～1918）

②ロシア革命（ソ連の建国，ソ連の東欧・中央アジア諸国支配を含む，1922～1991）

③世界大恐慌（1929）

④第2次世界大戦（戦後の植民地独立ラッシュを含む，1941～1945, 1945～）

⑤原子力開発（原子爆弾の使用，その後の原子力発電を含む，1945～）

⑥中東戦争（第1次～第4次中東戦争，イラン・イラク戦争，湾岸戦争を含む，1948～）

⑦中国革命（チベットおよびウイグル侵略，文化大革命，経済発展を含む，1949～）

⑧東西冷戦（朝鮮戦争，ベトナム戦争，キューバ危機，宇宙開発などを含む，1969～）

⑨ソ連の崩壊（冷戦の終結，東欧諸国の独立，ロシアの資本主義化を含む，1991～）

上記は9件しかないが，10大事件から1つの人類史的大事件を意識的に抜いてある。その大事件とは何で，順序はどこに入るか，読者の皆さんに考えていただきたい。ただし，この問いに答えるには，歴史を1000年単位で見るような，大局的な視点が必要である。

筆者は，今から1000年後に「人類の歴史」が書かれたとすれば，20世紀の歴史は大略，以下のように書かれることを確信している：

附 論 「日本人の脳」と「日本文明」

人類の歴史　第X巻第Y章　20世紀

　15世紀の大航海時代から20世紀中頃までの約600年間は，白人が有色人種を支配した時代であった。白人種は，全世界の有色人種のほとんどを政治的または経済的植民地として支配下に置いた。例えば中南米ではスペインやポルトガルによってマヤ文明，アステカ文明，インカ帝国は滅亡し，これらすべての地域は言語まで徹底的に欧州語を強制された。また，アフリカの黒人が狩り集められ，奴隷という商品として家畜のように先進国の米国などに販売された。かくして中南米やアフリカのすべてとアジアの大部分の有色人種地域は白人国家の支配下に入ったが，東南アジアでは少々事情が違っていた。

　20世紀の初頭の東南アジア地域では，後に独立した約35の国・地域において，名実ともに独立国として存在していた国がわずかにタイと日本の2ヵ国だけ存在した。その日本は約250年間の鎖国の後，1858年に米国により強制的に開国させられ，1868年に明治新政府を樹立して，近代国家を目指して再出発したばかりであった。日本は南下するロシアの脅威に対抗するため，日英同盟を締結して海軍力を増強し，明治維新からわずか36年後の1904年に始まった日露戦争において，翌1905年，大国ロシアの極東艦隊とバルチック艦隊を壊滅させた。陸上戦でもかろうじてロシア陸軍を破って日露戦争に勝利した。

　この日露戦争は，13世紀のチンギス・ハーンの東欧侵略以後，東洋の有色人種の国家が白人国家に勝利した戦争としては700年ぶりの大事件であり，白人の圧政下にあった全世界の有色人種を勇気づけた。その後，日本は欧米列強に倣って植民地獲得競争に参加したが，第2次世界大戦に敗北し，米国に占領された。この太平洋戦争の過程で，日本は西欧列強（英国，米国，フランス，オランダ）の東南アジアの植民地を一時的ではあるが解放した。これらの西欧諸国は日本の敗北後に，元の植民地支配を回復しようと試みたが，日本が占領・開放した地域の全植民地の人々は，日本軍の撤退後も一部の元日本兵と共に独立戦争を継続

したため，白人によるアジア諸国の再植民地化計画はことごとく失敗し，1975年のベトナム戦争終結を最後に，アジアの全植民地が独立した。また，日本軍による解放を経験しなかったインドや中南米やアフリカにおいても，東南アジア諸国の独立に刺激された独立運動の結果，世界中のほとんどすべての有色人種の植民地は，20世紀中には独立国家となった。

上記のように，20世紀の人類の歴史において，最も多くの人類に影響を与えた事件と言えば，全世界の有色人種の植民地の開放と独立であった。そして，そのきっかけを作ったのは1905年の日露戦争における日本の勝利と，太平洋戦争における日本による植民地の一時的開放であったことは明らかである。その意味で，20世紀の10大事件から省かれていた大事件とは，「日露戦争と日本の勝利（1904～1905）」であり，その位置は前掲の10大事件リストの最初である。

もし日本文明の人類史的な貢献に関する上記の評価に疑問を持つ人がいれば，史実とは逆に，日露戦争の日本海大海戦で，日本の連合艦隊がロシア艦隊に完敗していたら，その後の世界の歴史がどうなっていたかを考えてみればよい。世界の歴史は次のように推移したはずである：

①制海権を確保したロシアは，対馬海峡と黄海を遮断する。
②大陸の数十万の日本陸軍は補給を絶たれて壊滅する。ロシア海軍は日本の主要な港を封鎖・攻撃する。日本は抵抗の術なく貿易を絶たれ，窮乏してロシアに降伏する。
③日本はロシアの植民地となる（ただし，英米仏の干渉が予想され，日本がロシアと英米仏に分割支配された可能性が大きい。その場合でも日本は植民地化され，国力を失う）。
④朝鮮半島と満州はロシア領になる。その結果，史実の日本の大陸進出も，朝鮮と台湾の日本併合，満州事変，満州国建国，日中戦争もすべて起こり得ない。

⑤日中戦争がなければ，その戦局打開が主目的の真珠湾攻撃も，太平洋戦争もない。日本への原爆投下も，日本の敗戦も，米国による日本占領もない。
⑥一方，ロシア革命の一因は日露戦争の敗北によるロシア軍の内部崩壊なので，ロシアが日露戦争に勝利して満州，朝鮮および日本を植民地化しておれば，ロシア革命もなかった可能性がある。
⑦ロシア革命がなければソ連建国もない。ソ連に支援された中国革命も，中国とソ連に支援された朝鮮戦争もベトナム戦争もない。ソ連がなければ米ソの冷戦も，その副産物である米ソの宇宙開発も，人類の月着陸もない。
⑧第2次世界大戦中の日本軍による東南アジア植民地の解放もないので，戦後の植地独立ラッシュもない。その結果，欧米列強によるアジア・アフリカ・中南米の植民地支配体制は，現在もなお続いている可能性がある。

　すなわち，日本海大海戦で日本艦隊がロシア艦隊に完敗しておれば，20世紀の世界の歴史は全く異なるものになり，20世紀の10大ニュースとなるべき史実の残りの9つの重大事件のほとんどが起こらなかった可能性が高い。このことは，日露戦争が数百年に一度の人類史的大事件であり，人類の歴史の転換点であったことを示している。第6・7章で述べたように，「日本語脳」を持つ日本人の思考に，感情が交じることは避けられないようである。日本人が敗戦のトラウマや自虐史観からなかなか抜けられないのはそのせいである。日本人の大部分が日本歴史や日本文明の世界史的意義を客観的に論じるようになるまでには，敗戦からの70年はまだまだ短すぎるようである。日本人がもっと英語を学び，あるいは海外生活体験を持つことで，日本語脳と英語脳の両方を持つようになれば，その時はもっと早く来るであろう。

4．文明の受容から発信へ
1）日本からの情報発信はなぜ少ないか？

「日本はパチンコの受け皿である」というユニークな主張がある。これは，高野　孟（たかのはじめ）氏の「最新　世界地図の読み方」（講談社現代新書，1999）という本に出てくる主張であるが，彼はユーラシア大陸の地図を右回りに 90 度回転して，ヨーロッパを上にして眺めると日本列島はユーラシア大陸の一番下に，大陸からから少し離れて円弧を描いて横たわる。世界の文明の日本への伝わり方を考えると，メソポタミアに発した文明が東回りに（すなわち下向き）に，何本もの陸のシルクロードや，海のシルクロードを経て最終的に日本という受け皿に落ちてくる。それだけでなく，西回り文明の成果も，エジプト，ギリシャ，ローマ帝国，西欧文明と発展しながら，いろいろな時代にいろいろなルートで日本に落ちてくる。その過程で，文明はストレートにやってくる場合もあれば，あちこちで釘に当たって跳ね返ったり（＝相互作用したり），ときには穴に入って玉が増えたり（＝地域文明として開花したり）しながら，何百年・何千年もかかって，ゆっくりと日本に落ちてくる文明もある。その様子を高野氏はパチンコ台に例え，「文明というパチンコ玉があちこち跳ね返りながら，最終的にはすべて，日本という受け皿に落ちてきてそこに貯まる」と考えるのである。この説明で，世界中のありとあらゆる宗教，文化，思想，学問，技術，建築，ファッション，料理，工芸品，織物，絵画様式，文学などが，まるで雑貨屋のように雑然と日本に存在し，それらが平和的に共存する理由が，実に生き生きとした動画的イメージとしてとらえられている。

　日本人はこのように，有史以来，異文明およびその断片としての異文化や科学技術を輸入し，これを消化するのに忙しく，日本から世界への情報発信はほとんどなかったと言ってよいであろう。日本が，1990 年ごろに世界第 2 の経済大国になり，米国の生活レベルに追いつき追い越すという目標を一応達成した後も，日本からの外国向けの情報発信は依

附　論　「日本人の脳」と「日本文明」

然として微々たるものであった。

　日本から海外への情報発信がなぜ少ないのか？　その最大の理由は，本書の主題である日本人の「外国語を使いこなす能力の低さ」にある。しかし，他にも根本的な理由が少なくとも2つある。その1つは，すべての日本人が持つ，異文化に対する文化的な劣等感のようなものである。神戸女学院大学の内田樹（うちだたつる）教授は，以下のように述べている：

　「日本人にも自尊心はあるけれど，その反面，ある種の文化的劣等感がつねにつきまとっている。それは現に保有している文化水準の客観的な評価とは無関係に，何となく国民全体の心理を支配している，一種の「かげ」のようなものだ。本当の文化はどこか他のところでつくられるものであって，自分のところのものは，なんとなく劣っているという意識である。恐らくこれは，はじめから自分自身を中心にして文化を展開することのできた民族と，その一大文明の辺境諸民族の一つとしてスタートした民族とのちがいであろうとおもう。（中略）」（「日本辺境論」，新潮新書，2009）

　この引用の最初と最後にかぎ括弧を付けたのは筆者ではなく，内田氏自身である。続く文章で内田氏はその理由を種明かしする。

　引用したのは，梅棹忠夫「文明の生態史観」からです。この文章が書かれたのはもう半世紀以上前ですけれど，殆ど同じ命題を，私がもっと拙劣な筆を操ってこれから繰り返さないといけない。どうしてかというと，みんなこういう重要な知見を忘れてしまっているからです。どうして忘れてしまっているかというと，外来の新知識の輸入と消化に忙しかったからです。どうしてそんなに夢中になって外来の新知識に飛びつくかというと，「本当の文化はどこか他のところでつくられるのであって，自

分のところのものはなんとなく劣っている」，という意識に取り憑かれているからです。半世紀以上経っても，梅棹の指摘した状態は少しも変わっていません。(「日本辺境論」，新潮新書，2009)

　上記の文章に，日本人から世界への情報発信が少ない2つ目の理由，すなわち何千年も前から続いてきた，一方的文明輸入国としての「劣等感」のようなものについて述べながら，同時に3つ目の理由についても語っている。それは，日本人が持つ，先達に対する劣等感ないし謙虚さと言ってよいであろう。「本当の文化はどこか他のところでつくられるのであって，自分のところのものはなんとなく劣っている」との梅棹氏の指摘を引用している内田氏自身が，「自分が考えるようなことは，梅棹氏が半世紀以上前に指摘している」と，梅棹氏に対する劣等感，あるいは謙虚さを隠さない。50年前に誰が何を言っていようと，知っている人はほとんどいないのだから，自分で思いついたことをすでに先達が言っていても，自分の考えとして堂々と発表してもよさそうなものであるが，日本人はそのような「恥知らずな」ことができないのである。このような内田氏の姿勢には，筆者も大いに共感できる。実は筆者自身にも日本人として内田氏と同様の先達に対する劣等感があり，自分で思いついたことでも「これは自分の考えだ」とストレートに主張せず，他の有名人が同じようなことを言っているのをわざわざ探して来て引用するといった回りくどい手法を，本書でもあちこちで実際に採用している。実は上記の内田氏の文章の引用も，そのような「回りくどさ」の一例である。

2）発信すべきは「日本文明」
　国際化時代なのだから，日本人はもっと自信を持って世界に向かって自己主張してよいのだと思う。日本人が英語を学ぶ理由が，昔ながらの欧米文化の輸入や，ビジネス上の必要に迫られてというのではもったい

附　論　「日本人の脳」と「日本文明」

ない。日本民族は，世界に発信すべき優れた日本文明を持っているからである。

　世界は現在，底知れない経済的不安や社会不安を抱えている。特に中東地域や欧米社会は，テロの恐怖に怯えている。日本では，2008年のリーマンショックの影響や，2011年3月の東日本大震災や原発事故の影響がまだ続いている。しかし，1930年代の世界大恐慌も一時的な現象であったように，長い目で見れば今の世界同時不況もまた，一時的な現象であろう。

　世界同時不況よりも，世界が抱えているもっと大きな，もっと根本的な難問がある。それは何千年も前から続く世界の民族的・宗教的対立である。世界の多くの地域でいまだに戦争やテロが絶えないが，その主要な原因は，経済的原因よりもむしろ，民族的・宗教的対立である。

　すべての宗教を等しく受け入れ，宗教的紛争を1500年も前に根絶してしまった日本文明は，この点において西欧文明やイスラム文明と比較して，圧倒的に優れた文明である。日本人はこのことにもっと自信を持ってよい。世界から宗教的対立や宗教戦争を根絶するためには，結局のところ，世界中の人々が，宗教の受容のあり方を日本文明に学ぶしかない。日本人は今後どれだけ時間がかかろうとも，日本文明の特色である，「すべてを相対化する考え方」や，「やおよろずの神」の考え方を，世界語になってしまった英語によって，世界中に発信すべきである。そうすることによって，日本文明は世界の安定と平和共存をもたらし，人類史的な貢献を果たすであろう。

おわりに

　筆者自身のささやかな体験を述べて本書のおわりにしたい。
　ICHの専門化作業部会（EWG）の議長をしていた頃の話である。日・米・欧共通ガイドライン作りのための作業部会が年に3，4回あった。会期は1週間で，最終日である金曜日の夜，会議メンバー約20人が参加して，打ち上げのワインパーティーをするのがこのEWGの恒例行事となっていた。ワインは各自が自分の国のワインを1，2本ずつ持参する。ところが筆者は国産のワインの旨いのをよく知らなかった。壜を海外に運搬する手間の問題もあり，欧米でのパーティーに持参するワインは，いつも現地調達で間に合わせていた。しかし，横浜で会議があったとき，何とか皆に日本酒の旨さを知ってもらいたくて，一計を案じた。
　兵庫県伊丹市に小西酒造という日本酒の醸造元があり，酒蔵を改造したベルギー風のビヤホールで，地ビールや自家醸造の冷酒を提供していた。そこを訪ねる機会があり，「淡にごり」という生の日本酒の味に感動したことがあった。この酒を冷えた陶器のカップに注ぐとき，ウエイトレスがデカンターで注ぎながら段々持ち上げてゆき，最後は頭の上の高さから注ぐ。当然ながらカップにあぶくが立ち，淡雪のようにお酒の表面を覆うのが面白い。この日本酒は酵母がまだ生きていて，瓶の温度が高くなると異常発酵して炭酸ガスの圧力が高まり，瓶が割れる可能性もあるので，酒瓶には内部の圧力が一定以上になると跳んでしまう特殊な栓がしてあり，常に冷蔵しておく必要がある。事故を防ぐため，この酒蔵に併設されている売店で冷えた状態でしか売っていない。この酒瓶を3本買い求め，国際会議のある横浜のホテルに持ち込もうと計画した。ホテルに着いてからは冷蔵庫があるので冷やせるが，問題は行きの新幹線である。結局，釣り道具専門店に行ってクーラーボックスを買い，瓶を氷で冷やしながら新幹線に乗り，ホテルに持ち込んだ。日曜日の晩か

おわりに

ら金曜日のパーティーまでの5日間，ホテルの氷を足しては冷やし続けた。

パーティーの時にそのような苦労話をして皆に飲んでもらったところ，全員が「ジャパニーズサケが，こんなにうまいとは全く知らなかった」と，全員が興奮して，その場の話題を独占してしまい，3本の瓶はあっという間に空になってしまった。

このとき感じたことは，「本当によいものには国境がない」ということであり，そして，「このような本当に世界中の誰もが欲しがるようなよい製品を真面目に作って世界に売るのが，最も日本人の性に合っている」ということであった。

もう1つ実感したことがあった。そのICHのワインパーティーのときに，「淡にごり」が何の説明もなくただそこに置いてあっただけで，その場の話題を独占したかどうかを考えてみれば分かる。どこで作られ，どんな製品で，どのようにして冷やし続けたかといった苦労話をしたからこそ皆が興味を持ったことは間違いがない。

これと全く同様に，日本文明も，そこに存在するだけでは外国人にはほとんど理解されないであろう。もとより，日本文明の世界への貢献は，何よりも日本文明自体の持つ力に負うところが大きいであろう。しかし，一神教文明の人々には，それだけでは不足である。彼らにとっては言葉による解説が絶対的に必要である。何しろ彼らにとっては，「言葉は神」であり，「神は言葉である」ほど，言葉が重要なのだから。

ただし，すべてを相対化する日本文明が世界に理解されるのは容易なことではない。それには数百年単位の時間が必要かもしれない。しかし我々日本人は，この気長な努力を，「志（こころざし）」を持って続けなければならない。

索　引

あ

あ（吾）　131, 133
アイ・アム・アップル　51, 66
アイ・アム・バナナ　247
挨拶　139
あいまい化　90
あいまいな日本の私　97
あいまいにするための仕組み　139
明石康　12
秋澤公二　142
アジア　24
足立美術館　185
あなた（彼方）　132
甘え　127
甘やかす　127
アニミズム　259
アメリカ　250
アメリカ英語　216, 219, 241
アメリカ人　154
アラン・ターニー　106
アルク社　100, 240
アルベルト・アインシュタイン　280
アングロ・サクソン民族　217
「安全大国」日本　278

い

イギリス　250
イギリス英語　218, 241
イギリス英語方言　218
イギリス連邦　215
池谷裕二　12, 13, 209, 212
異言語　217
意見の相違　135, 143
異質性　120
石原莞爾　89
出雲大社　272
イスラム国　259
イスラム文明　289
伊勢神宮　267
イタリア語　163
一言居士　142
一向一揆　260
一神教　259
一般的な複数形がない言語群　115
一般的複数形　114, 115
イディオム　224, 225
遺伝学的ルーツ　68
遺伝的　152
伊藤博文　232
井上政行　72, 73
井伏鱒二　206
異民族　217
医薬品規制の調和のための国際会議　15, 142
印欧語　90
印欧語族　67, 69, 84
イングランド征服　86
イングリッド・バーグマン　243
インセンティブ　242, 245, 246

索　引

インターナショナルスクール　197
インターネット　211
インターネットの活用　243
インド　250
インド英語　89, 220
インドネシア　52
インドネシア英語　220
イントネーション　243
インド・ヨーロッパ語族　67
インマージョン教育　43, 62

う

ウイーゼル　208
ウイリアム・ティンダル　87
上から目線　124, 127, 133
ウォシュレット　277
歌会始　266
歌で口語英語を覚える　243
内田樹　179, 287
右脳　179
右脳・左脳の機能差　148
右脳・左脳の使い分け　151
海のシルクロード　286
梅棹忠夫　179, 287
ウラル・アルタイ語族　67, 68

え

英会話学校　237, 239
英会話教材　212, 240
英会話サークル　239
英会話上達法　240
英会話の達人　234
英検3級　61

英検準2級～2級　61
英語　69
英語運用能力　48
英語会話上達法　236
英語会話能力　236
英語学習指導要領　57
英語学習法　227, 236
英語学習本　231
「英語が使える日本人」の養成のための
　　行動計画　45, 61, 64
英語ができない日本　250
英語が苦手　17, 18
英語教育欠陥論　29
英語教育の大改革　43
英語嫌い　11
英国国教会　87
英語圏　213, 237
英語圏長期滞在経験　233
英語圏への滞在期間　214
英語圏への留学・海外赴任　238
英語習得力　228
英語漬け教育　43
英語的人格　144, 145
英語特有のリズム　243
英語と経済　250
英語脳　148, 156, 159, 164, 202, 285
英語の音節数　165
英語の学習　230
英語の簡素化・明晰化　93
英語の敬語　123
英語の子音の数　166
英語の子音優位　164
英語の授業時間数　64

英語のジョーク　224
英語の庶民化　88
英語のセンス　51, 247
英語の達人　232, 234
「英語の達人」の定義　235
英語の変種　93
英語の母音の種類　162, 166
英語の母音の頻度　161
英語の方言　216, 217
英語の読み書き上達法　236, 245
英語のルーツ　84
英語必修化　47
英語下手　18, 135
英語モドキ　42
英語力と経済力の関係　250
英語力の国際比較　17
英語話者　152, 217, 239
英語話者の数の概念　66
英才教育　235
英書の多読　232
英辞郎　100
英文の書物　235
英文法の重要性　246
英文和訳・和文英訳偏重教育　39
英米の植民地　26
駅弁文化　277
駅前留学　239, 240
エスペラント語　225
江戸の敵を長崎で討つ　182
エドワード・サイデンステッカー　31, 61
エリザベス１世　87
エリート受験者　22

演説下手　135

お

欧州　24
欧州中心史観　67
欧米型の組織　121
オウム返し作戦　242
大江健三郎　97
大川周明　265
大津由紀雄　48, 213
大野晋　69, 159
大前研一　272
公（おおやけ）　130
岡倉天心　232, 234
お国訛りの英語　216
オーストラリア英語　219
オーストリア　207
呉善花　275
穏やかな拒否　139
オノマトペ　102, 187
趣　183
お雇い英語教師　38
オーラルコミュニケーション重視教育　43
オランダ語　80
オランダ通詞　78
音韻変化　86
音声としての言語　229
音節　41, 149, 157, 165
音節数の差　164
音節の種類　157
「音節」の定義　165
音節の等時性　168

音節の連結　158
女言葉　105
音読み　78

か

海外赴任　144, 236, 239
海外留学　144, 236
海外留学の時期　239
外交下手　135, 138
外国語運用能力　49
外国語指導能力　49
外国語習得の難易度　32
開成所　207
階層社会　121
外務研修所　32, 60
会話英語　226, 230, 232
会話能力　230
科学技術用語　100
科学的英会話独習法　41
書き言葉　246
格上　123, 134, 181
格上・格下　120, 124
格差社会　134
格下　133, 134, 181
学習　230, 231
学習意欲　214, 228
学習時間数　59
学習指導要領　43
学習に適した時期　229, 232
学習の最適期　214
学習目標達成率　58
学術用語　239
獲得　230, 231

確認文　102
格変化　91
革命　254
河口域英語　218
カサブランカ　242
可算名詞　66, 91
歌詞カード　243
数の一致　116
数の概念　115
風と共に去りぬ　242
家族関係語　130
肩書き名　132
カタカナ語　80
カタカナ表記　81
片言　222
花鳥風月　183
学級担任　51
我田引水　138
かな　77
「かな」ことば　140
かなた　132
彼方　132
カナダ　61, 63
カナダ英語　90, 219
カーペンターズ　243
神々の相対化　258
神は言葉である　291
「かも」ことば　139
仮の疑問形　140
仮の客観性　140
仮の否定形　140
川端康成　97
簡易英語　223

漢音　78
感興　183
漢語　78
韓国　27, 53, 56, 250
韓国英語　220
漢語動詞　78, 80
冠詞　111, 247
漢字仮名交じり文　77
感受性期　208
感情　180
間接受け身　193
簡素化　87, 92
環太平洋言語群　76, 90
環太平洋言語圏　75
神田乃武　206, 214, 232, 234, 236
慣用的表現　85

き

擬音語　187
幾何学的デザイン　186
帰国子女　17, 199, 200, 214
擬声語　187
擬態語　102, 187
擬態語の英語への翻訳　190
北朝鮮　27
キッシンジャー元国務長官　221
木下和好　196
基本語　70
基本語彙　85
基本母音　154
疑問文　102
旧3大陸言語群　76
旧制中学　38

旧ソ連崩壊後　252
教育的懲罰　181
兄弟姉妹関係　123
共通基本語　68
共通言語　223
共通単語　70
京都大学　43
京都大学ウイルス研究所　40
業務契約書　226
業務遂行能力　223
教養部　39
極東　89
拒絶　139
巨大単語　41
許認可権限　182
切り替えスイッチ　158, 169
キリスト教　92
義理と人情　123
近現代史　281
金石文　76
近代英語時代　84, 87
金田一晴彦　137

く

空気が読めない人間　135
草枕　106
苦情　121
国別平均点　21
供養　258
クライストチャーチ　210
クラーク博士　233
クレオール語　70
クレオール・タミル語　70

索　引

グロービッシュ　223, 225
訓読み　78

け

慶應義塾大学言語文化研究所　48
敬語　120, 121, 122, 134, 181
敬語の発達　123
経済的不安　288
継続は力なり　246
契約精神　120
形容動詞　98
劇画　189
ケルト語　84
ケルト民族　217
ゲルマン民族　217
見解の相違　181
言語　151, 230
兼好法師　106
言語学習の感受性　214
言語学習の臨界期　48
言語機能　149
言語進化　94
言語全体の優劣　102
言語による教化　88
言語脳　179, 183
言語能力　223
言語の等時的処理機能　169
言語半球　149
謙譲語　105, 120, 122, 130, 131, 181
現地語教育　26
原日本語　76
原日本人　229
権力の相対化　256

こ

交渉下手　138
膠着語　68
公的英語教育　38, 42, 64
公的英語教育年数　50, 54
後天的　152
高等教育　27
光明皇后　264
公用語　27
合理化　92
古英語時代　84
小枝至　222
呉音　78
語学学校　227
語学補習校　227
語学補助教師　47, 51
国際化時代　288
国際的学力試験　49
国際連盟　233
古事記　77
ご主人様の国　37
語順　104
個人主義　120
東風（こち）　74
コックニー　216, 218
古典英語　40
古典的英文法　247
古典名作映画　242
言葉は神　291
コミュニケーションギャップ　142
御利益　261
これで十分英語　226

297

コロンビア大学　12
コンサイス カタカナ語辞典　81
コンピュータ言語　225
コンラッド　39
コンラート・ローレンツ　207

さ

最終戦争論　89
最善の英語学習法　238
斎藤秀三郎　232, 234, 235
斎藤兆史　204, 207, 232, 235, 236
斎藤哲之進　226
酒井邦嘉　145, 203, 208, 230
雑音　149
殺人　278
左脳　179, 183
サハラ以南のアフリカ　24
サハラ以北のアフリカと中東　24
サミュエル・ハンチントン　252
左右対称　186
三角縁神獣鏡　271

し

子音　68
子音の使用頻度　162
子音＋母音＋子音　41
子音優位　164
子音連続　153
ジェイコブ・シフ　279
シェークスピア　39
視覚障害　208
視覚野　208
式年遷宮　267

自虐史観　285
私見　130
自己主張　135, 136, 142
自己主張の少なさ　138
自己主張は損である　136
指示代名詞　129, 131
指示代名詞の転用　134
思春期　229
自然音　151, 183
下から目線　124, 127
失語症　149
自動水栓　277
シナプス　202
司馬遼太郎　90
自分　130
字幕付き　244
島原の乱　260
自慢　138
社会構造論　121
社会不安　289
捨身飼虎図　258
借景　185
ジャン・ポール・ネリエール　223
修学院離宮　185
宗教戦争　259
宗教的紛争　289
十字軍　259
受験英語　42, 79
主語　106, 107, 109
主語以外の要素の省略　177
主語―述語―目的語　85
主語の格　91
主語の省略の頻度　170

索　引

主語―目的語―述語　76, 85
述語　109
純音　149
純粋な学問　49
純粋な議論　134
私用　130
上位下達の組織　121
小学校英語必修化　47
小学校からの英語教育　49, 250
「小学校からの英語必修化」反対論　48
商業サイト　211
正倉院　264
承諾　139
情緒　183
上等すぎる英語　226
少年・青年期の教育　207
城壁　92
使用方向制限代名詞　124
使用方向制限動詞　123
使用方向制限名詞　123
情報発信　286
聖武天皇　264
縄文時代　76
省略　106, 109
情理を尽くす　182
植民地英語　89
植民地化　88
植民地の一時的開放　284
植民地の宗主国　26
諸言語の類縁関係　115
女子英学塾　204
助数詞　76
ジョンス・ホプキンス大学　233

ジョン万次郎　205, 214, 232, 234, 236, 239
ジョン万次郎漂流記　206
シルクロード　264
シンガポール　24, 27
シンガポール英語　220
神経回路の誤配線　203
神経細胞　202
神経伝達装置　202
人工　185
人工言語　225
新興宗教　262
新参者　122, 124
人声　149
新制中学　39
神聖な権威者　256
新選国語辞典　162
新卒　121
新大陸　88
辛未館　235
進歩的文化人　49
人類遺伝学者　70
人類遺伝学的研究　68
人類史的大事件　282
人類史的な貢献　289
人類の歴史　282

す

スイッチ機構　158
スウェーデン人　154
数詞類別　76
末延岑生　93, 217
菅原道真　74

優れたスピーチ　244
スコットランド独立運動　217
鈴木大拙　118, 232, 233
鈴木孝夫　29, 128
スタンフォード大・卒業式スピーチ
　　245
スティーブ・ジョブズ　245
スパイダーマン　189
スーパーマン　189
スピーキング　242
スペイン語　69, 163
すべての相対化　257
すべての非言語の人声　151
スラング　237
刷り込み　207

せ

西安　92
西欧社会の階層性　121
西欧文明　289
生後14ヵ月　153
生後約8ヵ月　153
正則　39, 43
聖なる権威　256
青年期　214
生物と無生物の相対化　258
生命科学の最先端　244
西洋人型　152
西洋庭園　185
世界共通語　222
世界語　93
世界の文明　253
世界文化史大系　281

寂寥感　119
世俗的権力　256
絶対的独裁政権　257
セミリンガル　202
戦艦三笠　273
戦艦大和　273
前置詞　247
禅と仏教文化　233
先輩　124
先輩・後輩　124
専門家作業部会　15, 158, 182, 242,
　　247

そ

早期英語教育　201
宗主国　37
相対化　254, 257, 289
相対化現象　257
象は鼻が長い　108
側頭葉　149
ソビエト連邦　252
尊敬語　122, 132
尊称　132

た

第1言語　17
第1人称　128, 128
大英帝国　88
大英帝国構成国　215
大英博物館　234
大学入試センター試験　44, 46
大聖書　87
第2言語　230, 232

索　引

第2言語の学習法　230
第2人称　128
大脳半球　148
大母音推移　86
タイムカプセル　263
台湾　250
高野孟　286
多重子音　167
多重母音　159
多神教　259
タテ社会　120, 134
タテ社会の人間関係　120
建前と本音　123
多動症　212
ダビデの星　269
タミル語　69, 70
多様化　93
単語の発音的連結　41
単数形　118
断定形　140

ち

チベット　122
茶の本　234
中英語時代　84, 86
中央教育審議会　47
中華人民共和国　79
中国　27, 92, 93, 122, 250
中国英語　89, 219
中国人　94
中国人留学生　79
抽象名詞　98
チューダー王朝　87

長音　156
聴覚信号の処理　148
聴覚野　148, 149
長期英語会話教育　236
長期英才教育　235
長期海外留学　235, 236
長期赴任　198
長期留学　198
長期留学体験　235
朝鮮語　69
朝鮮人　152
長幼の序　124
チンギス・ハーン　283

つ

月本洋　169
津田梅子　204, 232, 234, 236
津田塾大学　204
角田忠信　148, 159, 169
角田理論　151
つまもの　278
徒然草　106

て

ディケンズ　39
帝国主義的拡張　88
丁寧語　120, 122, 134
ディベート　180
「〜的」ことば　139
テキサス州　237
テキサス州立大学　14
適齢期　209
手前　131

301

デュラン・れい子　143
テロの恐怖　278, 289
天智天皇　133
伝統的文化の維持　99
天皇家　254

と

ドイツ　64
トイレ文化　277
同意　139
同義語　146
動機づけ　48
等時性（拍）　157
等時的　156, 168
唐須教光　196
銅鐸　271
動物慰霊祭　257
動物や鳥の鳴き声　151
当方　131
同僚　121
「とか」ことば　139
度胸がつく　237
特定・非特定の概念　112
読解力　228
ドナルド・キーン　31, 61, 90, 106, 118
ドブロニク　92
渡来人　79
ドラヴィダ語族　69
鳥飼玖美子　45, 199, 213
鳥の聞き做し　183

な

長崎通詞　78
中根千枝　120, 179, 180
中村修二　12
ナチュラルな速度　240
夏目漱石　39, 106
訛のある英語　241
奈良の大仏　264, 271
成毛眞　29
喃語　156
「なんちゃって」ことば　140
南北両アメリカ　24

に

西海光　227
西回り言語　90
西回り文明　89
二重母音　159
ニセモノの英語　215
日常会話英語　226, 228, 229
日・米・欧共通ガイドライン　247
日露戦争　283, 284
日産自動車　222
新渡戸稲造　118, 232, 233
二峰性　214
ニホン英語　42, 94, 217, 220, 248
日本海大海戦　273
日本型経済発展モデル　274
日本型組織　121
日本語　159, 170
日本語ウラル・アルタイ語起源説　68
日本語的人格　144, 145

日本語と英語の異質性　67
日本語のあいまいさ　97
日本語脳　155, 156, 159, 164, 179, 186, 202, 285
日本語脳の形成　168
日本語の音節数　165
日本語の起源　67
日本語の語彙　100
日本語の語彙の不足　139
日本語の語順　68, 139
日本語の能力低下　239
日本語の母音　165
日本語の母音の種類　166
日本語の母音の頻度　161
日本語の母音優位　159
日本語のルーツ　67, 68
日本語耳　153, 154
日本書紀　77
日本人　17, 154
日本人が書く英語　16
日本人型　152
日本人特殊論　179
日本人2世　152
日本人の英語　17
日本人の英語下手　138, 151, 153, 192
「日本人の英語下手」の理由　28
日本人の議論　180
日本人の議論下手　123
日本人の心　119
日本人の特異性　179
日本人の脳　148, 251, 279
日本人留学生　14
日本人をやめよう　102

日本庭園　185
日本庭園の設計思想　185
日本二千六百年史　265
日本の「ものづくり」　270
日本の英語教育　222
日本の近代化路線　99
日本文化　120, 136
日本文明　251, 279, 281, 288, 289
日本文明の世界貢献　263, 270
日本文明の特徴　253
日本文明の持つ力　279
日本辺境論　288
日本料理　277
日本論　179
入力・出力装置（器官）　229
ニュージーランド　210
ニューロン　202
人間関係　120
人称代名詞　128, 134

ぬ

額田王　133

ね

ネイティブ　237
ネイティブ並み　242
ネイティブの英語話者　42, 51
ネイティブの教師　239
ネイティブの校閲者　249
ネコ・シャクシ受験者　22
年功序列　121

の

脳科学　227, 230
脳科学的英語学習法　227
脳の機能　151
脳梁　148
ノーベル文学賞　97
「のほう」ことば　140
ノルマン族　86

は

敗戦のトラウマ　285
バイリンガリズム　194, 195
バイリンガル　195
バイリンガル教育　62
「バイリンガル」幻想　194
バイリンガルの定義　194
パキスタン　250
萩原浅五郎　212
拍　157, 168
バスク語　84
撥音　156
発音・会話軽視　39
発音の異質性　69
発音の等時性　157
バッキンガム宮殿　186
バック・トゥー・ザ・フューチャー　270
羽藤由美　62, 64
パトス　179, 180
バトラー後藤　51, 54, 66
ハーバード大学　106, 252
浜尾新　11

破門　121
林皓三郎　102
針供養　257
バルチック艦隊　273
ハワイ語　72
半角のアスタリスク　248
半角のクォーテーションマーク　248
繁殖年齢　214
反対　121
ハンチントン　252
ハンフリー・ボガード　243

ひ

ヒアリングテスト　44
ヒアリングマラソン　240, 241
東回り言語　90
東回り文明　89
光刺激　208
樋口清之　179
ひけらかし　138
非言語脳　179
非言語の人声　149
非言語の母音　151
ビジネス英語　224
ピジンイングリッシュ　89
日高義樹　221
ピーターセン, マーク　21, 30, 112, 125, 152
必要な学習時間数　60
否定文　102
非日本語脳　186
非日本人型　152
非ネイティブ英語圏　223

索　引

美の大国　275
ヒューベル　208
ピラミッド型　120

ふ

フィリピン　250
フィリピン英語　89, 219
フェノロサ　234
複雑化　77
複数形　114, 118
複数を表す接尾語　114
藤岡勝二　68
武士道　233
伏見稲荷大社　261
藤原正彦　179, 250
不定冠詞　66
プライベート神様　262
フランシス・フクヤマ　252
フランス語　63, 69, 85, 87
フランス語圏　63
フランス語地域　61
フランス式庭園　186
古川聡　12
古谷裕子　12
フレーズ検索　248
ブロークン・イングリッシュ　216, 223
文化的支配　88
文化的な劣等感　287
文章力　228
文法重視　39
文法的明晰化　92
文法の確認法　247
文明の受容から発信へ　286

文明の衝突　252, 253
文明の生態史観　287
文明の定義　252
文明論　252

へ

米語　90, 216
米国海軍日本語学校　60
米国国務省　32
米国食品医薬品局　16
米国人代表　142
蔑称　132
ヘップバーン　155
ベトナム戦争　284
ベネッセ教育研究開発センター　53
ヘボン　155
ベルサイユ宮殿　186
変則　39
ヘンリー8世　87

ほ

母音終止率　69
母音修復　154, 155, 156, 157, 169
母音の使用頻度　162
母音優位　161
母音優位型言語　160
方向を示す指示代名詞　132
放射状　186
法隆寺　258, 264
僕　130
母語　232
母語の学習法　230
母語の獲得　230

305

墓誌　76
補助動詞　80
ボストン美術館　234
北海道農学校　233
堀田凱樹　145
「ほど」ことば　140
褒めことば　139
堀江珠樹　226
ポリネシア系言語　170
ポリネシア語　72, 90, 159
ポリネシア人　152
ポルトガル語　69, 80
ホワイトノイズ　149
本物の英語　215

ま

マイフェアレディー　216
マオリ語　72, 73
マクドナルド　155
正岡子規　118
益川敏英　11
松尾芭蕉　118
松本克己　74
マルティン・ルター　87
漫画　189
万葉仮名　77
万葉集　77, 133, 266

み

三上章　107
「みたいな」ことば　140
南方熊楠　232, 234
皆島博　190

宮城英語学校　235
宮崎駿　276
民族的・宗教的対立　289

む

虫の音　151

め

明確な自己　135
名作映画　237
名詞の属性　113
明晰化　90
明晰さ　91
明晰な言語　92
メイド・イン・ジャパン　271
迷惑受け身　193
目上・目下　124, 132
メンタリティー　201

も

目的語　109
文字　230
文字としての言語　229
元植民地の英語　241
森有礼　232
モンゴル語　68
文部科学省　43

や

八百万（やおよろず）の神　258, 260, 289
やまとことば　77, 133
山上憶良　133

索　引

山本七平　179

ゆ

ユーラシア大陸　92
ユーラシア内陸言語圏　75

よ

幼児外語学教育　201
容認英語　218
ヨコ社会　120
吉野義人　41
読み書き英語　228, 229, 230, 232
読み書き能力　230

ら

ライティング　233, 242
ライティングの訓練　242
ライトハウス英和辞典　162
ラジオ・テレビドラマ　184
ラテン系言語　69
ラテン語　85, 163
ラテン民族　217
ラフカディオ・ハーン　31, 118, 232
蘭学　78

り

リエゾン　40, 51, 94, 158, 167, 243
リエゾンの法則　41
理化学研究所　153, 214
リーガル［法的］チェック　247
陸のシルクロード　286
リーダーズ英和辞典　164
留学　239

留学できない場合　239
留学に近い環境　239
留学の時期　238
留学のすすめ　236
両義性　98
臨界期　207, 208, 214
臨界期問題　50
輪郭があいまいな自己　135
リング型　120
輪廻　258

れ

霊性　258
歴史的名セリフ　243
レフリー　16
連続する子音　153

ろ

聾唖教育　212
六重子音　167
ロゴス　179, 180
ロゴスとパトスの不分離　180, 182
ロシア語　68
論理　180
論理性　116
論理的厳密さ　92, 117
論理的厳密性　111, 116
論理的属性　112
論理的な物言い　138

わ

わ（我）　131, 133
ワイルドカード検索　248

ワシントン・リポート　221
和製英語　80, 81, 82
和製カタカナ語　81
和製漢語　78, 79
私（わたくし）　130
私事　130
渡部昇一　246, 250
侘び・さび　183

数字

1国1文明　252
3人称単数　91
8つの属性　113
9歳の壁　207, 209, 211, 212, 214
20世紀の10大事件　282
40という数字　268
100年戦争　87

英字

ALT　46, 47, 51
Back to the future　270
bilingual　195
British Commonwealth　215
CALL　43
CCV　41
colleague　121
CV　41
CVC　41
difference　143
different　143
ESS　239
ETS　18, 19
EWG　15, 158, 182, 242, 247

Expert Working Group　158
Far East　89
FDA　16
FSI　32, 60, 63
Globish　223
Google USA　247, 248
Google 日本　248
GTEC for STUDENTS　53
Hepburn　155
H.G. ウェルズ　281
I　128, 133, 146
I am apple　248
ICH　15, 142, 182, 247
idiom　85
imprinting　207
Jambalaya　243
Japanese English　217
King's English　218
「L」と「R」　210
legal check　247
MacDonald　155
Made in Japan　271
McDonald's　155
native English　94
opinion　143
Queen's English　218
"r" と "l"　157, 168
/r/ と /l/ の区別　75
Sing　243
SOV　76, 85
SOV型　86
Spirit　258
Standard English　218

索　引

SVO　85
SVO型　86
Synonym Finder　146
TOEFL　18, 54
TOEIC　18

TOEICスコア　21
Werker　154
Yesterday Once More　243
You　128, 133, 146
YouTubeの動画　244

<著者紹介>

馬屋原　宏（まやはら　ひろし）

1940年広島県に生まれる。
学歴：京都大学大学院理学研究科修士課程修了（京都大学理学博士，同医学博士）
職歴：京都大学理学部動物学教室助手，米国テキサス州立大学医学部（Galveston校）細胞生物学研究室 Research Associate，京都大学医学部解剖学教室助教授を経て（株）武田薬品工業入社，薬剤安全性研究所等に勤務。定年退職後，（株）国際医薬品臨床開発研究所（InCROM）理事，品質保証部部長，（株）ＪＣＬバイオアッセイ　常勤監査役を経て現職。
専門：細胞学，組織学，電子顕微鏡的細胞科学，毒性病理学，レギュラトリーサイエンス
主な著作：(単独執筆)：「医薬品ＧＬＰと毒性試験の基礎知識」(薬事日報社、初版2011、第2版2016)，「誰でも書ける最終報告書・英語論文」(薬事日報社, 2008)
　　　　(共著)：「マイクロドーズ臨床試験－理論と実践」（じほう，2007），「臨床薬理に基づく医薬品開発戦略」（廣川書店，2006），From Morphological Imaging to Molecular Targeting － Implications to Preclinical Development（Springer, 2004），「承認申請のための非GLP／GLP試験の信頼性確保と生データ取り扱いの具体的手法」（技術情報協会，2003），「医薬品開発の国際的調和の歩み－ICH-6まで－」（じほう，2003），「トキシコロジー用語辞典」（じほう，2003），「非臨床試験マニュアル」（LIC，2001）（以下略）
現職：文筆業、岡山大学医学部非常勤講師

日本人と英語―誰も書かなかった真実―

2016年11月1日　第1刷発行

著　者　　馬屋原　宏

発　行　　株式会社薬事日報社

　　　　　〒101-8648 東京都千代田区神田和泉町1番地
　　　　　TEL　03-3862-2141（代表）　FAX　03-3866-8408
　　　　　URL　http://www.yakuji.co.jp/

印刷・製本　モリモト印刷株式会社
ISBN978-4-8408-1370-9　　　　　©2016 Hiroshi Mayahara, Printed in Japan

・落丁・乱丁本は送料小社負担でお取替えいたします。
・本書の複製権は株式会社薬事日報社が保有します。